趙雨樂 著

文史哲學集成

唐宋變革期之軍政制度

——官僚機構與等級之編成

文史哲出版社印行

國立中央圖書館出版品預行編目資料

唐宋變革期之軍政制度：官僚機構與等級之編成
/ 趙雨樂著. -- 初版. -- 臺北市 : 文史哲,
民83
面 ; 公分. -- (文史哲學集成 ; 308)
參考書目: 面
ISBN 957-547-864-9(平裝)

1. 軍政 - 行政 - 中國 - 唐(618-907) 2.
軍事 - 行政 - 中國 - 宋(960-1279)

591.8 83002922

㉚⑧ 文史哲學集成

唐宋變革期之軍政制度
——官僚機構與等級之編成

著者：趙雨樂
出版者：文史哲出版社
登記證字號：行政院新聞局局版臺業字五三三七號
發行人：彭正雄
發行所：文史哲出版社
印刷者：文史哲出版社
台北市羅斯福路一段七十二巷四號
郵撥〇五一二八八一二彭正雄帳戶
電話：三五一一〇二八

實價新台幣四二〇元

中華民國八十三年四月初版

ISBN 957-547-864-9

作者簡介：

趙雨樂，一九八六年香港中文大學歷史系甲等榮譽學士學位畢業。一九八八年於中文大學歷史系獲哲學碩士學位。同年取得日本文部省獎學金赴京都大學攻讀東洋史學博士後期課程。一九九三年獲京都大學文學博士學位。先後任教於香港中文大學歷史系、香港浸會學院歷史系及香港公開進修學院人文及社會科學院。主要著論有《唐宋變革期軍政制度史研究㈠——三班官制之演變》、《唐代における内諸司使の構造》、《唐代における飛龍廄と飛龍使》等多種，專研唐宋政治及軍事制度。

自序

《唐宋變革期軍政制度史研究㈠》出版以來，承蒙各界師友匡正糾謬，對三班官軍事性格之演遷，達到初步討論之效果。若將三班制度放諸唐宋之際整體官僚架構中，仍不免爲一鳳毛麟爪之課題。究其變革範圍，只屬低級使臣之個案研究，對當日普遍存在於上層之諸司使臣活動形態，依然有待關係上之全面闡明。基於這種研究動機，在京都大學修讀期間，遂進而專注諸司使臣之構造問題，嘗試從組織之形式方面理解其等級與權力關係。

第二冊《唐宋變革期之軍政制度——官僚機構與等級之編成》，是九三年提交的博士論文。顧名思義，從縱線角度觀之是強調唐末五代迄宋初使職與軍事關係之概括檢討，於橫切面則涉及使職機關之權力構造及官僚階級形成之過程。從使職內容而言，書中之前半部論述又以上層使職爲主，下半部則集結三班小使之研究成果。至於所謂「唐宋變革期」之史學觀念，以日本京都學派討論者衆，爲方便思維論證之開展，本書對此概念亦時加申論。

本書行文之初，不少撰寫靈感啓發自京都大學人文科學研究所「中國中世之史料與文物」研究班之討論課題。其間礪波護教授給予寶貴之機會，讓筆者發表對唐代內諸司使權力構造之看法是重要一環。至於論文整體方向之釐定、各種資料之引用，恩師竺沙雅章教授皆從旁細意善導；其時間與心力之付出，弟子畢生銘記。同時，谷川道雄、羅球慶二師之經常提點，是研究路上不可或缺的精神支持。此外，吉本道雅助手、谷井俊仁、櫻井俊郎諸位學兄，在東洋史研究室裏之學問討論、磋切指引，對筆者之學習進度實裨益不淺。最後，本書得以如期付印，有賴文史哲出版社彭正雄先生鼎力主編，藉此致萬分感激。

唐宋變革期之軍政制度目次

——官僚機構與等級之編成

序論

「唐宋變革期」是指著唐五代迄宋，歷史變貌軌跡之一種概括描述（註一）。歷來在闡釋唐宋變化之過程中，有不同之角度與方法（註二）。在政治制度方面，是指著由貴族層支配之中央律令體制逐漸崩壞，出現了以獨裁君主爲權力中心之各種新興機構。通過對機構之私人任使，帝王之意志能由上至下直接釐行而暢通無阻（註三）。其間，唐五代迄宋之內諸司使發展，尤爲此課題之討論重心。

然而，研究唐宋使職變革，尙有不少問題有待解決。首先爲時代之劃分問題。衆所週知，唐代之內諸司使，爲中唐以還主要供職於大明宮之宦官使職，具有實際之機構職掌。宋代之橫班、西班、東班等諸司使，名目雖多襲前代，但只作爲武官序階之寄祿官而已。故此，若單純地將兩者對等地並合、比較，容易出現觀點上之謬誤（註四）。從來之研究方法，除了多偏於個別使職與機構之探討外（註五），於闡明變貌之過程，有的重於唐中期以後，有的重於唐末，有的重於五代，凡此往往因應討論之個案而取向相異（註六）；對於五代在變革期內所處之位置如何承上啓下仍有待究明。故此，本文頗強調以唐·五代·宋爲一完整之研究段限，將使職權力之演變，如何由唐代發展至五代，又由五代如何過渡至宋代，作較爲系統而連貫分析。

又唐宋之使職研究，素來學者均注意其對政治制度之影響，忽略其與軍事系統之關係。頗有將使職系統與軍職系統，看爲兩種不同之研究範圍。例如探討軍事發展時，多著重唐代府兵制破壞後，唐代天子之禁兵如何啓迪五代侍衛與殿前兩親軍，從而形成宋代之三衙。其間，與使臣之關係均略而不述，似乎互不相涉。然而，細考唐代所謂「北司」，實不止於北面禁軍，亦包括各種內諸司使之名目，構成一個完整之軍政系統。故使臣於禁廷所具之軍事性格，尤爲值得注意。特別到了五代，帝王出於藩鎭軍閥，對昔日之元從側近或分配於禁軍系統內，或分配於使職系統內，於兩者之間並無嚴格之進出限定。觀殿前親軍組成之骨幹中有供奉官都知、供奉官押班、殿直都知、殿直押班，以及都承旨等名目，凡此莫不說明視軍制度最初從供奉官、殿直、承旨等使臣系統中不斷吸納擴大而來。故此，五代軍政之間，仍有其密不可分之處。到了宋代，軍事與政治系統始告嚴分，並且將權力加以限制下來，無疑是針對五代軍政不分之問題而對症下藥。故此，本文以「唐宋變革期之軍政制度」爲題，強調使臣於變革期內之政治與軍事性格。其間亦對時人較少討論之問題，包括使臣之權力構造、使職間之階級構成，以及其升遷之方式與規律諸方面，作較爲全盤之剖析。

本文擬分作六章討論。第一章：〈唐代之宮廷與宦官〉，欲先從唐代宮廷之構造出發，以探討內諸司使之權力來源。其間宮廷之禁馬權力，可說是內諸司使最早獲得之權力支柱。唐代中期各種宮廷政變頻生，爲保障皇權之安定，宮廷之警備成爲重要之考慮問題。其中，西內太極宮、東內大明宮、南內興慶宮分置之飛龍廄機構，與宮城內夾城之配合，可以說是宮廷防衛之兩種基要內容。每當政變發生，君主能迅速自夾城潛行至飛龍廄，成爲臨時避難之途徑。基於這種設施，玄宗・肅宗・代宗朝之飛龍使每能在宮廷告急時發生積極之效用，在內諸司使中占樞要之地位。其後伴隨著帝王權力之強化，宮廷不少之軍事性之內諸司機構，以至神策禁軍之指揮權皆委宦官掌管。由此亦見宦官得勢之步驟，在先管禁馬，繼而掌禁軍以及多種類型之內廷機關。唐末宣武節度使朱全忠爲了打擊宦官權力，不惜將宮廷之內諸司使加以剷除，內諸司機構亦因長安都城之破壞而逐步宣告廢弛。

由此觀之，內諸司使之權力起源，可說是來自對所屬機構之掌管，乃內廷機構賦予之職權。機關之權限如何由外廷而轉化爲內廷之性質，乃討論變革期一項關鍵之課題。本文之第二章：〈唐代內諸司使之權力構造〉，即以內諸司之職掌分爲九類。在個別逐一探討之過程中，發現新制度之設置當初，實與舊律令體制有繼承之關係。例如教坊使、飛龍使、軍器使、中尚使所管轄機關，本來就是律令機構之一部份。教坊本隸於太常，飛龍廄爲殿中省管轄，軍器所掌之甲弩二坊，亦爲軍器監之本職。至於中尚署爲少府監所司。園苑、內園等亦應隸司農寺之系統。但是，隨著君主移居於大明宮以後，內諸司之職名正循著獨自之系統發展，故多有因大明宮建築而命使者。例如大明宮西北隅、九仙門附近之少陽院、右銀台門外之翰林院與學士院、望仙台舊址之文思院、宣政殿之東西上閤門，皆設有專責之使職。可見內諸司機構，正圍繞著宮廷之範圍內不斷擴展，成爲固定而恆常之宦官組織。

就內諸司機構之外部構造而言，是由各個使職管轄下之部門形成。其間可分爲幾個重要之類形。

在軍事之防衛方面，包括了飛龍、軍器、弓箭等內諸司使，爲保障王權安定性之重要內容。這一類之使職與其後專掌草詔、傳旨之翰林使、學士使、樞密使、宣徽使形成軍政權力之中心。至於掌一般之事務、宮廷行樂諸機構則作爲外殼，成爲龐大之內廷機構。就內諸司機構之內部構造而言，各部門之內實有嚴密之等級與組織存在。政策之頒行固爲上層正使之職責，然實際事務之如何履行乃屬於下層小使、小兒之職能。又爲了聯絡上下層之組織，往往有判官之中層制度設立，以監督諸司事務之工序。內諸司使雖謂宦官所管，然而機構內多種宦官與非宦官之低級名目觀之，其所屬之內諸司戶口規模宏大，具雄厚之社會、經濟基礎。

踏入五代之藩鎮政權，內諸司使之性質出現質之變化。五代之藩閥帝王多以在藩時期之心腹武將出任內諸司使，執行宮廷內外之諸種任務。尤其在戰亂之情況下，內諸司使兼理軍政事務之情況甚爲明顯。對於小朝廷之君主而言，無論是禁軍將領或者是中央使臣，皆爲藩鎮系統內同類之親從人物而來。爲了配合戰時之靈活調動，地位較低之使臣通過優越之戰功，仍可以轉遷至軍職之較高層。後周時期殿前親軍，其組成之基礎乃在三班官與元從廳直之元素中加以擴大，成爲最強大之軍隊。在五代錯綜複雜之軍政權力關係中，樞密使與親軍將領之軍事權力消長至爲觸目。理論上，樞密使掌發兵權・軍政決策權，親軍指揮使則掌領兵權・握兵權之權限。但在五代，上述之規定並不嚴格，當中某一方之權限出現偏差，則改朝換代之危機亦隨之而來。以上爲第三章：〈五代使職與軍職之權力關係〉所欲探討之內容。

殿前親軍之依賴下，國家統一之步伐自後周至宋初逐步實現。宋初太祖、太宗爲強化中央集權，不能不對武人實施一套雙重政策。一方面，通過授官方式，將地方各種藩鎮武官重置於中央系統之管轄下。另一方面，所授之官職，又不帶任何實權，只作爲安撫之用。要實現這種情況，唯有將唐五代發展出來之內諸司使名目加以增減，成爲宋代寄祿之武階制度。本文之第四章：〈唐宋變革期內諸司使之等級問題〉中即指出，唐五代使職與使職之間，基本上已存在著等級之差異。尤其在五代，諸如「横班」之內客省、客省、引進、四方館、東西上閤門等使職之上昇關係，早在五代晉漢周時期經已成立。又「西班」之皇城使以下，「東班」之宮苑使以下之諸使名目亦頗爲完備。宋代之武階，可以說是在唐・五代之內諸司使之等級關係上加以制度化，將五代趨於虛職之使職官階化而已。內諸司使「階」之等級制度編成以後，又發展出與之相對應之官品計算方法。例如內客省使、客省使、引進使爲五品官。六品官中有四方館、東西上閤門等使職。至於皇城使以下諸司正使則全部集中在七品。較低之使職如東西頭供奉官則常位於八品。其下之殿直、三班奉職、借職等順序爲九品官。從武階多集中在較低之七品可見，宋代之帝王對武人加以抑制之意味甚濃，使臣要進到較高位置，便不能不通過更多之戰功、更長之磨勘時間才能達成。

第五章：〈宋代使臣之官階與差遣〉中，說明宋代武官階成立後，武官順序按年功昇進有一定之規限。與之相對應的差遣，一般亦應按所處官階之高下而有不同之授受方法。爲了證實「官階」與「差遣」之間，兩者有既定之配搭關係，本文以《長編》爲研究範圍，其間將宋初至宋中期小使臣之職責加以記錄，以分析官階與差遣之相對關係。其結果顯示與推測頗爲吻合。諸如都監之差遣，州之都監——供奉官帶閤門祗侯以下、軍之都監——供奉官以下、監之都監——侍禁帶閤門祗侯以下、寨之都監——侍禁、殿直帶閤門祗侯以下等配搭之例可見，兩者實順序按官階高下，而有上下不同之等級差遣。又例如監押之場合，州之監押——東頭供奉官以下、軍之監押——西頭供奉官以下、軍之監押——西頭供奉官帶閤門祗侯以下、監之監押——左侍禁以下、寨之監押——右侍禁以下、堡之監押——殿直、奉職、借職等例亦頗常見。至於巡檢，州之都巡檢——供奉官帶閤門祗侯以下、州縣之巡檢——侍禁、殿直以下、沿邊之巡檢——殿直、奉職、借職等配搭例子，史書中不難找到。所謂差遣之制度，無疑爲獨裁君主自由裁量人事之制度。自宋太宗時期之官階改革，在供奉官、殿直、承旨之基礎下，又增置崇班、承制、借職、奉職等內容，成爲「使臣」十階，作爲吸納、羈縻地方幕職或中央流外之一種賤職。三班官原來代表帝王之親信耳目，於中央、地方監察之實職漸爲皇城司、走馬承受等新興機關所取代。

由宋初發展至宋中期，武階．差遣制度越趨嚴密。武臣必須賴長時間之遷轉始能進入高位。此乃宋代基本國策之一部份。然而，到了眞宗、仁宗期，宋朝與遼、西夏之戰爭爆發，善戰之武將，開始出現破格升遷之現象。本文之第六章：〈宋中期武臣昇轉之異例——狄青之研究〉中，以狄青之任用事例，以說明宋初以來之武將政策到了中期以後，曾一度出現明顯之轉變。狄青出身三班使臣，對西夏元昊戰爭與南蠻儂智高戰爭中屢立戰功，十五年內速遷爲樞密使。這種由三班小使昇至樞密使之官位轉遷，爲北宋以至南宋所少有的。但是，由於受朝廷保守派人士之攻擊，恐怕重覆五代武人專横之舊例，於是又在其任樞三年後罷其樞職，亦爲宋代任樞時間最短之特例。這些戲劇性之轉變，反映了宋代武將政策之兩面特性。每當戰爭之際，朝廷對武人之依賴日增，不惜破格優遇。但是，當政情轉趨安定，又恢復對武人之疑忌，堅守太祖、太宗之祖宗家法。故此，在君主獨裁之宋代下，武臣乃受著長時期之制約。以上大體爲全文所欲闡明之重點。

本文篇幅浩繁，資料蕪雜，錯漏冗贅之處在所難免。加上學識膚淺，視野有限，諸多不善下草成此文。冀望師輩執耳訓誨，多所指正爲荷。

【註釋】

註一　有關唐宋變革期之性質，歷來尤爲日本學者所熱烈討論。以內藤湖南爲創始之京都學派，早在二十年代，即將中國歷史之發展，定性爲上古、中世、近世等幾個主要階段。由一個社會階段轉變至另一階段，必然經歷過渡時期。例如東漢末至西晉，可謂上古社會過渡至中世社會之階段。而唐末五代則爲中世過渡至近世之重要階段（參閱《內藤湖南全集》第十卷《支那上古史》、第八卷《概括的唐宋時代觀》）。至於東京學派，則將隋唐以前界定爲古代社會，宋以後才發展至中世社會（詳見加藤繁《支那經濟史概說》）。本文所討論之唐宋變革性質，乃認同京都學派之說法，亦即以唐代及以前爲中世社會，與宋以後之近世社會，於政治、社會、經濟諸方面均表現不同之面貌。

註　二　從社會結構而言，東漢魏晉南北朝以迄隋唐，主要以高門大族之貴族制為社會支柱，擁有特殊之經濟、教育條件。其門第家族成為晉身官界高層之重要憑藉。隨著貴族制之沒落，宋代之士子能普遍通過參加科舉，成為官僚層之精英份子，其社會漸趨於平民化（參閱宮崎市定《東洋之近世》）。於經濟角度而言，唐以前之生產方式，離不開貴族所經營之莊園經濟。莊園之生產力乃倚靠大量附於土地上不自由民之徭役勞動。諸如部曲、奴婢等名目，皆隸屬於莊園主之下，生活完全賴其養給。到了宋代以後，莊園主和農奴之間，已演變為地主與佃戶之契約關係。故此，佃戶在很大程度已擁有個人之生產自由，其生產力之釐行是基於兩方達成之協議，使原來之主從意味趨於較為對等之關係（參閱同氏〈部曲から佃戶へ——唐宋間社會變革の一面〉、收入《アジア史論考》上）。可見唐宋之變貌，可從多種角度分析。就是單在政治形態方面，已可從貴族制度之崩潰、君主權力之強化、官僚制度之變化多方面，窺知其變動之實況（參閱礪波護〈律令體制とその崩壞〉、收入《中國中世史研究》、東海大學出版社、一九七〇年。又邱添生〈由政治形態看唐宋間的歷史演變〉、《大陸雜誌》四九卷六期）。

註　三　參閱佐伯富〈宋代の皇城司について〉（《東方學報》、京都九，一九三八年）及〈宋代走馬承受の研究〉（《東方學報》、京都十四，一九四四年），二文收入《中國史研究》一。

註　四　例如《宋史》卷一六八、職官志八即載：「唐設內諸司使，悉擬尚書省。如京，倉部也；莊宅，屯田也；皇城，司門也；禮賓，主客也。」對於上述記載，可信性並不高。唐代之如京使、皇城使以武官任職為主，與宦官所領之內諸司使關係不大。宋人將如京、皇城皆歸入內諸司使，乃因武階之中有此二職之故，並不表示唐代之實態必如此。可見用宋人觀念理解唐官制，往往有偏差錯誤。歐陽修《集古錄跋尾》卷九、唐約言碑即載：「唐自開元之後，職官益濫，始有置使之名。歷五代迄今，多因而不廢。世徒知今之使額非古官，襲唐舊號，而不知皆唐官者之職。」雖清楚指出宋人對唐代使職之性質未能完全理解，但是歐陽修本人之解釋亦有商榷之處。蓋宋代諸司使中，就算有與唐代之使職同名者，未必表示其淵源皆承襲自宦官。唐和宋官制之間，似乎因經歷五代特殊之變化而不能將兩者簡單地比較。

註　五　例如佐伯富〈五代における樞密使について〉（《史窗》四八、一九八八年）、〈宋代の皇城司について〉（《東方學報》京都九、一九三八年）、友永植〈唐宋時代の宣徽院使について——主に五代の宣徽院使の活動に注目して——〉（《北大史學》十八、一九七八年）、〈唐・五代三班使臣考〉（《宋代の社會と文化》、一九八三年）等論述，皆集中於個別之使職與機構。至於對唐五代內諸司使之內容作全體檢討，並系統地提出使職之繼承與演變者，有唐長孺〈唐代的內諸司使及其演變〉（收入《山居存稿》、中華書局、一九八八年），於研究唐宋變革期之官制，提供重要之視點。

註　六　參閱大澤正昭〈唐末・五代政治史研究への一視點〉、《東洋史研究》三一卷四號、一九七三年。又同氏〈唐宋變革期の歷史的意義〉、《歷史評論》三五七、一九八〇年。

第一章　唐代之宮廷與宦官

中唐以後，宦官勢力迅速增長，侵蝕了外廷權力。原來很多應爲外廷官員掌管職責，現在則由宦官干涉。誠如嚴耕望《唐代行政制度論略》一文指出，唐代前期中央之行政制度，主要由三省、六部、九寺、諸監、諸衛等行政機構執行。以宰相機關之政事堂與尙書省屬於上層之政務機構，而以下層之九寺、諸監、諸衛爲事務機構，以貫徹政令之製定與推行。安史之亂後，諸司使之大量出現，徹底打破上下分層負責之方式；尙書六部、九寺、諸監、諸衛之組織雖然存在，但只成爲閒散機關，諸司使則兼攬政務與事務兩層職權。其既掌政令釐定與頒發，且設置直屬業務機關，可以直接指揮監督，故諸司職權比原來尙書權力還大，緊握中唐以後軍政之命脈（註一）。

中唐君主漸以大明宮之內廷機構作爲行使權力之工具。故此，新建之大明宮以及圍繞著大明宮周邊之宦官機構，遂成爲不能不探討之問題。過往史家分析宦官權力，多集中於宦官如何弄權，而往往忽略了宦官如何通過主管內廷機構得到合法之勢力。若以宦官之權力，皆由於擅奪君權而來的話，則由中唐迄唐末，君主毋須繼續維持宦官機構之營運（註二）。宦官得勢於大明宮，實由兩大因素互相推演而成。一爲大明宮特別之防衛設計，決定了宦官在軍事上舉足輕重之作用。二爲大明宮內起伏不定之人事鬥爭，決定了宦官繼續以軍政方法支持。基於上述出發點，本部份欲嘗試從大明宮之興築特色，以說明宦官於軍事權力之來源。從而了解內諸司使，由初期之主管軍事性質而逐漸擴展至政治、財政、禮儀、娛樂等各個不同層面。

壹、唐代之諸使・諸司使・內諸司使

唐代中期以降，宦官勢力逐步增長。其發展之規律，實與律令體制以外之使職息息相關。對於初期諸使衍生之性格，《通典》卷一九、職官一即謂：

> 按察、採訪等使以理州縣，節度、團練等使以督軍事，租庸、轉運、鹽鐵、青曲、營田等使以毓財貨，其餘細務，因事置使者，不可悉數。其轉運以下諸使，無適所治，廢置不常。

可見按察使（貞觀二十二年）、節度使（景雲二年）等地方之軍事、民政相關之使職首先成爲恆常職責。其次租庸（開元十一年）、營田（開元十五年）、轉運（開元二十一年）等財政關係之諸使，則處於或廢或置之階段，到後來才逐漸固定。若考上述記載，固然過於簡略，諸使之機構之固定與否，未必如《通典》般謂以轉運使以下爲區別之界線（註三）。然而諸使由臨時之派遣而轉變至常設之過程，以及由地方之軍事、政治方面逐步擴散至財政面之傾向，卻是可以接納之事實。這種見解，與李肇《唐國史補》卷下之記載頗相似：

開元已前，有事于外，即命使臣，否則止。自置八節度、十採訪，始有坐而爲使，其後名號益廣。大抵生于置兵，盛于興利，普於銜命。於是爲使則重，爲官則輕。

又《群書考索》後集、卷二十一、唐官制條謂：

開元以來，諸使紛出。李傑則爲水陸運使，宇文融則爲租庸使，裴耀卿爲江淮轉運使，論度支則以李元祐爲之使，論鑄錢則以羅文信爲之使，以至木炭則有使，青苗則有使，修書則有使，群牧置使而太僕不得盡其職，户口置使而户部不得專其任，無非奪百司之職君。故百司之任，最爲侵紊。

租庸、轉運等使以外，財政面之多種諸使設立之結果，已經不單是地方之問題，連中央諸司之權限亦受侵奪。諸使之職責，實與諸司之本職互相關連。故亦順其自然，稱之爲諸司諸使。諸使之職掌，起初爲外廷官員所掌握，隨著內廷之發展，宦官亦得到出掌之機會（註四）。《職官分紀》卷四十四、橫行東西班大小使臣條載：

唐制，百官職皆九寺三監分典。開元中，始置諸使，其後漸增。由是寺監之物多歸諸使。朝廷每有制詔，則云諸司諸使以該之，多內侍省官或將軍充。

又《玉海》卷一二七官制門、官品、嘉祐定橫行員數之條載：

唐開元中始置諸使，後增諸司使，以內侍或將軍兼。

開元以後增闢之諸使，已一括稱呼爲「諸司諸使」、「諸司使」。其中所記「以內侍或將軍」，即表明諸司使乃由內外兩廷之官員管理。前揭《唐國史補》有載，元和中之「在朝」諸使有太清宮使、太微宮使、度支使、鹽鐵使、轉運使、知匭使、宮苑使、閑廄使、左右巡使、分察使、監察使、館驛使、監倉使、左右街使等十四種職名。至於「外任」諸使，則記載了節度使、觀察使、諸軍使、押蕃使、防禦使、經略使、鎭遏使、招討使、榷鹽使、水陸運使、營田使、給納使、監牧使、長春宮使、團練司使、黜陟使、撫巡使、宣慰使、推覆使、選補使、會盟使、冊立使、弔祭使、供軍使、糧料使、知糴使等廿六種職名，其後又謂：「此是大略，經置而廢者不錄。宦官內外悉屬之。」分析出任上述官職之最初性質，無論是「在朝」或「外任」之諸使，皆屬於「外廷」之職掌。所謂宦官能「內外悉屬」意指「內廷」之宦官除了掌管內廷之本職外，亦時常兼任外廷之使職。爲了更清晰地判別內・外兩廷之使職，由宦官專領之使職遂稱爲「內諸司使」，含有皇帝之親近或工作於內廷、宮廷之意義。故此，《通鑑》卷二四三、寶曆二年十二月之條之胡註載內廷之教坊、翰林、內園總監之諸司時，強調謂：「諸司，內諸司也。」又同書卷二二三、代宗廣德元年十月條載柳伉請罷內使之奏疏下，胡註亦解釋爲「時宦官皆爲內諸司使，故日內使。」而另一方面，本來並非內廷之使職，其後落入宦官手中之中央使職，則別稱爲「中使」了（註五）。

自諸使・諸司使發展至內諸司使，內廷與外廷之概念已經越演越明。內諸司使之職務，由宦官職掌；其工作範圍因主要在宮廷，故也可稱爲「內使」。若宦官出掌外廷使職，則稱爲「中使」。至於宮廷範圍以外由朝臣擔任之使職，則一切泛稱為「外使」。宦官於宮廷之職掌，尤如官僚臣仕外朝。故此，外朝機構總稱為「南衙」，內廷機構則總號「北司」，其機構性質之相對立，到了唐末愈為鮮明（註六）。宮廷既為宦官內諸司機構孕育之泉源，則不能不考究唐代宮廷之建置情況。

貳、唐代三宮之設置與夾城關係

唐代所指之三宮，為太極宮、大明宮和興慶宮。由於三者設置之時間、地域與建築形式之不同，故論者常分為三個範圍討論。然而，作為中唐以後之君主，特別注重權力之把持，如何行走於三宮之間而又不失權力分化者，為必定考慮到之政治問題。

嚴格論之，唐代長安城可分為宮城、皇城和郭城三個部份。最外圍者自然為郭城，整體地將屬於長安之住民都劃入保護範圍之列，以防禦敵人之逼近京都。皇城則為第二層之防守線，配置著南衙之政府部門，向來為國家施政之主要中心。至於宮城，因有前面之皇城諸衙門之設置，故居於最內，為帝王日常起居之所。本節所討論之三宮，也就是圍繞著君主活動作息之宮城而言。長安之宮城中，以西內之太極宮設置最早，自高祖建國迄高宗龍朔三年，太極宮均為君主臨朝起居之處。位於其東面之大明宮，其地高據於龍首坡，原為高宗龍朔二年休養風痺病之蓬萊宮，長安元年，始易名為大明宮。自高宗遷此聽政，往後之武后、玄宗、肅宗、代宗、德宗、順宗、憲宗、穆宗、敬宗、文宗、武宗等諸帝均恆常於大明宮聽政起居（註七）。故此，內廷之有關機構亦發展得至爲完備。至於位於南面之興慶宮，由於曾是玄宗爲太子時之藩邸，即位後升格爲興慶宮，並長期聽政於此。故於三宮之中其有一定之地位。總括而言，西內太極宮保留最原始之宮廷設計，爲長安郭城、皇城自外而內之中心。東內大明宮則爲後起之秀，其設立之意圖本因應帝王之特定需要，在原有之宮城設計以外，特別劃出界線，增闢成爲新興之宮廷。從此角度觀之，無論是大明宮或興慶宮，由於是臨時規劃，故此在考慮宮廷之保安與機密時不能不與太極宮有所相異。三者所處位置如圖一所示。

從圖二顯示，太極宮東西分別有東宮與掖庭宮爲天然屏障；負責全城保安之南衙六軍十二衙則分佈在皇城之中軸線——承天門街之兩邊。由南而北者，爲左領軍衛・右領軍衛、左威衛・右威衛、左監門衛・右監門衛、左武衛・右武衛、左驍衛・右驍衛、左千牛衛・右千牛衛等等。大明宮則於皇城之北牆，太極宮之東北禁苑處依地勢建造。從其整體外型呈現梯形，即南面向北面由寬而窄之趨向，反映當日大明宮之設計未經特別之佈局。由於大明宮之東、西、北三面皆是禁苑，故不得不另覓他種防護方法。於是首先以大明宮・興慶宮爲核心，發展出一套獨特之城牆制度——夾城，以補充先天防禦之不足。

玄宗以大明宮・興慶宮爲新興之政治中心，實徹底改變了一貫之政治態度，不單止將外廷事務納入宮廷生活內，更逐漸遠離了與貴族層共同議事之模式，專向個人之權力發展。故此，宮廷政治之性質本含有高度之保密性。在這種「公」、「私」混合之政治氣氛下，爲了保障帝王之個人安危，或者

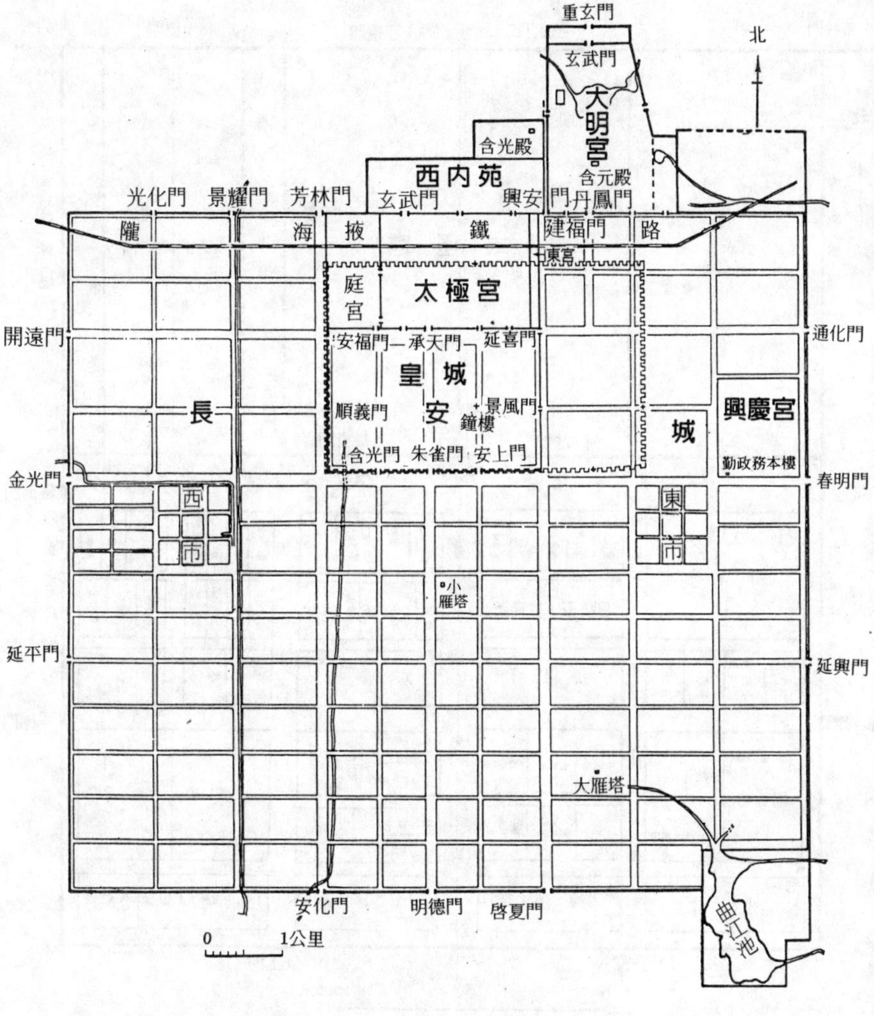

圖一　唐長安城平面實測圖

（《新中國的考古發掘與研究》中國社會科學院考古研究所　文物出版社1984年版）

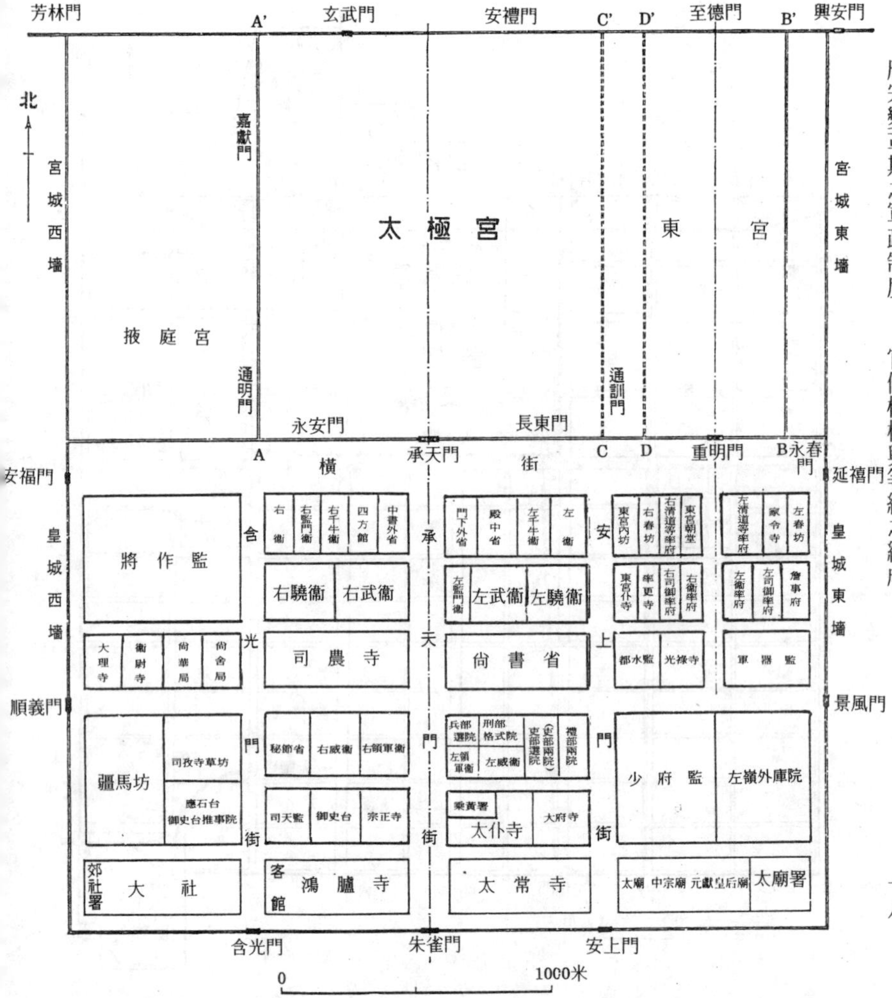

圖二　唐長安宮城及皇城平面圖

（《關於唐長安東宮範圍問題的探討》馬得志　楊鴻勛　考古1978年1期）

防止國家機密外漏，在宮廷周邊逐漸建立起一種夾城制度以保護。於是三宮得互相連貫，形成了一套完備之宮廷系統。帝王在甚爲機密之情況下，能迅速地自起居寢息處，潛於安全之地方以求掩護，並即時發號軍政。關於夾城之興築，史料所載有限，然《資治通鑑》卷二一一、玄宗開元二年七月甲寅條之附註中即謂：

興慶宮，復謂之南內，在皇城東南，距京城之東，直東內之南。自東內達南內，有夾城複道，經通化門達南內，人主往來兩宮，外人莫知之。

及至玄宗爲上皇，肅宗繼位以後，君主以夾城出入之習慣，顯然繼承下去。同書卷二二一、肅宗上元元年六月條載：

上皇（玄宗）愛興慶宮，自蜀歸，即居之。上（肅宗）時自夾城往起居，上皇亦間至大明宮。

又《新唐書》卷二〇八、宦者下、李輔國傳將這種夾城中存在之複道，表明得更清楚：

時太上皇居興慶宮，帝自複道來起居，太上皇亦至大明宮，或相逢道中。

亦即是說，興慶宮與大明宮兩宮之設計，有別於傳統之西內太極宮。其於舊皇城牆以外，另外撥出可供行走之空間，再在另一邊加建一牆，如此形成所謂「夾城複道」。只需在增置之城牆上開一通門，即可直入重要之軍政部門。這種設計，若查考呂大防〈長安城圖〉及近人之大明宮發掘報告，當得到更多證明。

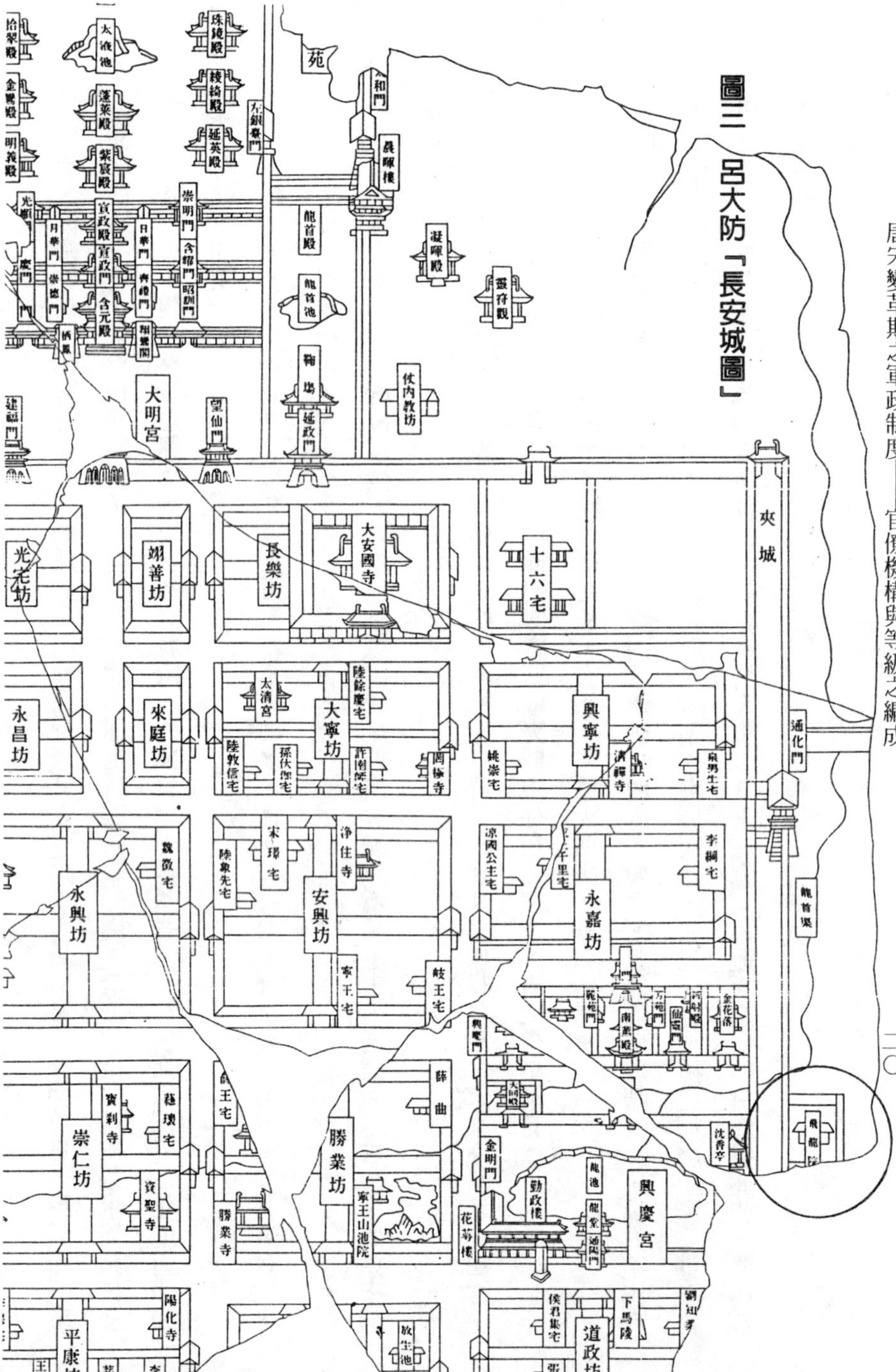
太液池
蓬萊殿
紫宸殿
宣政殿
含元殿
珠鏡殿
綾綺殿
延英殿
崇明門
日華門
月華門
翔鸞閣
栖鳳
大明宮
望仙門
建福門
苑
和門
龍首殿
龍首池
鞠場
延政門
凝暉殿
仗內教坊
夾城
十六宅
光宅坊
翊善坊
長樂坊
大安國寺
永昌坊
來庭坊
太清宮
大寧坊
興寧坊
通化門
永興坊
魏徵宅
安興坊
永嘉坊
李綱宅
龍首渠
崇仁坊
勝業坊
勝業寺
寧王山池院
興慶宮
勤政樓
花萼樓
金明門
沈香亭
南薰殿
平康坊
陽化寺
放生池
道政坊
下馬陵

圖三　呂大防「長安城圖」

如圖三所示，皇城以東，即大明宮之東內苑出，近十六宅之處有通道入夾城，夾城自北向南一直延續，穿過通化門而至南內興慶宮之外牆。由於呂大防〈長安城圖〉之右下部份已殘缺不全，故皇城東南之關門均不詳。但依夾城之建築目的，伸展至興慶宮之東外牆時，必有通門進入。這樣則與上述《通鑑》之記載頗爲吻合。

此外，據圖四，馬得志所擬之〈唐大明宮重要建築遺地〉（《考古》一九五九年六期）所載，大明宮近玄武門北牆以外，復有一名爲「夾城」之建築，形成一廣闊之空間，其南面之入口爲玄武門，其北面之出口爲重玄門。從圖五 **a** 和 **b** 之俯瞰方式觀之，夾城之東西雖有土牆之遺跡攔截，但是兩牆之中部，各有通門經過（即 **A**、**B** 所示處）。顯然一進夾城，即可自由選擇東西北三面以進，擁有多重關口及城牆之掩護。其作用亦有如迷牆般，不易發覺其行徑。

又據圖四顯示，該北面夾城向東伸展，至極點時似有通道繼續轉折南下，沿途有另一面之夾城作保護。至左銀台門時，有缺口遺跡進東內大明宮，若再續南下則可達東內苑。緊接東內苑南牆之十六宅，呂氏之圖例雖未表明具有夾城，但若按宋敏求《長安志》卷九、十六宅條及所繪圖示，則十六宅之北牆以外，復有夾城興築，似無疑問。其書謂玄宗先天開國後，諸王子受封後居十王宅，「以中官押之，於夾城中起居，每日家令進膳」，反映大明宮由北至南之夾城與興慶宮以東之夾城之間，實有夾城築於其間，發揮互相貫通、連繫之作用。自中唐迄唐末，帝王欲由所居之大明宮往興慶宮，應由上述沿途之夾城以往最爲方便。《新唐書》卷二〇八、宦者下、田令孜傳即載：「帝（僖宗）沖騃，

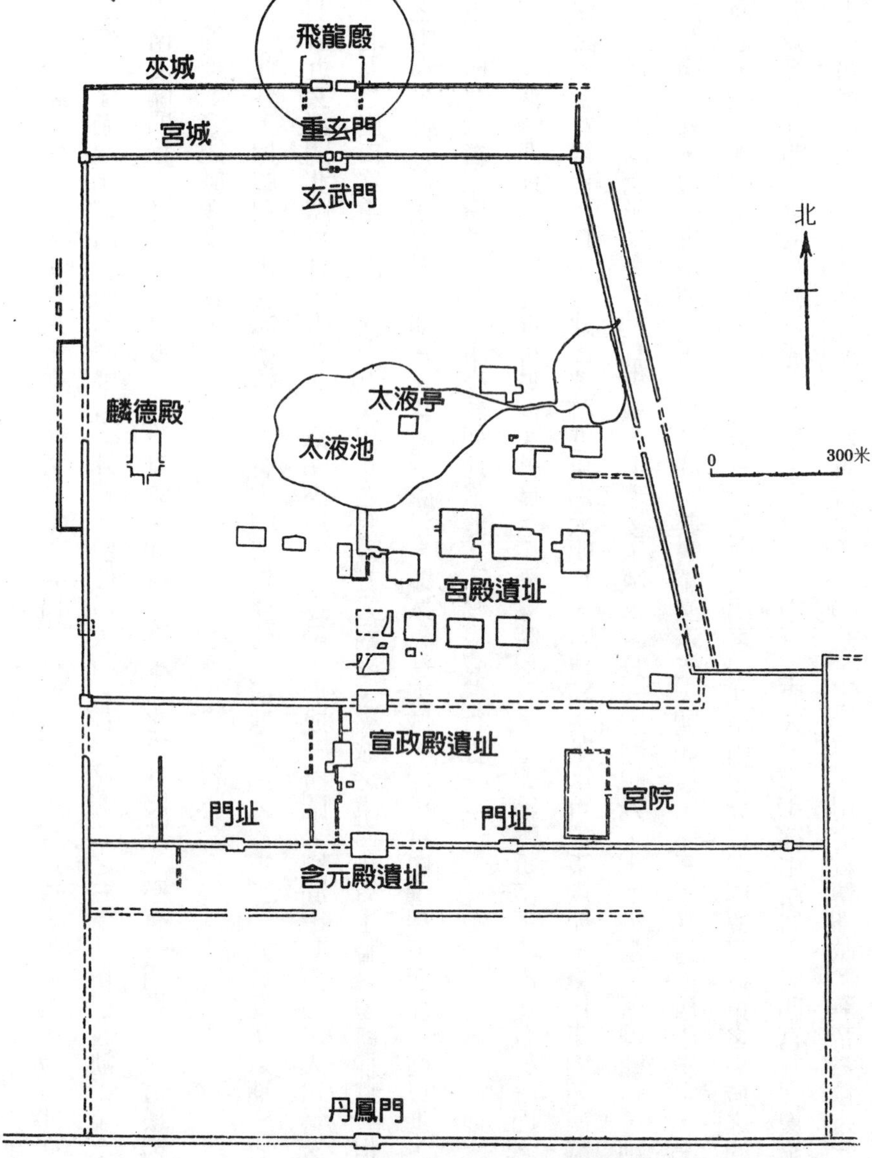

圖四　唐大明宮重要建築遺址

（《唐長安大明宮發掘簡報》　馬得志　考古1959年6期）

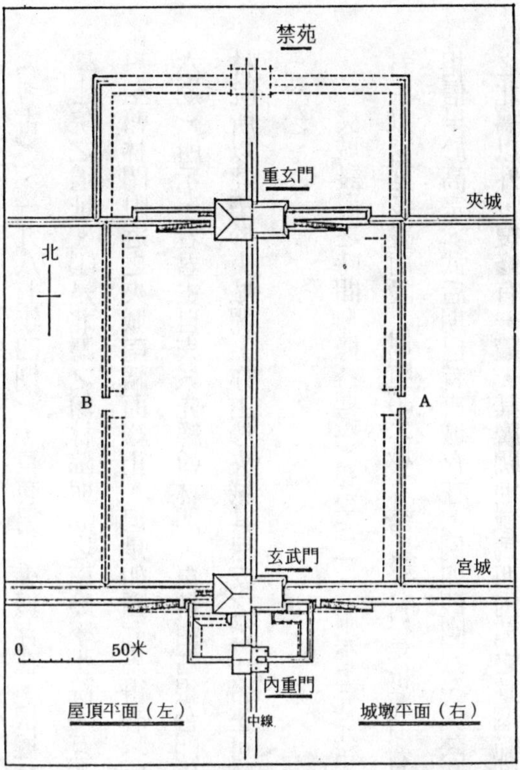

圖五(a)　大明宮玄武門及重玄門平面圖

圖五(b)　大明宮玄武門及重玄門復原圖

喜門鬪走馬，數幸六王宅、興慶池與諸王鬥鵝。」考興慶池位於興慶宮內，能順次經六王宅往興慶宮者，必由夾城而不出他途。

至於大明宮之西牆以外，若據近年考古之復原圖繪觀之，當如圖六所示（〈唐長安城發掘新收穫〉、《考古》、一九八七年四期），具有另一夾城存在。根據發掘之結果，其⑴與⑶之建築群，實爲翰林學士院之遺址。⑴是北廳之翰林院與⑶之南廳學士院，互相以磚道分隔。表面上夾城之通道由北而南只至翰林門附近之夾城南牆而終止。但是如圖七馬得志〈唐代長安與洛陽〉、《考古》、一九八二年六期）所示，若君主自夾城先經翰林門，再轉由右銀台門出，則依然可通往太極宮北面之西內苑。翰林院所以建築於夾城間，亦由於夾城其保安之效，帝王可隨時與翰林學士商議近密之事，再草詔頒行（註八）。

夾城設置之時間，據《通鑑》卷二二一、肅宗上元元年六月之條註爲「開元二十年所築」，似由於君主以宮廷多變而設。但所謂夾城，其定義若只是依照原有之城牆而另築一牆，以求走動空間的話，則相信早於高宗、武后期已有夾城存在。例如觀圖八、《陝西通志》之〈長安宮城圖〉，於西內太極宮之北牆以外，復修有一牆，其廣闊地域爲西內苑之整個範圍。事實上，高宗養病之大明宮，乃自太極宮之西牆另劃範圍築起，已可謂城牆以外之巨大夾城。只是越到後來，夾城又築成面積空間較細長之方式，以便更具方向性、技術性地行走潛逃而已。若據徐松〈洛陽宮城皇城圖〉（即圖九）所示，東都之洛陽西門處，早有夾城之建築存在，以通宮城內外。又其玄武門之北有圓壁南門，再北有龍光門，爲

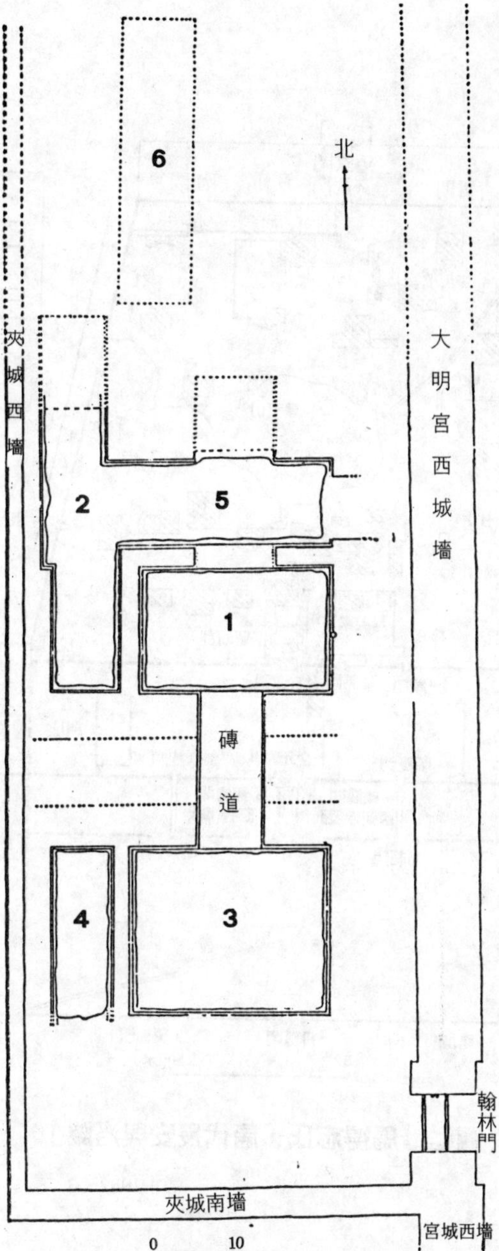

圖六　翰林院遺址平面圖

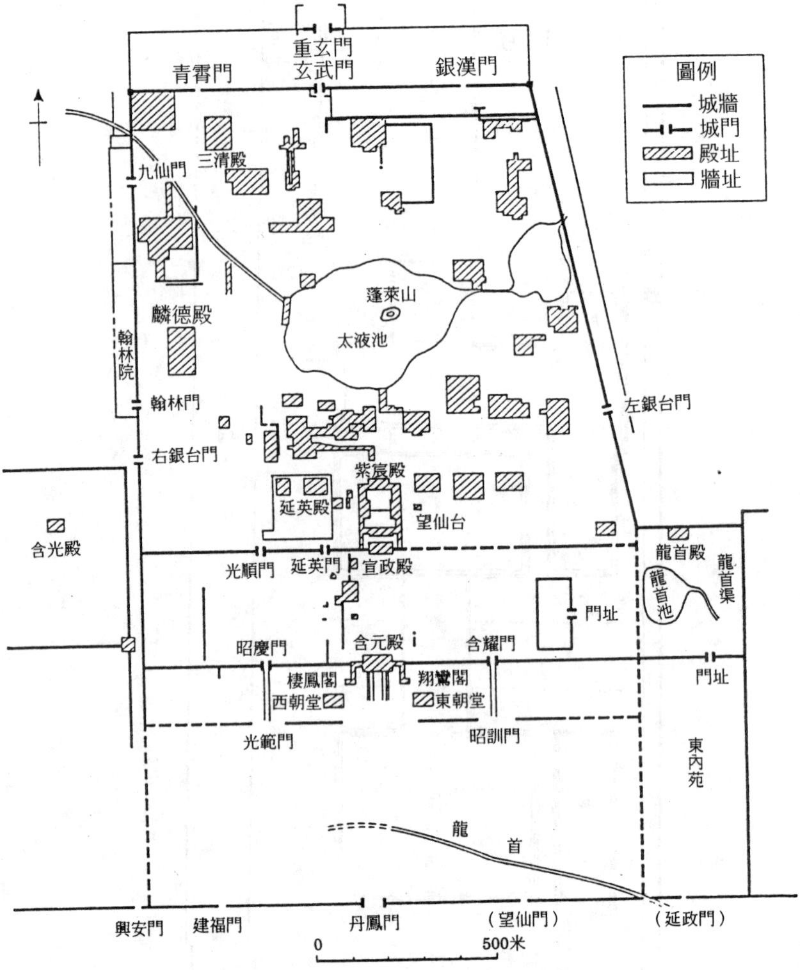

圖七　馬得志氏「唐代長安與洛陽」

考古1982～6

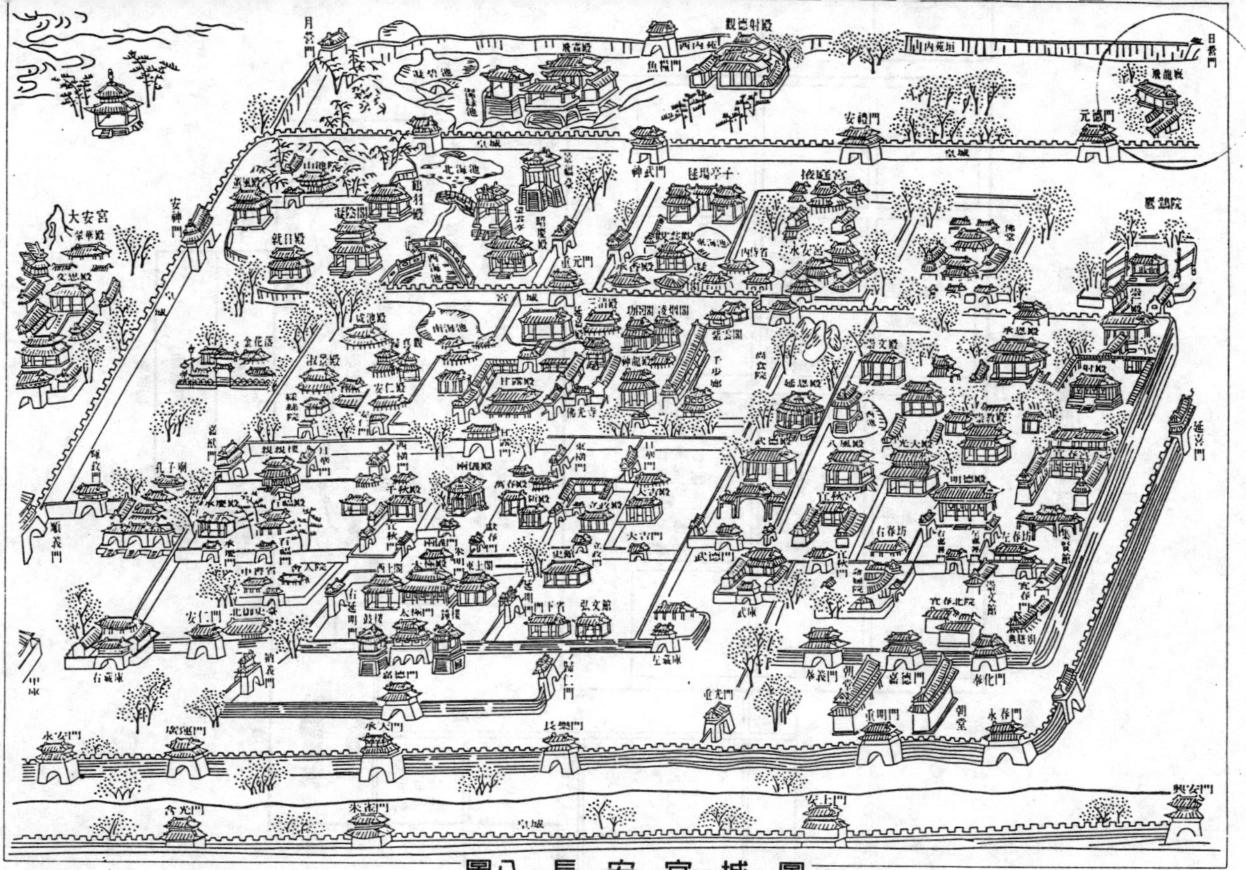

圖八 長安宮城圖（《陝西通志》）

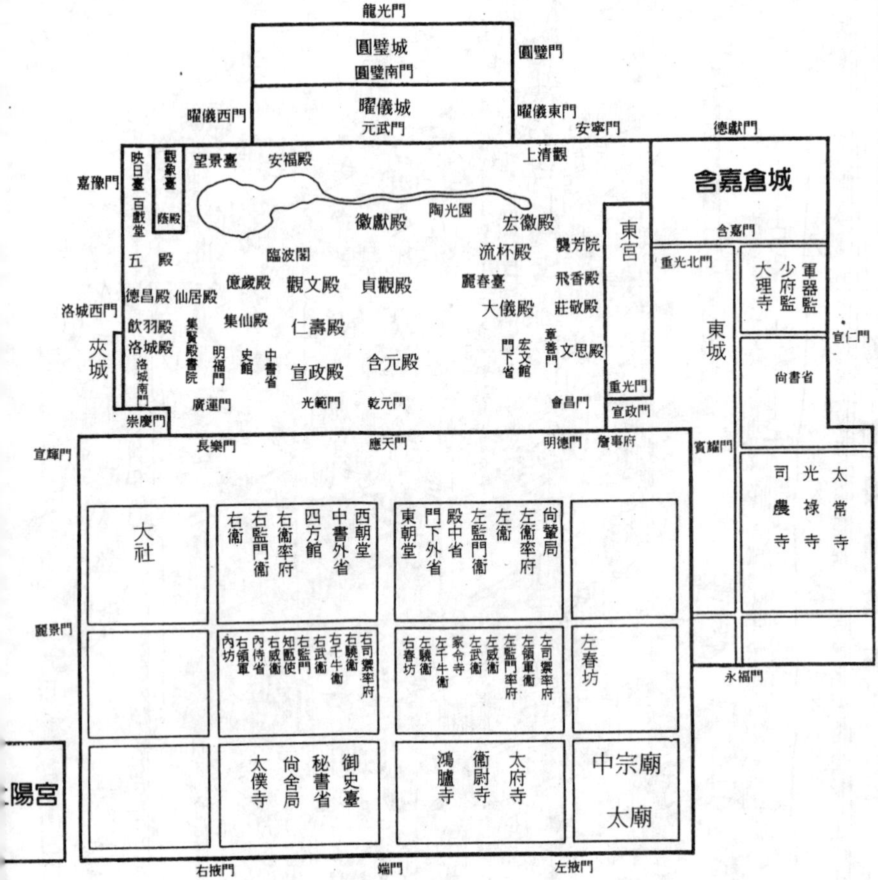
龍光門
圓璧城
圓璧門
圓璧南門
曜儀城
曜儀西門
曜儀東門
元武門
安寧門
德猷門
映日臺
百戲堂
觀象臺
望景臺
安福殿
上清觀
含嘉倉城
嘉豫門
陶光園
徽猷殿
宏徽殿
含嘉門
東宮
五殿
臨波閣
流杯殿
襲芳院
重光北門
大理寺
少府監
軍器監
億歲殿
觀文殿
貞觀殿
麗春臺
飛香殿
德昌殿
仙居殿
洛城西門
大儀殿
莊敬殿
集仙殿
飲羽殿
仁壽殿
東城
宣仁門
夾城
洛城殿
集賢殿書院
明福門
史館
中書省
宣政殿
含元殿
門下省
宏文館
章善門
文思殿
尚書省
洛城南門
重光門
廣運門
光範門
乾元門
會昌門
宣政門
崇慶門
宣輝門
長樂門
應天門
明德門
詹事府
賓耀門
太常寺
光祿寺
司農寺
大社
西朝堂
中書外省
四方館
右衛率府
右監門衛
右衛
尚輦局
左衛率府
左衛
左監門衛
殿中省
門下外省
東朝堂
麗景門
右司禦率府
右驍衛
右千牛衛
右武衛
右監門
知匭使
右威衛
內侍省
右領軍
內坊
左司禦率府
左領軍衛
左監門率府
左威衛
左武衛
家令寺
左千牛衛
左驍衛
右春坊
左春坊
永福門
御史臺
秘書省
尚舍局
太僕寺
太府寺
衛尉寺
鴻臚寺
中宗廟
太廟
陽宮
右掖門
端門
左掖門

圖九　洛陽宮城皇城圖

曜儀城與圓璧城由南而北之通路，至於其東西處各有通門疏散，實即類於長安玄武與重玄門之夾城關係。可見夾城之興築形式，在武后經營洛陽時經已萌芽。

由此觀之，三宮之建置時間雖有異、地點亦不同。在宮城之設計上，東內之大明宮與南內之興慶宮固不及西內太極宮之劃一整齊，沒有講究郭城、皇城和宮城之建築規律及比例。然而爲了補救先天之宮城限制，大明宮之防禦方法正朝著獨特之方式發展，著意建立多途之複牆式之夾城制度。如此，夾城與夾城、夾城與宮內、夾城與宮外、宮城與宮城之間，得以互相貫通、聯絡，成爲一個整體之基本防禦方法。

叁、唐代宮廷之兵馬與宦官——宦官之權力來源試析

一、唐代之夾城與飛龍廄

從上文可知，宮廷夾城之設計，大大提高了對外入侵之防禦能力。然而，單就夾城建置，只爲逼不得已時之潛逃策略，如何配合夾城以建立完備之軍事防衛，才是最積極之守城方法。最早爲宦官所掌握之飛龍廄機構，正是配合此種夾城制度之有力防衛，宦官也從中得到最初之權力。

在夾城內，君主可選擇行走之路線很多，其中至安全者莫過如往有兵力可掌之地方。若觀察呂氏之〈長安城圖〉，當發現依夾城路線固可南下轉入興慶宮，但是在夾城之另一面有飛龍院之設置。當

遇有緊急之政治狀態，若君主在興慶宮，最直接之走避方法，實爲從宮城東門出而東入飛龍院之西門以求掩護。《新唐書》卷二〇八、宦者下、李輔國傳即載，玄宗時期李輔國欲奪高力士掌禁中兵馬之權，矯詔取興慶宮禁馬三百。其所載之禁馬，理應爲其宮旁之飛龍院馬。可知設於夾城外之飛龍院具有保障宮城安危之作用。

若君主在大明宮遇有緊急事情，其避難方式亦與上述無異。據上述圖四、圖五 a 和 b 考古發掘所見，在大明宮之玄重門外，有建築遺跡，推斷知同樣是飛龍廏（註九）。帝王只須由北邊城門出，穿過夾城與重玄門後，便可趨飛龍廏之南牆通口。《舊唐書》卷十一、代宗紀即曾載：

寶應元年（七六二）四月，肅宗大漸，所幸皇后無子。后恐上功難制，陰引越王係於宮中，將圖廢立。乙丑，皇后矯君太子。中宮李輔國、程元振知之，即勒兵於凌霄門，俟太子至，即衛從太子入飛龍廏以俟其變。是夕，勒兵於三殿，收捕越王係……幽皇后於別殿。

可見代宗爲太子時逃避一次由皇后及王子策動之宮廷政變，實有賴出走於飛龍廏。時程元振爲飛廏副使、李輔國亦總理內外閑廏事務，宮廷之禁馬設置，在夾城之輔助下充份被利用。按其逃走之路徑，應該是先由凌霄門出，再向右折，穿過夾城西牆之 B 通口，再北轉穿重玄門而達飛龍廏了。觀太子所寢居爲少陽院，地近夾城；諸受封王子又居十六宅，同樣有夾城作保護以避走於飛龍廏，可知帝王爲保障個人及其權力繼承人，曾作過苦心之宮廷設計。

至於太極宮以北之西內苑中，若據圖八所見，亦有飛龍廏之設置。君主自北門出，向右折即可抵達。各宮之飛龍兵力，既可趨前保護宮禁之地，亦可從本廄之後門出，保衛皇城之全域，可謂一種兩全之設置。《通鑑》卷二一六、玄宗天寶十一載四月乙酉條所載，有邢縡者，殺龍武將軍，倚龍武萬騎作亂，全憑宦官高力士率飛龍兵，在皇城西南隅將之截殺。是次飛龍兵之出擊，或採後者方式。觀玄宗天寶年間，宦官高力士總攬禁廷兵馬，爲「三宮內飛龍廄大使」（註一〇），即表明三宮有同樣之飛龍機構存在，成爲捍衛三宮最早而又最有系統之軍事力量。通過各大小不同之夾城以及緊接著夾城外興築之兵馬機構，三宮之防禦與連繫，已朝向一總體性之發展。

按建築之程序觀之，理應是先有夾城，然後再在另一牆外加置建築物。以此推之，由大明宮往興慶宮之夾城，若自開元二十年始興築完成，則興慶宮外之飛龍廄，當亦至早成立於此年以後。興慶宮爲玄宗登位爲帝後，最先聽政之地方，其間長達數十年，然後始轉往大明宮，則大明宮北，夾城以外之飛龍廄則建造得更晚了。天寶年間高力士既總掌三宮之飛龍廄事務，大明宮之飛龍廄，亦應於開元末天寶初成立之機會較高。由此得知，最早成立的爲武后時期西內太極宮之飛龍廄，次爲興慶宮之飛龍廄，再次之爲大明宮之飛龍廄了。

值得一提的是，唐代夾城與飛龍廄有互相依存之關係。飛龍廄既築於宮城之夾城以外，故唐末飛龍廄一日存在，夾城理應一日未廢。《新唐書》兵志載韓建廢諸王殿後四軍兵力，將殘餘兵種集於飛龍廄，時間已爲昭宗乾寧四年。《舊五代史》卷十五韓建傳又載其以華商節度身份「兼領修創京城使，建自華督役輦運工作，復治大明宮」。可知昭宗乾寧初年，鳳翔李茂貞雖擾長安，造成宮廷之損毀，然而在大明宮之復修下，飛龍廄仍然存在，夾城之建築亦當被保存下來。直至唐亡之際，長安與洛陽之飛龍院依然固在（註一一），宮廷之外牆設計理應變化不大。昭宗遷洛以後，韓建再以佑國軍節度使身份據長安，立意將長安都城改變爲節度府署之建築（註一二）。宮城外圍之諸夾城是否因而被廢不得而知，然而觀五代後梁之際，在城牆之攻防戰中仍靈活使用夾城設計，不能不說是受唐代城牆之制所啓迪（註一三）。

二、宦官與宮廷之兵馬權力

關於上述飛龍廄成立之淵源，拙著〈唐代における飛龍廄と飛龍使——特に大明宮の防衛を中心として〉（《史林》七十四卷四號，一九九一年）曾已討論。宦官掌握飛龍廄權力以前，供應皇城、宮城之閑廄馬主要來自幾個系統。《新唐書》卷四十七、殿中省之條載：

武后萬歲通天元年（六九六）、置仗内六閑、一曰飛龍、二曰祥麟、三曰鳳苑、四曰鵷鸞、五曰吉良、六曰六群、亦號六廄。以殿中丞檢校仗内閑廄，以中官爲内飛龍使。

又《新唐書》卷五十、兵志載：

以尚乘掌天子之御。左右六閑，一曰飛黃、二曰吉良、三曰龍媒、四曰騊駼、五曰駃騠、六曰天苑。總十有二閑爲二廄、一曰祥麟、二曰鳳苑、以繫飼之。其後禁中又增置飛龍廄。

如下表所示，以閑廄系統之建置時序觀之，飛龍廄本屬於武后萬歲通天年間，仗内六閑之其中一個馬廏內容。這個系統內較爲矚目的是祥麟和鳳苑兩廏。因爲在此兩廏之統轄下，吸收了唐初左右六閑之廏馬內容。對於左右六閑之記載，《新唐書》卷四十七、尚乘局之條有較詳細記載：

左右六閑、一曰飛黃、二曰吉良、三曰龍媒、四曰騊駼、五曰駃騠、六曰天苑。凡外牧歲進良馬、印以三花、「飛」、「鳳」之字。

可見由各地方廏牧所養之良馬，每歲均定時轉貢於此，以供京師之用。在左右六閑之系統以外，顯然還有另一個左右仗廏系統存在。《新唐書》卷四十七、殿中省之條謂：

左右仗廏、左曰奔星、有曰內駒。兩仗內又有六廏、一曰左飛、二曰右飛、三曰左萬、四曰右萬、五曰東南內、六曰西南內。園苑有官馬坊、每歲河隴群牧進其良者以供御。六閑馬，以殿中監及尚乘主之。

如此，說明了地方廏馬與中央廏馬之輸送關係。以隴西爲主之地方廏馬，首先轉到接近京城之官馬坊，亦即普遍稱爲八馬坊之中間養馬機構（註一四），再由八馬坊挑選良馬劣馬，轉到中央之兩個廏馬系統——一爲左右仗廏，一爲左右六閑。其後左右六閑之系統顯然得到長足之發展，相反左右仗廏逐漸萎縮，到了後期，成爲不被親近之仗外閑廏。

宮廷禁馬與禁軍之關係頗爲密切。太宗最早於玄武門建立之飛騎，到了高宗龍朔年間成爲羽林軍之一部內容。《通典》卷二十八、威衛條，載飛騎所乘之馬爲「六閑駿馬」。飛騎以外，高宗以「善射者百人」之百騎爲北門長上二番，所乘之馬爲「六閑駿馬」。百騎到了武后期爲千騎，至睿宗期發

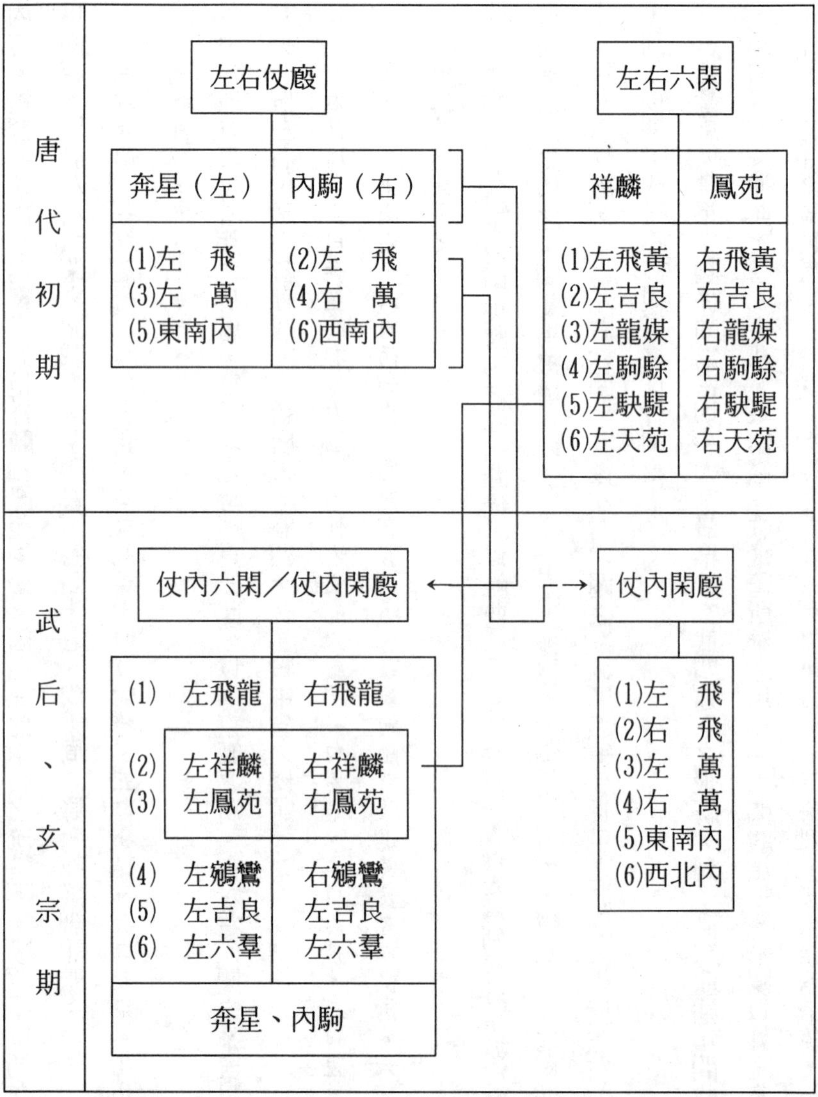

附表　唐初至玄宗時期之閑廄系統

展成萬騎。玄宗以萬騎討平韋后，即改萬騎爲左右龍武軍。《通典》卷二十八職官所記，左右龍武軍所乘者依然稱爲「六閑馬」，可見中央之六閑系統，乃提供禁軍馬匹之重要工具。隨著禁軍系統不斷發展，禁馬系統亦相應擴大。問題是，禁軍所騎之「六閑馬」究屬那一系統之六閑馬？關於此點，史料並無具體記載。但是，從太宗期所見之左右飛騎、睿宗期之左右萬騎之名頗與唐初左右仗廄中之左右飛、左右萬相類。相信當初禁軍編整時，乃以所騎馬匹系統來標明軍隊性質。若此種推斷正確的話，則唐初左右仗廄所供馬匹，主要爲配合玄武門新置之禁軍而設。而《新唐書》儀衛、左右驍衛條及左右武衛之條所載，此二部隊之旗號中有飛黃旗、駃騠旗。其名與唐初左右六閑之飛黃、駃騠一致。故亦可推知左右六閑或爲提供南衙衛隊馬匹之機構。自左右六閑爲祥麟、鳳苑所轄後，武后立意提高此一系統之聲望。將飛龍、䳄鸞、六群等名目加入，新舊相夾雜，成爲仗內六閑。觀所謂「仗內」，大有衛護宮廷之親近之意。而唐初有「仗內」親信意味的左右飛、左右萬、東南，西北內等則轉爲「仗外」之閑廄，不能不說是唐代馬廄制度之一大轉變。

由武后至玄宗期，何以有這種廄制上之轉變？分析其原因時可能有二：㈠武后以女主專政，不滿其統治方法之官軍甚多，單單靠北門禁軍禁馬之系統，於武后眼中並不夠，故立意提拔另一個新的防衛系統。更在仗內六閑之諸廄內，選取飛龍廄爲至近身之宮廷保障。並且特意以宦官而不以外廷諸衛之軍將爲該機構之主管。㈡到了玄宗得位，經歷了連串有關北面之政治謀變，北面禁軍中諸如龍武萬騎等曾出現背叛，繼續強化了以飛龍廄爲首之仗內系統，並將左右飛·左右萬等系統逐步疏遠。其間宦官在管理宮廷馬匹之權力方面，均曾與總領內外閑廄之王毛仲、北門萬騎之葛福順等另一派官奴，有過激烈之鬥爭與勢力爭奪。此爲宦官能否握有禁馬權力之至關鍵時刻。

三宮飛龍廄制未完全在開元、天寶年間實現以前，宦官高力士之地位，處處受制於王毛仲一黨。《通鑑》卷二一三、玄宗開元十八年十二月之條，即載高力士曾向玄宗表達對王毛仲諸人之不滿：

高力士因言：北門奴，官太盛，（註謂：王毛仲、李守德皆帝奴也。又葛福順等皆出於萬騎。中宗以户奴補萬騎，故云然。）相與一心，不早除之，必出大患。上恐其黨驚懼爲變。

玄宗以親信奴僕出掌內外閑廄，另外又管轄北門禁軍，其用意顯然欲收禁馬與禁軍互相配搭保護之效。然而王毛仲與葛福等人之專橫，亦似出乎玄宗所想像。《通鑑》卷二一三、玄宗開元十八年十一月即載：

開府儀同三司、內外閑廄監牧都使霍國公王毛仲（註曰：內外十二閑、八坊、四十八監、及沙苑等監及諸收、皆屬之、故曰都使）恃寵、驕恣日甚、上每優容之。毛仲與左領軍大將軍葛福順……多爲不法。毛仲求兵部尚書不得、怏怏形於辭色，上由是不悦。

故此，爲防範於未然，玄宗遂納高力士之意，於翌年正月下令貶毛仲爲瀼州別駕，福順、守德等人亦貶往遠州。自此王毛仲之管馬權力，遂轉施於高力士身上。觀高力士其後兼三宮飛龍廄，便知帝王親信對象逐步轉移到宦官。而宦官相繼掌理飛龍廄，即爲權力繼續之具體表徵。這種權力繼承關係，《舊唐書》卷一八四、宦官傳所載，比《新唐書》卷二〇七、二〇八、宦者傳（上）（下）更爲清楚。

按《舊唐書》高力士傳以下，有李輔國、程元振、魚朝恩諸有力宦官續出。參閱他們之背景，無不與

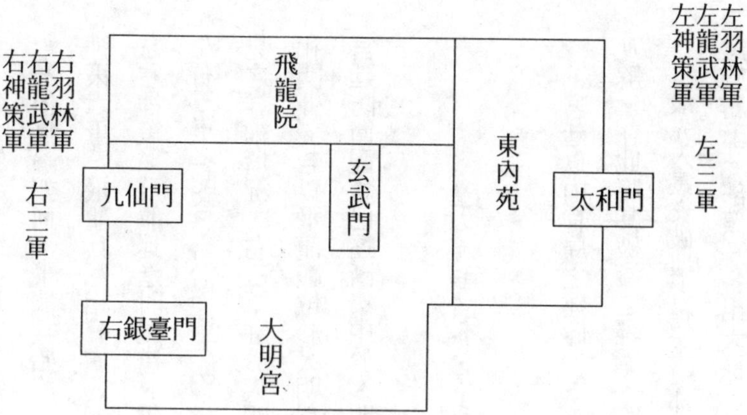

圖(十) 禁軍營圖

主理飛龍廄事務有關。李輔國出身於飛龍廄，自廄中小兒一直往上爬至高位。程元振於肅代之間之政變時期，出任為飛龍廄副使。至於魚朝恩，亦曾為飛龍閑廄諸使。可以說，起碼由玄宗期以迄代宗期，宦官之權力繼承，實以飛龍廄之掌管為中心。

飛龍廄雖表面管馬，但是在一定之程度下，廄中實保有戰鬥之能力。史書中常有「飛龍禁軍」或「飛龍兵」之記載。考其兵種來源，應來自廄內較為低級之飛龍小兒。這些在廄內專負責習馭、掌閑工作之吏員，有事時更組成臨時之隊伍，乖飛龍馬以救駕。其上往往有較高級之飛龍排馬官監管。《冊府元龜》帝王部、明罰二之條即載，參與文宗政變之飛龍排馬官、飛龍小兒因保護帝王不力而受罰。上記昭宗末年韓建廢諸王兵力，其殘兵則編為排馬官，留於飛龍廄內，即表明排馬官之身份，乃可隨時轉化為一臨時兵種。而另一方面，飛龍使、副以下，還應該有判官之中層機構。《金石萃編》卷二所載，宦官楊延祚即曾為「內飛龍廄都判官、寶應功臣」，證明在代宗繼位之宮廷政變中，飛龍判官亦有參與作戰之功能。由此可見，飛龍廄上自正使，下至飛龍小兒，每遇宮廷有警，即以全員皆兵之形式，從殿中乘馬出擊。

但無論如何，飛龍兵始終不是龐大之禁軍兵種。尤其自代宗神策軍成立以後，宮廷之守禦基本由神策六軍、飛龍兵互相分擔。例如《通鑑》卷二四三、敬宗寶曆二年十二月壬寅條所載之政變中「發左右神策、飛龍兵進討賊黨，盡斬之」。考圖十（程大昌《雍錄》之〈禁軍營圖〉），顯示飛龍殿與左右三軍之配合，以保衛大明宮周邊之整體概念。從圖十一（徐松《唐兩京城坊考》之〈大明宮圖〉）所見之詳細情況，右三軍駐於大明宮之西面，地近九仙門之地方。左三軍則駐於大明宮之東面，地近太和門外。若以飛龍殿位於大明宮北面計，則大明宮之三面皆得以防衛。由此觀之，越到唐後期帝王之宮廷防衛觀念已逐漸集中於大明宮一宮之措置。君主活動均不出大明宮，其權力則更形集結了。

肆　唐末宮城之破壞與改建

宮廷以內官局之建置，既爲宦官權力之來源，則唐末宮廷司局之破壞，可標誌著宦官權力正逐步瓦解。在此將其破壞之經過，略作考析。

最先入長安破壞者爲王巢部衆。史書載廣明元年十一月，僖宗車駕鳳翔，黃巢前鋒將柴存入長安，迎巢於霸上。部衆「各出大掠，焚市肆，殺人滿街」，又「殺唐宗室在長安者無遺類」（註一五），其對長安都城內外之破壞可知。《通鑑》卷二五六、僖宗中和四年九月條：

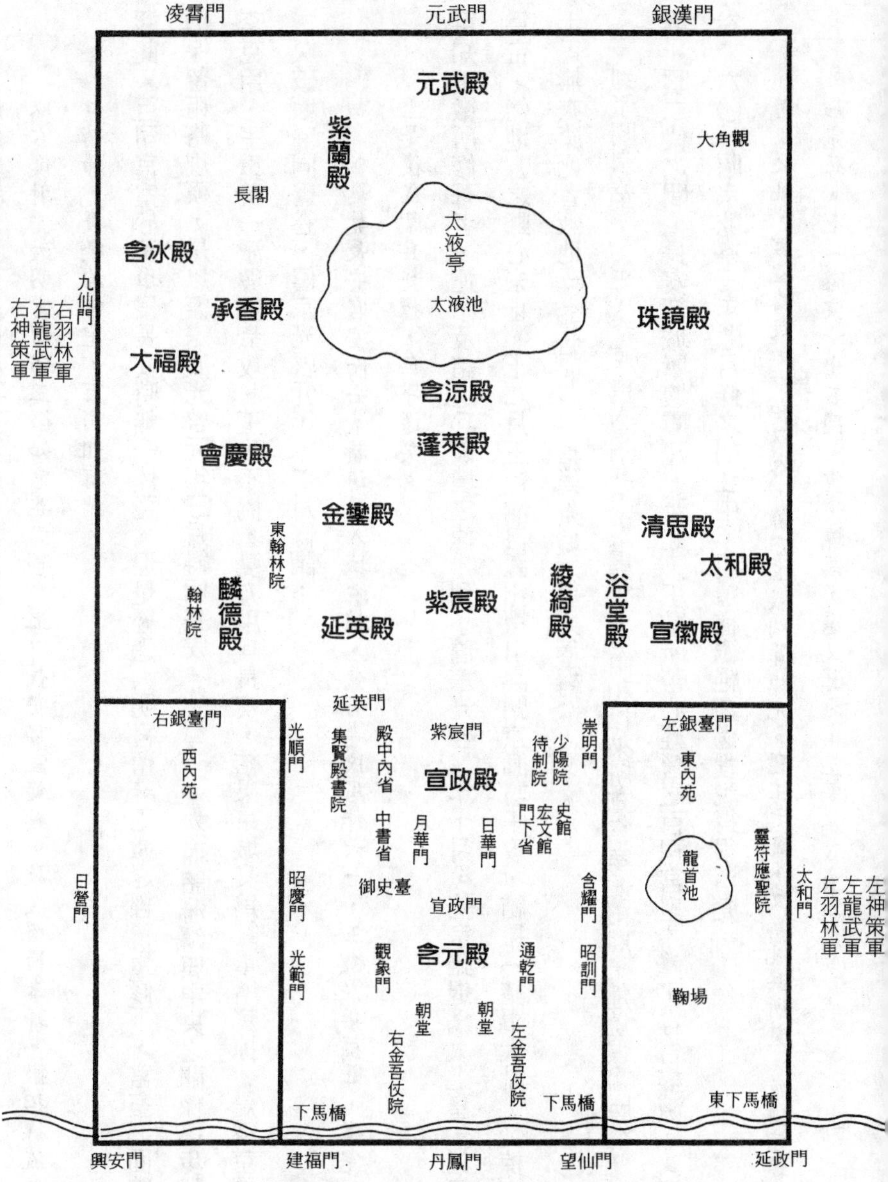

圖十一　大明宮圖

（徐松『唐兩京城坊考』）

> 以右僕射、大明宮留守王徽知京兆尹事。上以長安宮室焚毀，故久留蜀未歸。徽招撫流散，戶口稍歸，復議治宮室，百司粗有緒。

觀此，百司宮室於黃巢侵長安時無一倖免。但是經過大明宮留守王徽之經營重修下，宮室之面貌相信仍保留粗略規模，是以僖宗於光啓元年三月得回長安（註一六）。然而諸藩鎮與中央之關係逐步緊張，李克用、王重榮一派與田令孜、王玫不協，雙方用兵長安，結果京城又爲亂軍所焚掠。是爲京城之第二次破壞。同書卷，僖宗光啓元年十二月條謂：

> 初，黃巢焚長安宮室而去，諸道兵入城縱掠，焚府寺民居什六七，王徽累年補葺，僅完一二。至是復爲亂兵焚掠，無孑遺矣。

可知王徽所修葺者，遠不及諸道兵破壞之速。到了僖宗光啓二年十月，僖宗雖退爲太上皇，以襄王熅爲帝，然地方之野心未止。十二月王行瑜自鳳州擅引兵歸京師討王玫，結果「諸軍大亂，焚掠京城，士民無衣凍死者蔽地」（註一七），是爲京城第三次遭難。

到了昭宗乾寧三年，李茂貞入長安，史書載「自中和以來所葺宮室、市肆，燔燒俱盡」（註一八）。僖、昭二代之間，長安都城屢壞屢建，至此，王徽所苦心經營之百司宮室才眞正宣告盡滅。《通鑑》卷二六〇、昭宗乾寧三年七月條之胡註中，將這種繼絕之過程說得很清楚：

> 黃巢之亂，宮室燔毀，中和以來，留守王徽補葺粗完。襄王之亂，又爲亂兵所焚，及僖宗還京，復加完葺。上（昭宗）出石門，重罹燒爇，還又葺之，至是爲茂貞所燔。

理論上，京城經此第五次之破壞，百司宮室已面目全非。但是，從考古發掘之碑文所見，宦官仍致力修葺官署、宮廷各種機構。故此，就是到昭宗末年，尤其發揮政令作用之內諸司機構，其實並未滅絕。在陝西出土之李令崇墓誌詳載昭宗乾寧三年，李氏再復樞職，拜留后使時長安之境況，爲「宮掖雖遭焚毀，司局亦且清閑」（註一九）。可推知長安之政府部門因受到破壞陷入半癱瘓狀態。但是，在另一方面，從出土之《大唐重修內侍省之碑》中，可清楚了解到乾寧三年以還，內外官局由樞密使宋道弼、景務修之修葺情況。其中記及之機構有內園、客省、尚食、飛龍、弓箭、染房、武德留后、大盈、瓊林、如京·營幕等司、命婦院、高品·內養兩院。又有太倉、莊宅、左右三軍、威遠教坊、鴻臚、牛羊等司、國計庫、司天台等官署，計其前後裏外之廳館，大小凡五百餘間（註二〇），足見南衙北司官局之修復工程，十分龐大。

對野心日形增大之宣武節度使朱全忠而言，欲控制唐政府之決策命脈，必先剷除宦官主掌之內諸司使。而杜絕宦官繼續從內諸司中職得權力，必須根除其有關機構。觀朱全忠取得政權之過程，莫不依上述之情況按步就班進行。昭宗天復三年正月庚午，朱全忠與宰臣崔胤奏請罷內諸司使，將其事務歸諸省寺。於即日，「全忠以兵驅宦官第三可範等數百人於內侍省，盡殺之」（註二一）。內諸司使處死後，京城內外機關已滿佈其心腹爪牙。爲防範於未然，一方面決意挾天子以幸洛陽，歸到自己之勢力範圍，另一方面對長安京城，作全面之破壞。《通鑑》卷二六四、昭宗天祐元年正月壬戌條載：

車駕發長安，全忠以其將張廷範爲御營使，毀長安宮室百司及民間廬舍，取其材，浮渭沿河而下，長安自此遂丘墟矣。

朱全忠之徹底破壞京師，爲長安都城第六次之遇難。與前五次比較，顯然是次毀壞並非爲劫掠，而是欲根本消滅京城之權力系統。經此一役，京城官局之原來面貌盡失。昭宗東遷以後，佑國軍節度使韓建於天祐元年即主持城牆改建之工作。將原來之外郭城和宮城，重新改修爲皇城轉變爲佑國軍之新城邑。亦由當初具有外廓城、皇城、宮城之中央系統，演變爲地方節度使之衙門體制。李好文《長安志圖》卷上，記載韓建所改建之新城爲「內外二重」。換言之，只留皇城而不留宮城，舊日之宮城外圍與外郭城牆連成一片，成爲皇城之新外圍。故此，皇城可以說是城中之城，顯然爲另一種保護之方法。

朱全忠弒昭宗而並未都洛，卻升其權力之根據地汴州爲開封府，顯示五代帝王之性格，本質上仍維持其藩鎮時期之統治形式。除了後唐都洛陽以外，後梁、後晉、後漢、後周皆都於汴州，故於權力構造之繼承上乃一脈相承。附圖十二所示爲北宋開封，開封府城之大內，本爲汴州城之子城，亦即宣武節度使朱全忠之牙城、幕府所在。至於子城之外面，有內城包圍，亦即汴州城之外郭城，或稱之爲羅城。到了五代後周時，由於羅城以外之市街迅速發展，又於更遠之地方築起新一重之城牆，稱爲外城。故此，後周宋初三重之城牆構造，實由唐末五代子城與羅城之二重城牆演變而來（註二三）。無論是韓建改造之新城，或後梁以還汴州之府署，皆說明了發展至唐末五代時期，藩閥帝王正積極建立起新式之城郭防衛與權力系統。

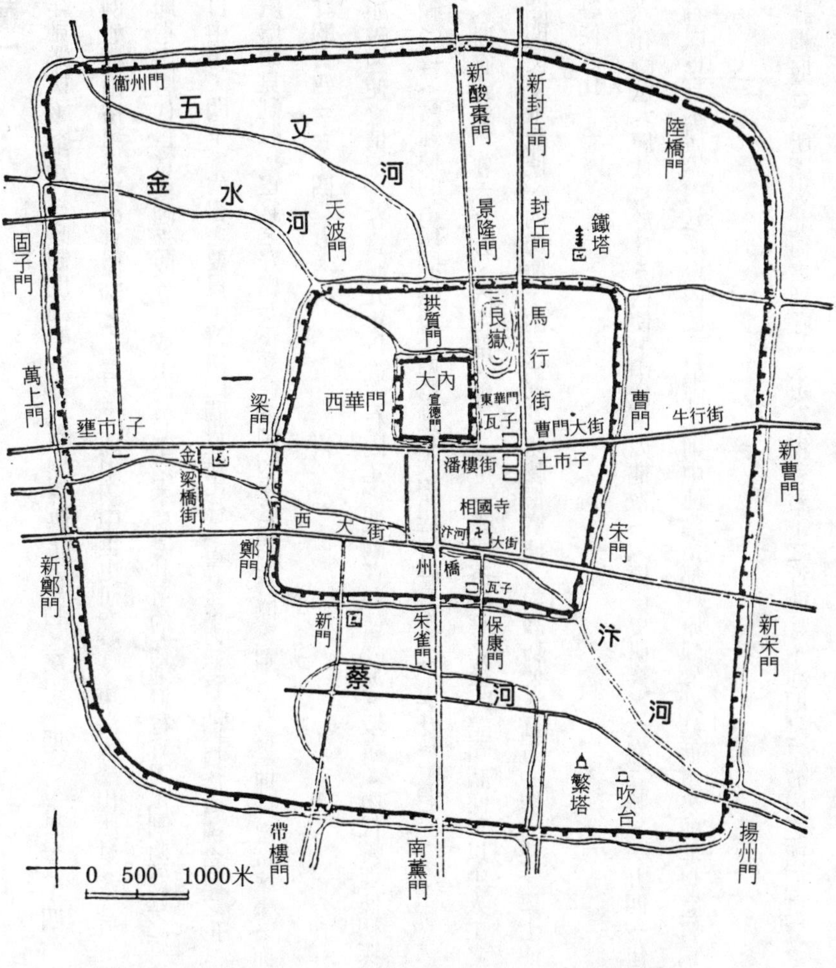

圖十二　北宋東京城（汴梁）平面想像復原圖

（《科技史文集》第5輯、上海科學技術出版社）

【註釋】

註　一　詳見嚴耕望〈唐代行政制度論略〉（《新亞書院學術年刊》第十一期），頁三三～四一。

註　二　例如橫山裕男〈唐の官僚制と宦官〉（《中國中世史研究》、東海大學出版社、一九七〇年版）一文，即指出唐代宦官集團之成立，或出於君主之本意。其目的在通過宦官，以制衡外廷之官僚貴族制。蓋當日中書、門下、尙書之要員，皆由門閥貴族出任，皇帝權力只有在與貴族官僚合議之形式下，始能施行，處處頗見制肘。宦官之好處乃不受律令制約束之側近官僚集團，直接掌理「皇帝家事」而得到合法權力。詳閱頁四一一～四二五。

註　三　如轉運使之情況，在寶應元年以後已有固定之機關存在。詳見何汝泉《唐代轉運使初探》上編〈轉運使職〉之〈轉運使的治所問題〉（西南師範大學出版社、一九八七年版）頁四一～五四。

註　四　《冊府元龜》卷六六五、內臣部、總序云：「蓋唐室中葉之後，諸司諸使多以中人主之……如宣徽使、閤門使、飛龍使、內坊使、內弓箭使、鴻臚禮賓使、內教坊使、五方（坊）使、學士使、糧料院、館驛等使之比。」

註　五　六花謙哉〈唐代に於ける內使・中使その他〉（《東洋史研究》六卷二號、一九四一年）一文，即指出若因宦官本居於內廷而得內使之稱呼，則中使應指那些原隸於外廷而本來並非以宦官爲使之內容。頁八一～八二。

註　六　詳細而言，所謂南北衙之稱呼，本來是指著君主之近衛兵，亦即是皇城內之南面駐守之南衙十二衛兵與北面禁苑駐防之北衙六軍之總稱。中唐以還，拱衛中央諸官廳之南衙諸兵崩壞後，便將南衙之諸官廳轉稱爲南司。在另一方面，宦官仍掌握北衙殘餘之神策軍，其後遂與其他新興之宦官機關一概稱爲北司。詳閱曾我部靜雄〈唐の南衙と北衙の南司と北司への推移〉（《史林》第六四卷一號、一九八一年）。頁三七～五八。

註　七　參閱張永祿《唐都長安》（西北大學出版社、一九八七年）第六章：〈三大內〉，頁七八～九四。又賈麥明〈唐長安大明宮及出土文物〉（《故宮文物》月刊、第十卷一期、一九九二年四月），頁一〇七～一一三。

註　八　袁剛〈唐代的翰林學士〉（《文史》第三三輯、一九九〇年十月）一文中，亦指出夾城與翰林院設置之機密關係。頁九七～一一七。

註　九　中國科學院考古研究所編著《唐長安大明宮》（科學出版社、一九五九年）之發掘調查顯示，玄武門之北、重玄門之牆側處發現了記有「龍」字之瓦片，故推斷飛龍廄乃設置於重玄門外。又玄武門與重玄門之夾城關係，參閱傅熹年〈唐長安大明宮玄武門及重玄門復原研究〉（《考古學報》一九七七年二期）。

註一〇〈唐故開府儀同三司兼內侍監贈揚州大都督、葬泰陵高公神道碑並序〉（《考古與文物》一九八三年二期）。

註一一　長安城之飛龍廄，於唐亡之前仍存在之事實，史料中多處均見顯示。如《新唐書》兵志所載，韓建廢諸王殘兵於飛龍廄即爲一例。又朱全忠入長安，盡廢內諸司，所餘九使中飛龍有使，即可知飛龍司局尚被保存，詳見《資治通鑑》卷二六四、昭宗天祐元年四月戊申條，頁八六三一。至於洛陽方面之飛龍廄，《舊五代史》卷十五、李罕之傳中，詳載僖宗光啓二年，罕之與劉經拒叛將秦宗權，「經急攻之，爲罕之所敗，罕之乘勝追至洛陽。時經保敬愛寺，罕之保苑中飛龍廄」之記載，可知延至唐末，洛陽與長安兩處之飛龍廄仍然存在。

註一二　參閱辛德勇〈有關唐末至明初西安城的幾個基本問題〉（《陝西師大學報》一九九〇年第一期），頁二五～二八。

註一三　例如《舊五代史》卷五二、李嗣昭傳載：「汴將李思安將兵十萬攻潞州，乃築夾城，深溝高壘，內外重複，飛走路絕。嗣昭撫循士衆，登城拒守。……城中固守經年，軍民乏絕……莊宗敗汴軍，破夾城」，可見唐代政權過渡至地方割據局面，夾城之防衛、掩護之作用，仍然得以殘留。

註一四　關於八馬坊之研究，詳閱王士平《跋郄昂〈岐邠經寧四州八馬坊碑頌〉》（《魏晉南北朝隋唐史資料》第四期）。概言之，在以監牧爲主之國家養馬場與以閑廄爲主之皇家御馬之飼養系統之間，有稱爲八馬坊之中間型養馬場，供集中、轉運地方馬匹，以分付閑廄使用。

註一五　《通鑑》卷二五四、僖宗廣明元年十二月，頁八二四〇～八二四一。

註一六　《舊五代史》卷一、梁太祖紀，頁二～五。

註一七　《通鑑》卷二五六、僖宗光啓二年十二月甲寅條，頁八三四一。

註一八　同書卷二六〇、昭宗乾寧三年七月丙申條，頁八四九一。

註一九　參閱陳全方〈兩塊唐墓志與唐末農民起義〉（《考古與文物》一九八三年二期），有關李令崇之墓誌文。

註二〇　一九七八年五月西安第二機床廠（唐長安城之西牆附近）出土之〈大唐重修內侍省之碑〉（《考古與文物》一九八三年四期）。

註二一　《通鑑》卷二六三、昭宗天復三年春正月庚午條，頁八五九四。

註二二　愛宕元《中國の城郭都市》（中央公論社、一九九一年），第七章：〈宋代の城郭都市〉，頁一四八～一四九。

第二章　唐代內諸司使之權力構造

壹、內諸司使之成立過程

玄宗以前，教坊（武德年間）、飛龍（萬歲通天二年）、園苑（武后期）等使職雖已設立，然而究竟是否常設之職，史料中未見明言。但是，自玄宗期開始內諸司使系統卻有顯著之發展。這與帝王由舊日西內太極宮移住於東內大明宮具密切關係。爲提高君主之獨裁權力，大明宮之行政、娛樂等事務皆委宦官，形成各樣內諸司使之名目。玄宗期設立之內諸司使，例如梨園（開元二年）、軍器（開元初年～三年）、中尙（開元年間）、大盈庫（開元年間）、十王宅（先天～開元年間）、五坊宮苑（開元十九年）、弓箭庫（開元～天寶年間）、內作坊（天寶年間）；再加上代宗期之鴻臚禮賓（永泰年間）、客省（永泰年間）、樞密（永泰年間）、宣徽（大曆末年）諸使；又德宗・憲宗期之醫官（貞元年間）、翰林（貞元年間）、染坊（元和年間）、閤門（元和年間）諸使；以至唐末之小馬坊（咸通年間）、文思（咸通年間）、豐德庫（昭宗期）等諸種使職之組合，形成龐大之內廷機構。本部份嘗試將各內諸司性質分爲九種，以方便作綜合檢討。

一、宮廷守衛之內諸司使——飛龍、小馬坊、軍器、弓箭庫等使

終唐之世，大明宮之防衛主要屬於禁軍之工作，宮廷中常有左右神策、左右羽林、左右龍武等六軍之設置。但是，在廣大之宮廷領域中，單靠屯駐於西側九仙門外之右三軍與配置於東面太和門之左三軍，仍然有不足之處。於是在宮廷內外又廣佈了個別之軍事機構。

㈠飛龍使

關於飛龍使之性格，於上面檢討宮廷夾城之設置時經已交代。要言之，其成立之時間具爭議性。《新唐書》卷四十七、百官志二、殿中省條謂創立於武后萬歲通天元年，爲仗內六閑（飛龍、祥麟、鳳苑、鵷鸞、吉良、六群）之一。而據《通典》卷二十六、殿中省條則載爲翌年五月，從成書之年代以及所述內容之詳略觀之，《通典》均似較可信（註一）。而且，考《新唐書》卷五十、兵志，由殿中省尚乘局統轄之飛龍廄，早於仗內六閑全體內容設置以前，已經與祥麟、鳳苑存在，構成新閑廄制度之中核（註二）。至於其成立地點，最初應於洛陽之上陽宮與長安之太極宮兩宮之玄武門處設立。《玉海》卷一五七、宮室門、宮三、唐上陽宮之條即載：

> 北出曰玄武門，門內之東曰飛龍廄。

又考《陝西通志》之〈長安宮城圖〉，太極宮之玄武門東側亦有飛龍廄之記。到了後來，飛龍廄制度再延伸至大明宮、興慶宮等宮殿外。《長安志》卷六、大明宮之條載：

玄武門外西曰飛龍院、又曰飛龍廄、內有驥德殿。（文宗）太和八年災。

即表明飛龍院與飛龍廄爲同一種機構。但若觀察大明宮之考古發掘結果，飛龍廄之確實位置應於玄武門以北，重玄門附近設置較準確（註三）。一九六三年陝西省蒲城縣保南公社出土之高力士殘碑之上半部，若與一九七一年山西大隊第六隊飼養室土窰頂出土之高力士殘碑石半部合起來參照，高力士曾任「三宮內飛龍廄大使」，可證西內太極宮、東內大明宮、南內興慶宮均同時有飛龍廄之設（註四）。其作用即與夾城相配合，成爲君主告急之第一防護機構。考高力士、李輔國、程元振、魚朝恩等有力宦官，其出身莫不與飛龍廄具密切關係。

飛龍廄於中唐發揮之軍事力量最大，由於設置之地方處於宮廷內外，能迅速把握政情變化而隨機應變。故此，如玄宗期之邢縡之亂、安史之亂（註五）、以至肅宗・代宗或敬宗・文宗間之儲君繼位之際，曾發揮重要之軍事效用。從簡表所見，其地位僅次神策護軍中尉、樞密使而已。

㈡小馬坊使

隨著飛龍廄之龐大機構設立以後，禁馬之工作日趨繁重，懿宗咸通年間小馬坊之設立，可說是分擔了部份職務。《長安志》之〈唐禁苑圖〉、《陝西通志》之〈大明宮圖〉中均記大明宮之東內苑有御馬坊之置。又《長安志》卷六、禁苑內苑之條謂：「文宗詔置東頭御馬坊」，知御馬坊之設在文宗期已有，距唐末懿宗期亦不遠，實即是小馬坊之可能性甚大。《文苑英華》卷四二八、授內官韓坤範等加恩制之條記有「宣徽小馬坊使」之名，可見小馬坊亦曾爲宣徽院管轄之機構之一。田令孜田小馬坊使上遷至神策護軍中尉之事例，即說明其具有與飛龍使相似之使職地位。又五代之後唐時期，更改飛龍廄爲左飛龍院、小馬坊爲右飛龍院，爲宋初之左右天廄坊、左右騏驥院之前身。《事物紀原》卷六、東西使班部、騏驥之條載：

> 宋朝會要曰：唐有飛龍使及小馬坊使。後唐長興元年，改飛龍院爲左飛龍院，小馬坊爲右飛龍院。太平興國三年，改左右廄坊。雍熙二年，始曰左右騏驥院，使名從之。此左右騏驥使副之始也。

又《職官分紀》卷四四、左右騏驥院使副使之條載：

> 唐有飛龍使及小馬坊使。五代梁改小馬坊使爲天驥，後唐復爲飛龍小馬坊使。長興元年，改飛龍院爲左飛龍院，小馬坊爲右飛龍院。

說明小馬坊使與飛龍使雖屬於兩個使職，但由於性質之相近，故長興元年以前之後唐期索性將之合二爲一。觀此，小馬坊使實爲飛龍使之異型而已。

㈢軍器使

與軍器具直接關係之弩、甲二坊，於開元三年以前，已成爲軍器使之管轄機構。《通典》卷二十七、職官九、軍器監之條記：

> 大唐武德初，置軍器監。貞觀元年，罷軍器大監置少監。後省之，以其地隸少府監，爲甲弩坊。開元初，復以其地置軍器使。至三年，以使爲監。

開元三年曾一度廢止之軍器使，於乾元元年又再恢復（註六）。就其機構職能言之，甲弩坊似單爲鑄造軍器之機關而已，至於軍器之收藏，則別由武庫之系統管掌（註七）。《新唐書》卷四十八、兩京武庫署、武器署所記，有西京之武庫機構存在（註八），應指著武德東門之武庫而言。《唐會要》卷六十六、軍器監、西京軍器庫之條載：

貞元四年二月，自武德東門築垣，約在（左）藏庫之北。屬於宮城東垣，於是武庫遂廢，其軍式器械，隸於軍器使。

貞元四年武德東門之武庫廢後，武庫之軍器才移管於軍器使。觀史書中，「武德」「軍器」二使並稱，似爲性質相似之使職。從武德使之名稱與性質考之，其設置或與武德東門之武庫有關，作爲外廷管軍器之使職，與內廷之軍器使相對應（註九）。憲宗元和年間吐突承璀由神策護軍中尉貶爲軍器使；又宣宗大中年間吐突士曄自軍器使而昇至神策軍中尉（參閱附表）諸例所見，軍器使亦爲內諸司使中高級之使職。一九八二年西安東郊郭家灘出土之李敬實墓誌，亦反映軍器使之地位，明顯在翰林、瓊林、內園等使以上（註一〇）。

㈣弓箭庫使

弓箭庫使之前身，據《事物紀原》卷六、東西使班部、弓箭之條引馮鑑《續事始》，謂出於開元天寶年間之內諸庫使（註一一）。從內諸庫之名觀之，應包括弓箭以外多種兵器之貯備才是。但是，若前述之高力士殘碑，可知天寶末年內弓箭庫已於諸庫中獨立，由宦官專管。敬宗期染工張韶起亂之際，自左銀台門入，次而進至大明宮東側之清思殿，後經弓箭庫，由此可知內弓箭庫之大概位置（註一二）。元和末年之吐突承璀、敬宗寶曆年間之魏弘簡等曾由弓箭庫使進而神策中尉，知弓箭庫使與軍器使同具重要地位（參閱附表）。《通鑑》卷二三八憲宗元和六年十一月之條，胡三省註謂：「唐內諸使，弓箭庫使在軍器庫使之下」，說明弓箭庫使位僅次於軍器使下。但另一面，如《冊府元龜》卷六六五、內臣部、恩寵之記載：

> （敬宗長慶四年正月）己卯，賜兩軍中尉・樞密・飛龍・弓箭庫使及諸供奉官錦綵、金銀器有差。

又同卷同部之文宗寶曆二年之處載：

> 增右軍中尉梁守謙食實封三百户，左軍中尉魏弘簡進階開府儀同三司，樞密使楊承和、飛龍使韋元素進，弓箭庫使崔潭峻加上將軍並賞功也。

諸顯要之使職中，皆有載弓箭庫使而未記軍器使，可知其於宮中甚爲活躍。《唐會要》卷七十二記文宗・宣宗期，皇城之諸衛諸司、京城坊市等弓箭、長刀、利器，均由弓箭、軍器庫二使收管。二使對京城全城之武器管轄，一如飛龍使總管京城禁馬，乃其權力之主要由來。一九五五年西安西郊小土門村出土之李令崇墓誌作者，記爲內弓箭庫副使李應坤；又一九八七年陝西省扶風法門鎮發掘之法門寺地宮，於前室（FD3　）亦記有內弓箭使左街上將軍劉從實等等。足見直至唐末懿宗、僖宗朝，內弓箭使依然活躍內廷（註一三）。

二、關於詔令與禮儀之內諸司使

——樞密·宣徽·閤門·客省·鴻臚禮賓等使

爲配合君主之至高權力，大明宮內亦發展出詔令和禮儀兼備之機關。君主意志通過連串由內而外之機關傳達下，皇帝與外廷之臣僚關係顯然逐步疏遠。

(一)樞密使

誠如佐伯富指出，代宗永泰二年設置之樞密使職務，在於受理臣僚之上奏，預聞天下之機密（註一四）。自德宗期操掌兵政兩權，儼然爲君王權力之代表。《文獻通考》卷五八、職官十二、樞密院之條載：

> 唐代宗永泰中，置內樞密使，始以宦者爲之。初不置司局，但有屋三楹貯文書而已。其職掌惟承受表奏，於內中進呈。若人主有所處分，即宣付中書門下施行而已。永泰中，宦官董廷秀參掌樞密事。元和中，劉光琦、梁守謙爲樞密使。長慶中，王守澄知樞密事，舊左右軍容多入爲樞密，亦無視事之廳。後僖、昭時，楊復恭、西門季元欲奪宰相權，乃於堂狀後帖黃指揮公事，此其始也。

可知樞密使職權全面發展之時期當在僖宗·昭宗時期。由代宗期至穆宗期，樞密使僅爲傳達命令之使職，雖預聞機密，但作爲顧問之性質甚強。樞密院機構初置時亦甚簡單，到了昭宗時則發展爲複雜之機構。這從《通鑑》卷二六三、昭宗天復三年正月戊申條所記「樞密上下院（東西院）」中得到證明。《通鑑》卷二六二、昭宗天復元年正月丙午條謂：

> 敕、近年宰臣延英奏事，樞密使侍側，爭論紛然，既出，又稱上旨未允復有改易，撓權亂政。自今並依大中舊制，俟宰臣奏事畢，方得升殿承受公事。（胡註：大中故事，凡宰相對延英，兩中尉先降，樞密使候旨殿西，宰相奏事已畢，樞密使案前受事。）

依上述記載，宣宗大中年間宰相上奏時，左右神策中尉與樞密使不得不回避。到上奏完畢後，樞密使才得領受公事。但到昭宗期間，就是宰相奏事，亦侍於帝王近側，似具即時議事之角色。而宰相上奏之堂帖後面，樞密使可貼黃紙，加上批文，則在定制宣旨之前，已具有修改、訂正之機會。其權力莫不與其工作機構、性質具密切關係。由於兩樞密掌政，左右神策中尉主兵，成了總攬內外兵政之頭號人物，故唐末合稱爲「四貴」（註一五）

㈡宣徽使

與樞密使之情況相近，宣徽使設置之初並不十分顯要，故此，其機構之淵源本末，史書中甚少明載。然而，隨著職掌之事務日漸加增，其地位亦日形重要。《文獻通考》卷五十八、職官十二、宣徽院之條載：

> 樞密、宣徽院皆始於唐。然唐之職官志及會要略不言建置本末。蓋因肅代後，特設此官以處官官，其初亦無甚司存職業，故史所不載。及其後宦者之勢日盛，則此二官日尊。

這裡雖載宣徽使「肅、代以後」設立，然而史料中最早提及宣徽者亦要到代宗晚期。從《八瓊室金石補正》卷七十、宮闈令西門珍墓誌載其「大曆之末，躍居宣徽」中可知。至於宣徽院機構之所在地，或爲大明宮之宣徽殿（註一六）。關於宣徽使之職掌，《文獻通考》卷五十八提到：

唐置宣徽南北二院，有使各一人，以宦官任之，總領內諸司及三班內侍之籍、郊祀、朝會、宴饗、供帳之事。

又近年出土之文物中，不少與宣徽機構有關。一九五八年陝西省耀縣出土之銀碗（註一七）；一九七九年西安西郊出土之銀酒注（註一八）等，均在器物上記有「宣徽酒坊」之字樣。從上文徵之，或與掌「宴饗」之宣徽部門相關。至於上記李敬實墓誌中有「宣徽庫家」之使職，則無疑與宣徽「供帳之事」有關。若再考李敬實曾任爲「宣徽鷹鷂使」、又韓坤範之「宣徽含光使」、「宣徽小馬坊使」，則可知宣徽院之規模甚大（註一九）。徐度《卻掃篇》卷下載：

宣徽使，本唐宦官之官，故其所掌皆瑣細之事。本朝（宋朝）更用士人……然其職多因唐之舊。賜群臣新火，及諸司使至崇班、內侍、供奉、諸司工匠、兵卒名籍及三班以下遷補，假故、鞫劾、春秋及聖節大宴、節度迎授恩命……內外進奉名物、教坊伶人歲給衣帶、郊御殿、朝謁聖容、賜酺、國忌、諸司使下別籍分產諸司工匠休假之類……。

其所指宣徽院使之職責內容雖爲宋代，但多少能作爲唐宣徽使代之寫照。除上述之細碎事務外，《東觀奏記》卷下又載：

上（宣宗）大漸，顧命內樞密使王歸長、馬公儒、宣徽上院使王居方，以夔王當璧爲託。三內臣皆上素所恩信者，泣而受命時右軍中尉王茂玄，心亦感上。左軍中尉王宗實素不同，歸長、公儒、居方患之，乃矯詔出宗實爲淮南監軍使，宣化門受命。將由銀台門出焉。……宗實叱居方下，責以矯詔，皆捧足乞命。遣宣徽北院使齊元簡迎鄆王於藩邸即位，是爲懿宗。

可見宣徽上院使即爲宣徽南院使，互證之下，宣徽北院使亦即宣徽使下院了。其制與樞密分兩院管理甚似。宣徽之職責，亦類樞密般能傳達上旨，故有矯旨之機會。唐代後期，樞密・宣徽與神策中尉形成軍政集團之權力核心，兩者互相援引，造成不少之政治衝突。

㈢閤門使

閤門使於憲完元和年間經已設立。其職責爲引導大臣於御殿，掌朝班、諸禮儀等事務。《職官分紀》卷四十四、東西上閤門、使副使之條載：

> 國朝（宋朝），閤門使副使掌供奉乘輿、朝會、遊幸大宴、及親王、宰相、百寮、蕃客朝見辭、糾彈失儀。

這與唐閤門使代之職責實相差不遠。所謂閤門，其實指由前殿通往便殿的東西之門（註二〇）。大明宮之宣政殿內，尤仿效西內之太極殿，均有東西閤門之設置（註二一）。《新五代史》卷五四、雜傳之李琪傳中載：

> 唐故事：天子日御殿見群臣，曰常參。朔望薦食諸陵寢。有思慕之心，不能臨前殿，則御便殿

見群臣，曰入閤。宣政，前殿也，謂之衙，衙有仗。紫宸，便殿也，謂之閤。其不御前殿而御紫宸也，乃自正衙喚仗由閤門而入，百官俟朝于衙者因隨而入見，故謂之入閤。

換言之，由宣政殿之閤門可通至紫宸殿之便殿內。其間，東西兩門中尤以西門日形重要。《通鑑》卷二四六、武宗會昌元年閏九月己亥條之胡註謂：

唐自德宗以後，群臣乞對延英，率於延英門請對。會要曰：元和十五年，詔於西上閤門西廊內開便門，以通宰臣自閤中赴延英路。

可知西上閤門地位之提升，實與群臣入對延英殿之政治習慣具密切關係。又《舊唐書》卷二十下、哀帝紀、天祐二年四月戊午條載：

敕、東上閤門、西上閤門，皆常出入，以東上爲先。大忌進名，即西上閤門爲便。比因閹官擅權，乃以陰陽取位，不思南面，但啓西門。邇來相承，未議更改……自今年五月一日後，常朝出入，取東上閤門，或遇奉慰，即開西上閤門，永爲定制。付所司。

宦官常開西上閤門之舊例，自德宗期至昭宗・哀宗期均實行無間。一直到哀帝天祐二年五月爲止，始復改東上閤門爲常朝之閤門，西上閤門之地位始被代替。又閤門使之職責，亦掌四方之章表進呈。《通鑑》卷二三九、憲宗元和八年正月丁酉條謂：

司空、同平章事于頔久留長安，鬱鬱不得志。有梁正言者，自言與樞密使梁守謙同宗，能爲人屬請。頔使其子太常丞敏重賂正言，求出鎮。久之，正言詐漸露，敏索其賂不得，誘其奴支解之，棄溷中。事覺，頔帥其子殿中少監季友等素服詣建福門請罪。門者不內，退負南牆而立，遣人上表，閤門以無印引不受。

又同書卷二五二、懿宗咸通十三年五月之條所記：

國子司業韋殷裕詣閤門告郭淑妃弟內作坊使敬述陰事。上大怒，杖殺殷裕，籍沒其家。乙亥，閤門使田獻銛奪紫，改橋陵使，以其受殷裕狀故也。

從上述諸例觀之，大臣章表乃通過閤門使進呈至帝王，閤門使之受表與不受表有一定之規制，違制者亦遭處罰。

(四)客省使

關於客省使之成立背景，《唐會要》卷六十六、鴻臚寺條載：

大曆四年七月，詔罷客省給之廩，每歲一萬三千斛。永泰已後，益以事多，四方奏計，或連歲不遣。仍於右銀台門置客省以居之。上書言事者常百餘人，蕃戎將吏又數十百人，其費甚矣，至是皆罷。

又《新唐書》卷二一三、李師道傳云：

師道患，遣（大將崔）承度詣京師……承度待命客省，不取還。

可見客省使乃於大明宮之右銀台門供職，如閤門使般承受外廷奏章，再通傳君主之處分。但是，與閤門使比較，客省使之處理奏章對象似為地方之武臣，亦即所謂「蕃戎將吏」之事務。臣僚奏章之傳遞方式，往往是先經客省使繼而進呈至閤門，反映了客省使與閤門使之配合關係。《通鑑》卷二六三、昭宗天復三年正月甲子之條謂：

（昭宗）車駕出鳳翔，幸全忠營。全忠素服待罪，命客省使宣旨釋罪（胡註：時客省使，蓋通知閤門事，故令宣旨釋罪）。

唐末朱全忠雖掌軍政實權，尤循例通過客省使宣旨釋罪，則這種維持內外之君臣奏聽方式，長期有效地存在著。

㈤鴻臚禮賓使

鴻臚寺之禮賓院機構，乃主掌四夷之朝貢及接待事務。其後機構由宦官掌理，故使職一概總稱爲鴻臚禮賓使。《文苑英華》卷四二七至卷四三〇之翰林制詔所見，敬宗寶曆元年、文宗太和三年、武宗會昌五年、宣宗大中元年等禮祀赦書中皆記：「鴻臚禮賓院應在城內蕃客等，各有賜物」，知其使職之責任所在。關於鴻臚禮賓使之設置時間，《唐會要》卷六十六、鴻臚寺條載：

（天寶）十三載二月二十七日，禮賓院自今後，宜鴻臚勾當檢校。……元和九年六月，置禮賓院長興里。

按禮賓院之機構於天寶十三年已成立，其時但記由鴻臚職官檢校，到元和九年於長安里另置禮賓院。單據上述記載，鴻臚禮賓使似於元和時期始置。然而，考諸新舊唐書，代宗永泰年間，宦官魚朝恩已任鴻臚禮賓、內飛龍、閑廄等使，知使職必在元和以前，至少可上溯至代宗時期了。觀憲宗期之李輔光、敬宗期之劉弘規、文宗期之康約言、宣宗期之田紹宗等均曾任此官（參閱附表），可知鴻臚禮賓使主要活躍於唐之中後期。

三、諸作坊相關之內諸司使——中尚使、五作坊使、內作坊使、內八作使及其他

以內廷之作坊工場而言，最初乃少府監所管轄，負責軍器、裝飾、染織等宮廷雜作。其後，這些作坊也成為宦官之管轄機構。

(一)中尚使

與作坊相關連之諸使中，最初為宦官所掌握的可以說是中尚使。其成立之過程，《唐會要》卷六十六、少府監之條有載：

> 武德初，以兵革未定，置軍器監，廢少府監。貞觀元年正月，分太府中尚方、左尚方、右尚方、織染方、掌治五方署，置少府監、通將作、國子為三監。

又同條謂：

> 中尚署，本中尚方，天后時去方字，避監號。開元以來，別置中尚使，以檢校進奉雜作，多以少府監及諸司高品為之。

其中已簡述了中尚使之職掌在「檢校進奉雜作」。至於機構內之具體工作，《新唐書》卷四十八，百

官志三、中尙署之條謂：

令一人，從七品下，丞二人，從八品下。掌供郊祀圭璧及天子器玩，后妃服飾彫文錯綵之制。

又《通典》卷二十七、職官九、少府監之條謂：

中尙署。……有中、左、右三尙署，……（中署掌宮內營造雜作；左署掌車輦、繖扇、膠漆、畫鏤等作；右署掌皮毛膠墨雜作、席薦等事。）

織染署。……隋有司織、司染二署，煬帝合爲織染一署，令掌織紝、組綬、綾錦、冠幘並染色等。大唐因之。

掌冶署。……掌造鑄金銀銅鐵、塗飾琉璃玉作等事。

上述五署之職務皆細碎之雜作，其中中尙署、左尙署、右尙署之職責尤爲相似，特別以宦官、少府監出任中尙使，即說明諸署之類似工作，已由使職所總轄。《文苑英華》敬宗期至宣宗期之赦書所見，常以「少府將作．內中尙」相稱，中尙使之機構，或相對於外廷少府、將作而言之內廷組織。

(二)五作坊使、內作坊使、內八作使及其他

繼中尙使之設立以後，以內八作使爲首之作坊諸使陸續出現（註二二）。從劉元尙既任中尙使亦兼五作坊使之事例看來（註二三），中尙、五坊等皆由少府、將作系統分出之使職。《唐會要》卷三十八、葬之條載制作明器的「有五作及工匠之徒」。按明器作成，本爲將作監所屬之左校署職責（註二四），但將作監與少府監之職務性質頗爲相似，所謂「五作」「八作」亦可視爲與少府監關係密切之機構。除了中尙方以外，唐初以來之四方、又武后期少府監所置之綾錦坊、玄宗期之甲弩諸坊、氈坊、毯坊、染坊、金銀作坊等，均顯示宮廷存在著諸方諸坊，這些式式樣樣的工場，到了中期或經過不同之結合與分化的過程，形成了「八作·坊」、「五作·坊」，最後爲各種專責使職所管轄（註二五）。

上述之推測，若考內作坊使之成立過程當得到一定啓示。負責軍器、錢物鑄造之內作坊使，似屬於將作監，但又與少府監具關係，作坊或隨時代之不同，所隸之機構與結集方式亦有異。《唐會要》卷六十六、將作監之條載：

天寶四載四月敕，將作監所置，且合取當司本色人充直者，宜即簡擇發遣。內作使典，亦不得輒取外司人充。

又《新唐書》卷四十八、百官志、少府監之條記：

綾錦坊巧兒三百六十五人，內作使綾匠八十三人，掖庭綾匠百五十人，內作巧兒四十二人。

可見內作坊逐漸脫離將作、少府機構而獨立，由使職管轄並且在內部積極發展龐大之員屬。之後，諸如綾錦坊歸諸綾錦使、甲弩坊歸諸軍器使、氈坊·毯坊歸諸氈坊使、染坊歸諸染坊使（註二六），各有專門使職管轄後，統合諸坊之使職便逐漸鮮見了。

(四) 文思院使

關於文思院之成立，《唐會要》卷五十、雜記條詳載：

（宣宗大中）八年八月敕，改望仙台爲文思院。始會昌中，武宗好神仙之事，于大明宮築台，號曰望仙。及上即位，殺趙歸眞懲其弊，是年復命葺之。右補闕陳嘏抗論，立罷修營，遂改爲文思院。

可知望仙台之舊址爲文思院之新址，本爲修講神仙之所，築成文思院後改爲另一種工作性質。唐文思院使之職責，於史料中未直接提及，但考《宋史》卷一六五、職官志五、少府監之條，似有概括之認識；

舊制，判監事一人，以朝官充。凡進御器玩、后妃服飾、雕文錯綵工巧之事，分隸文思院。

又同卷、文思院之條載：

掌造金銀・犀玉工巧之物、金采・繪素裝鈿之飾，以供輿輦・法物，凡器服之用。

至於文思院之設立時間，考陝西法門寺地宮出土之銀金花碾之底部鏨文載：

咸通十年，文思院造，銀金花茶碾子一枚，共重廿九兩，匠臣邵元審、作官臣李師存、判官高品臣吳弘愨使臣能順（註二七）。

又另一出土之銀塗金鹽臺，其三足內側之鏨文記：

咸通九年，文思院造，銀塗金鹽臺一隻、並蓋，其重一十二兩四錢，判官臣吳弘愨、使臣能順（註二八）。

可見於懿宗咸通九年、十年、文思院經已存在。其職務依各種器物作飾觀之，實爲掌「工巧之事」。

然而，《事物紀原》卷七、庫務職局部、文思院之條卻謂：

唐有文思院，蓋天子內殿之比也。其事見畫斷，然非工作之所。

《事物紀原》記文思院性質，顯然爲一種誤斷。於礪波護〈唐代社會における金銀〉一文中（《東方學報》京都、第六二冊、一九九〇年），亦經已指出。若再參考大英圖書館收藏之唐・回鶻兩國間交易之漢文會計文書簡（Or.8210/No.8444—S.8444），則文思使之職責更廣。除了專掌宮廷帝后之御服、器物外，更由於管理工作製品之資源調配，以至能監臨回鶻天睦可汗之朝貢貿易（註二九）。故此，由內廷之工作而跨至從事貿易之活動。又文思使、副使等官職，於僖宗乾符六年之內庫銀鋌之四行文字中可見。

乾符六年內庫別鑄重卌兩
文思副使臣劉可濡
文思使臣王彥珪
內庫使臣王翱（註三〇）

四、管理宮廷地域之諸司使——內園使、栽接使、宮苑使

內諸司使之職責，除了大明宮之防衛外，內廷之宮苑園林等地域管理事務，皆委宦官主理，具另一種重要意義。

㈠內園使、栽接使

內園使之前身爲園苑使，《事物紀原》卷六、東西使班部、內園之條即謂：

李吉甫《百司舉要》曰：則天分置園苑使，後改爲內園。又曰：司農別有園苑使。《唐會要》（德宗）貞元十四年夏旱，吳奉奏有內園使。

可知內園使本隸於司農，其間「分置」，應指分別於東都洛陽與西京長安設置之意。這種方式，或繼承了東都、西京苑總監分掌園苑之事務（註三一）。園苑使自何時變爲內園使，史料中並無明載。然而代宗晚期，王駕鶴之官名爲東都園苑使（註三二），則其改稱應爲代宗晚期至德宗貞元以前之間發生。其後雖廢置不定，但於文宗開成五年，又成爲宦官任使之職務（註三三）。武宗會昌元年設置之內園小兒坊（註三四），可說是內園機構發達下之低層機關。

除此以外，栽接使亦自苑總監分出。據《說郛》卷十、馮鑑《續事始》，玄宗期已有栽接使之存在。肅宗至德年間之李輔國、文宗開成年間之王文幹等皆爲任栽接使之例（參閱附表）。《通鑑》卷二四九、宣宗大中十年之條載，內園使李敬寔路逢宰相不避馬而受罰，其下胡註云五代時期有內園栽接使，則內園．栽接二使合爲一，應在五代。然而前述之李敬寔墓誌中，載大中年間已出任內園栽接使，可知由內園使而轉爲內園栽接使，當自文宗期至宣宗期內發展出來的。

㈡宮苑使（五坊使）

宮苑使乃由宮苑監派出而來。《事物紀原》宮苑之條載：

> 《通典》曰：宮苑總監，自隋置，掌苑內宮館園池之事，蓋宮苑之職也。《唐會要》曰：開元十九年，湯宗慶為五坊宮苑使，本一使也，唐末始分之。《唐書》方鎮表曰：開元二十年，置宮苑使。

觀其職責內容，與內園使之職責甚為相似。惟宮苑使更兼理宮苑內之五坊珍禽，亦即鵰、鶻、鷹、鷂、狗等諸坊。《唐會要》卷七十八、五坊宮苑使之條載：

> 五坊，謂鵰、鶻、鷹、鷂、狗，共為五坊。宮苑舊以一使掌之。自（代宗）寶應二年後，五坊使入隸內宮苑使。近又有閑廄使兼宮苑之職焉。

自玄宗時期由武將安祿山領五坊宮苑使，到肅宗時李輔國以宦官身份任五坊苑使，二者仍合為一使管理。但是，觀憲宗期之楊朝汶、文宗期之仇士良等均獨立任五坊使（參閱附表），或為上文「唐末始分之」所指之意。文宗以後，閑廄與宮苑常合而為一，故五坊、宮苑、閑廄數者關係密切（註三五）。所謂「宮館園池」之管理，實際亦涉及宮禁門戶之管理事務，其性質尤如皇城使於南衙。因此，東宮之「諸門守當」等雜役，亦歸宮苑使兼理。《唐會要》卷六十五、閑廄使之條：

> （文宗）太和九年十一月，閑廄宮苑等使奏，京兆府取諸縣百姓，供前件三衛，充門仗諸雜役……伏請從今年十二月起，省停供。臣於當司召至子弟一百人，每人每月，使於當司……伏乞允臣管見，敕旨。依奏。

唐末昭宗天復三年，朱全忠以心腹張廷範、王殷等分別為宮苑使、皇城使，其作用亦即欲收監視首都全域之效（註三六）。

五、掌宮廷財寶之內諸司使——大盈庫、瓊林使、豐德庫使

爲配合君主之驕奢享樂及各式賞賜用度，宮廷中有內庫之設立。例如大盈庫、瓊林使、豐德庫使等內庫，皆宦官主掌，乃中央財政系統以外，帝王之私庫。關於大盈庫，《通鑑》卷二二八、德宗建中四年十月丙午條、胡註載：

玄宗時，王拱爲户口色役使，徵剝財貨，每歲進錢百億，寶貨稱是，入百寶大盈庫，以供人主宴私賞賜之用。則玄宗時已有大盈庫。陸贄諫帝曰：瓊林、大盈，自古悉無其制，傳諸耆舊之說，皆云創自開元……。則庫始於玄宗明矣。宋白曰：大盈庫，內庫也，以中人主之。（肅宗）至德中，第五琦始悉以租賦進大盈庫，天子以出納爲便，故不復出。

觀此，大盈庫與大盈庫使均創立於開元年間，與此同時，瓊林庫與瓊林庫使亦應成立。《說郛》卷六、李肇《翰林志》載：「學士初入院賜馬一匹，謂之長借馬，大盈庫供帷褥，瓊林庫供梳鏡。」可見二庫所持之職掌及內容或有不同。又據考古發掘，翰林院遺跡附近大量封泥之發現，與其說是左藏庫之遺址，不如認爲是大盈瓊林庫之可能性更大（註三七）。憲宗期之孟再榮、文宗期之仇士良、宋守義、宣宗期之劉遵禮均曾任大盈庫使（參閱附表），知大盈庫長期存在著。至於瓊林庫，從文宗期之許遂忠、馬元某、宣宗期之李敬實等出任瓊林使等例觀之，至少到宣宗期仍然存續。

但是，到了唐末，大盈庫使或瓊林使之例已鮮見，取而代之者，爲內庫使、豐德庫使等新名之出現。例如，前述之乾符六年內庫銀鋌所記，不但有文思院之官員，連內庫使之名目亦有記載。又昭宗天祐元年閏四月之敕令中，內諸司使停廢下所餘之九使之內，亦有豐德庫使之名（註三八）。

六、掌帝王飲食之內諸司使——進食使、尚食使、御食使、御廚使

內諸司使中，與宮廷飲食相關之使職亦爲常置之名目。自天寶年間，已有進食使之設。可作爲此等使職設置之序幕，其後尚食、御食、御廚等紛紛出現。對於進食使之設置，《通鑑》卷二一六、玄宗天寶九載二月之條，曾作頗爲生動之記載：

時諸貴戚競以進食相尚，上命宦官姚思芸爲檢校進食使，水陸珍羞數千盤，一盤費中人十家之產。中書舍人竇華嘗退朝，値公主進食，列於中衢，傳呼按轡其其間，宮苑小兒數百奮挺於前，華僅以身免。

則宦官進食於帝王公主，至爲得寵，故爭相進食以求富貴。自敬宗期，陸續出現尙食使之名目。例如《舊唐書》敬宗紀、寶曆三年之敕載「尙食使收管鄠縣渼陂」。又《隋唐石刻拾遺》卷下、劉仕補墓誌中記「御食使登事郎上柱國賜緋魚袋張元勿」所見，懿宗咸通七年以前，御食使亦已設置。此外，天祐元年閏四月，所殘存之九使中，有御廚使之設立。可知到了唐末，進食使以外存在著很多同種類之使職。天祐元年閏四月以後，除御廚使以外，其他類似之使職理應盡廢，但卻在天祐二年四月十二

日之敕中，依然有尚食使之名存在。唯一較合理之解釋是，尚食、御食、御廚等，實爲同一的使職而稱呼稍異而已。

七、「掌技術之待詔者」的內諸司使——翰林使、學士使、醫官使

中唐以後，帝王將具有藝能、技術之人材皆集於翰林院。與翰林院有關之官職，除了翰林供奉、翰林學士外，隨時代之推移，續有翰林使、學士使、翰林醫官使等內諸司使出現。《通鑑》卷二二五、代宗大曆十四七月乙未條，胡註載：

> 翰林故事曰：翰林院者，在銀台門內。以藝能、技術召見者之所處也。玄宗初，置翰林待詔，掌四方表疏批答，應和文章。又以詔敕文告悉由中書，多壅滯，始選朝官有才藝學識者入居翰林，……開元二十六年，始以翰林供奉改稱學士，別建學士院於翰林苑之南，俾專內命。其後又置東翰林院於金鑾殿之西，隨上所在。

可見開元二十六年以前，翰林院內云集藝能、技術、才學優秀人士。以後又別置翰林學士院、東翰林院專掌詔命（註三九）。從地理位置觀之，翰林院與學士院關係密切，屬同一建築群，至於接近金鑾殿之東翰林院，則似較前二者爲遠。《雍錄》卷四、翰林學士院圖記翰林學士院乃於右銀台門內，位於少陽院之南。但據發掘結果，實應在銀台門外之夾城內興建。其建築之結構，尤如《雍錄》所者示，亦即翰林院之北廳五間與學士院之南廳五間，互相南北對置（註四〇）。翰林使之設置，《事物紀原》

卷六、東西使班部、翰林條只簡單載：

宋朝會要曰：唐翰林有使，掌技術之待詔者。

憲宗朝之呂金柔、劉弘規等皆曾任翰林使（參閱附表）。《文苑英華》卷七九七、翰林使壁記載，翰林使之角色，乃作爲帝王與翰林學士之橋樑，於草制之過程中，將帝王之意思下達翰林學士，再將翰林學士之意見轉告君主。除翰林使以外，又有學士使之名。例如昭宗時期之郄文晏、吳承泌皆曾爲學士使（參閱附表）。李肇《翰林志》除載學士院與翰林院南北二廳對置，其中有高品使二人，其職責爲「每日晚執事於思政殿，退而傳旨，小使衣綠黃者逮至，十人更番曹」。推測翰林使、學士使，二者本爲翰林學士使之簡稱（註四一），亦即記載中之二高品使。

同樣，醫官使亦可稱爲翰林醫官使。唐代精通醫術者亦謂之有藝能、技術之人，爲翰林院所招聚。例如太和年間之鄭注精通醫術，文宗將之置於翰林伎術院。翰林醫官爲德宗貞元八年所置，本爲尙藥局之官僚所兼領。《事物紀原》卷六、東西使班部、醫官之條謂：

按《唐會要》，貞元八年八月，令侍御醫、尚藥直長、藥藏郎並留授翰林醫官。然則，醫官之置使，當是唐官也。

翰林醫官使之成立時間雖無明載，但至少於武宗會昌年間經已設置。《金石萃編》卷一一七、劉遵禮墓誌所記，會昌六年曾擔當醫官院使。又《通鑑》卷二六四、昭宗天祐元年閏四月條載：「（朱）全忠令醫官許昭遠告醫官使閻祐之」，胡註補充謂：「唐末置醫官使以主醫官」。此處雖謂醫官使成立於唐末，然徵之於劉遵禮之例，則其成立又可再上溯至武宗時期了。

八、掌太子‧諸王子起居之內諸司使——少陽院使、十王宅使

隨著帝王移住於大明居，太子所居之東宮亦轉移到少陽院。又大明宮以南相接之處，有十王宅之諸王住所。爲了方便管理太子、諸王之起居，故特設宦官掌領之少陽院使，十王宅使。前述之《八瓊室金石補正》卷七十、西門珍墓誌之按語謂：

> 攷雍錄云，待制有院，在宣政殿之東、少陽院之西。又云，（穆宗）長慶元年，於門下有東少陽院築牆及樓觀。又云，學士院北廳又北則爲翰林院，翰林院又北則爲少陽院。是有兩少陽院，一在左掖、一在右掖。

觀之，實有兩少陽院同時存在。就兩少陽院之位置關係而言，右掖少陽院應爲太子夜間之寢室，至於左掖少陽院則爲日間活動之場所（參閱附圖）。宋敏求《長安志》中，單言及右掖少陽院，而《雍錄》之閣本大明宮圖、徐松《唐兩京城坊考》之大明宮圖，卻只記左掖少陽院，故出現對少陽院位置之懷疑。唐代中期以後之宮廷政變，常於夜間發生，故作爲太子起臥之右掖少陽院記載較多，亦易於判斷其位置所在。例如《舊唐書》卷十一、代宗紀、《通鑑》卷二四三、敬宗寶曆二年十二月壬寅條等記載，均與九仙門附近之右掖少陽院有關。據《舊唐書》所記，有宦官二人爲少陽院使，或用以分掌左右少陽院之職務（註四二）。

至於十王宅使，則爲先天至開元年間成立之使職。《長安志》卷九、十六宅之條所引之《政要》云：

先天之後，皇子幼則居內東，封後以年漸成長，乃於安國寺東附苑城，同爲大宅，分院居之，名爲十王宅令中官押之，於夾城中起居，每日家令進膳。

又《通鑑》卷二三八、憲宗元和六年十二月壬申條下，考異引諸書謂：

新（唐書）李吉甫傳作十宅。按舊紀，自此至唐末，皆云十六宅。新傳誤也。余按開元以來，皇子多居禁中，詔附苑城爲大宮、分院而處，號十王宅，中人押之，就夾城參天子起居。其後增爲十六宅。

可知十六宅爲十王宅擴充之結果。所謂十王，據《長安志》所載，爲慶、忠、棣、鄂、榮、儀、潁、永、光、濟王。其後在十王宅以外，又增置盛、壽、陳、豐、恆、涼六王，共爲十六王（註四三）。十王宅、十六王宅亦即上述諸王之「大宅」、「大宮」所指。諸王於大宅中個別之院內起居。十王宅使之設立，也應該在十王宅創置之同時存在。其職務既管理皇子之日常起居、膳食，在非常之時期，更往往作爲帝王之耳目對諸王之活動加以監察（註四四）。

九、掌俳優、雜技、聲樂之內諸司使——雲韶使、教坊使、梨園使

教坊乃音樂、戲曲提供之所，爲君主於宮廷享樂中不能缺少之一環。在內諸司使中，教坊使之出

現至早，可以說是宦官在宮廷中本來之基本職掌。關於教坊，《舊唐書》卷四十三、職官志二、中書省條，其下註解載：

內教坊（註：武德已來，置於禁中，以按習雅樂，以中官人充使。則天改爲雲韶府。神龍復爲教坊。）

又《事物紀原》卷六、東西使臣部、教坊條謂：

唐百官志曰，開元二年，置教坊於蓬萊宮側。京都置左友教坊，掌俳優雜戲，以中官爲使，此其始也。又曰，武德後，置內教坊。武后改曰雲韶府，以中官爲使。開元後，始不隸太常也。續事始曰，玄宗立教坊以新聲散樂之曲，優倡曼衍之戲。因其諧謔，以金帛章綬賞之。因置使，以教習之。國家乃以伶人之久次者爲使。

自武后期之雲韶府至玄宗時之教坊，皆常以宦官出任使職。所不同者爲開元以前，教坊乃隸屬中央之太常管轄，玄宗期之教坊則成爲獨立之機構。一九五二年西安東郊經五路出土之蘇思勗墓誌，載其於開元二十三年曾任檢校雲韶使（註四五）。可見武后期之雲韶使，到玄宗期依然存在，也可以理解爲玄宗再之置教坊使前身。《長安志》卷六載：

玄宗置左右教坊於蓬萊宮側，帝自爲法曲、俗樂以教宮人，號梨園弟子。

可見蓬萊宮附近實設置左右二教坊。《說郛》卷十二、崔令欽《教坊記》載有西京左、右二教坊，從「右多善歌，左多工舞」之分別來看，蓬萊宮側之左、右教坊或依此種類似之分法。掌教「新聲散樂之曲、優倡曼衍之戲」之教坊使，一般以宦官充職，其中亦有伶人出任之例子。《冊府元龜》卷一〇一、帝王部、納諫條載，文宗開成元九月壬辰，伶人雲朝霞任教坊副使，即爲其中一例。

與教坊性質相似之梨園，《通鑑》卷二一一、玄宗開元二年正月條謂：

舊制，雅俗之樂皆隸太常。上精曉音律，以太常禮樂之司，不應典倡優雜伎。乃更置左右教坊以教俗樂。命右驍衛將軍范及爲之使，又選樂工數百人，自教法曲於梨園，謂之皇帝梨園弟子。

觀之，梨園所教者爲法曲，與教俗樂之教坊相對，其使職於開元二年以來已設立。又《雍錄》卷九、梨園之條：

梨園，在光化門北。光化門者，禁苑南面西頭第一門。

可知梨園之建築地點與教坊有別（註四六），但由於二者性質相近，故梨園、教坊二者有以一使兼領之例。《金石萃編》卷八十七、竇居士碑中，即載其季子竇元禮任梨園教坊使。然而，自代宗大曆十四年罷梨園使與樂工三百餘人以後，梨園使便不見於史載。

以上九種類之區別方法，只爲方便論述內諸司使之整體性質。各種類之間多少重複、相連之關係。例如翰林使之傳令、議事角色，頗類於樞密使、宣徽使。至於十王宅使之職務中亦包括供膳，與尚食使、御食使等亦相似。又所謂技術之官，醫官使以外，諸如內作坊使、內八作使亦應包括在內。至於個別較細微之使職，或並非內廷之內諸司使（註四七），皆難以逐一歸類。但誠如本文開宗明義，內諸司使之全體發展趨勢既以宮廷爲供職之基礎，上述之分類仍有其一定之意義。內諸司機構於大明宮之位置構想如附圖所示，而附表則爲內諸司使任職者之概括記錄。

貳、內諸司使之性格檢討

從上述觀之，內諸司使之性格與律令官司之關係，不能一概以互相對立、相異之觀點解釋。相反而言，考察內諸司機構之成立過程，實與舊律令體制具繼承關係。由舊制度發展至新制度，之間必定經歷一過渡階段。其間組成之內容皆來自不同背景，故新制度之形成乃漫長之演變過程。所形成之新制度至少包括兩種機構內容。其中一種，並非新型之令外機關，而是繼承自舊律令體制；早期之內諸司機關，顯示著這種鮮明性格。至於第二種，則與律令制度無關，屬於大明宮系統下獨自發展之機構。

以前者爲例，如教坊使、飛龍使、軍器使、中尙等使管轄之機關，本來是律令機構之一部份。教坊由太常管理，飛龍廏由殿中省掌管，軍器之甲坊、弩坊由軍器監執掌，中尙署則由少府監所司。此外，諸如園苑、內園等皆屬於司農寺之系統。因此，使職成立之當初，依然與南衙官署具有密切關係。是以軍器、中尙等使職，不單爲宦官職掌，更有參雜中央之官員出任。

但是，自唐中期君主移居於大明宮以後，內諸司使即出現質之變化。以後之職名，往往以大明宮之建築命名，顯示與舊機關之關係不深。例如大明宮西北隅，近九仙門之少陽院，右銀台門外之翰林院及其南面之學士院，位於望仙台舊址之文思院，宣政殿之東西上閤門等設置，莫不因宮中之建築而置使。至於樞密院、宣徽院、大盈庫等官局，其位置雖不能確認，然亦必設於大明宮內。前述西安出土之〈唐重修內侍省碑〉中載有「內則內園、客省、尙食、飛龍、弓箭、染坊、武德留後、大盈、瓊林」等機構職名，可知唐代之內諸司實以宮廷及其周邊爲中心而設置之固定、恆常的宦官組織。

內諸司使當中，以第一類：關於宮廷防衛、第二類：掌皇帝傳令機構與第七類：「掌技術之待詔音」之使職，與君主之關係至親近，佔有比較重要之地位。而第三類：以作坊爲中心之內諸司使、第五類：管理宮廷寶庫之使職、第六類：掌帝王飲食及第九類：掌俳優、雜技、聲樂之諸使，只作爲帝王私人生活之點綴。至於第四類：管轄宮廷地域之內諸司使，第八類：掌太子、諸王起居之使職等等可謂維持日常生活、運作之工具。玄宗、肅宗、代宗期以來，大明宮之防衛成爲王權安定性之基本保障，故此飛龍、軍器、弓箭等使繼起，地位亦至早得到提昇。到了德宗以還，政務日趨複雜，詔令之起草與帝王旨意迅速之下達，成爲帝王行使權力之新形式，於是翰林使、學士使、樞密使應運而生。內諸司使權力之中核，不外乎由上述軍事、政治之機構組成，而掌一般事務、宮廷行樂之諸司則作爲外圍權限，表裏結合成龐大之內諸司系統。

値得注意之問題是，內諸司理論上應與內諸司使同時衍生。然而，史料上常發現內諸司使之設立時期，往往較其管轄之機構爲晚。因此，內諸司之成立與內諸司使之發展常有時間上之差異。又內諸司設置當初，常不只包含單一種之成立目的而兼備多種職責性質。說明了研究內諸司使之成立過程，依然存在著一定程度之限制。

叁、內諸司使之末端構造——小使、判官、小兒諸研究

唐代內諸司規模之宏大，不單指著不同之使職名目而言，更深一重意義，實包含每個使由上而下之運營方法。各內諸司使固然爲機構之主管，但是機關日常工作與指令之執行，有賴內部各種較低級之名目以完成。如此，上層之使職與下層之小使、小兒諸制度結合成決策與執行之整體，如手之運用指，事無巨細，皆得以由內諸司所包攬。

一、唐代使職細分化之趨向

唐代中期以來，使職不斷擁現。初期之使職當中，經常以「大使」稱呼，與中唐以後慣見之「使」之稱謂略有不同。例如單于道安撫大使（《新唐書》卷四、武后本紀／光宅元年）、河原等軍檢校營田大使（《通鑑》卷二〇五、則天后延載元年）、隴右諸軍大使（卷二〇六、則天后聖曆元年）、山東防禦軍大使（卷二〇七、則天后長安二年）、安東道安撫大使（卷二〇七、則天后長安二年）等。其所以用「大使」稱之，蓋最初多以一人臨時委派，以掌理舊律令體制下範圍較廣闊之政治、軍事或經濟之領域，故責任重大之故。

到了玄宗時期，使職間有稱呼爲「大使」者，例如軍器大使（《唐會要》六十六、西京軍器庫／玄宗開元元年～三年）、三宮內飛龍廏大使（《考古與文物》一九八三年二期／玄宗天寶末年）等等。但

相比武后時期，已相繼減少，顯示隨著使職之紛紛確立，其管理之範圍趨向細密，諸如梨園使（《通鑑》卷二一一、開元三年）、中尚使（《唐會要》卷六十六少府監／開元年間）、大盈庫使（《通鑑》卷二一二／八開元年間）、十王宅使（《長安志》卷九／先天～開元年間）、弓箭庫使（《事物紀原》集類六／開元～天寶年間）、內作坊使（《唐會要》卷六十六將作監／天寶年間）、進食使（《通鑑》卷二一六、天寶九年）等，比比皆是。大抵越初期之內諸司使，還未脫離舊律令色彩，故此依然承襲大使之稱呼，以表明職責之宏大。倘若「大使」是用來形容掌管多種同類形之權責時，則「使」應指為專轄單一部門之主管了。從這種稱呼之轉變，顯示了分化之現象，不單是指在律令體制外設立令外官局，更加是令外機構之內部激烈之細分化。正因如此，肅宗、代宗以後地方之使職，例如上記之安撫、營田、經略、防禦諸使，或者是內廷之使職，如軍器、飛龍等使，亦逐漸放棄「大使」之稱呼而一般稱為「使」了。

不但如此，隨著使職任務之增多，機構內繁雜之工作，不可能皆以「使」來主持，故「使」以下又衍生出「小使」之名目，以負責機構之日常雜務。若查考史料，「使」・「小使」之概念恐怕在武后時期，宦官主掌之宮闈局內已經初步形成。《通鑑》卷二〇五、則天后天冊萬歲元年之條引《唐六典》謂：「凡宦官無品者稱內給使，又有小給使學生五十人」。以後，在其他宦官機構內，除正使以外，普遍有小使之設置。例如《冊府元龜》卷五四六、諫諍部、直諫之條載，憲宗元和九年，五坊小使於民間橫行而受罰。又李肇《翰林志》所載：

（翰林）南北二廳皆有懸鈴以示呼召，前庭之南橫屋七間，小使居之，分主實牘詔草紙筆之類，又西南爲高品使之馬廄。

可見翰林小使爲負責翰林院機構之日常雜務而設之下級官僚，爲高品正使所管轄。同書又載，每當翰林使自思政殿出而傳帝旨時，即有穿綠黃青之諸小使逮至。觀其以「十人更番守曹」，而翰林院內屋舍又多，小使人數之龐大亦可想而知。從上觀之，使與小使具有互相配搭之關係。「使」將政策、命令決定以後，再由「小使」負責政務之實行。按唐代宦官之內侍省，以不同之衣色分別宦官之品位。穿黃衣者，實爲無官品之白身階層。《舊唐書》卷一八四、宦官傳序云：

開元、天寶中。長安大內．大明．興慶三宮、皇子十宅院、皇孫百孫院、東都大內、上陽兩宮，大明宮女四萬人，品官、黃衣已上三千人，衣朱紫者千餘人。

又《新唐書》卷四十七、百官志、內侍省之條載：

天寶十三載，置內侍監，改內侍曰少監，尋更置內侍。有高品一千六百九十六人。品官、白身二千九百三十二人。令史八人，書令史十六人。

可見到了玄宗期，宦官之品位中出現幾個不同之階層。若將兩條資料比對，最上者爲高品宦官，亦應爲衣紫衣者。其下有品官，壓於品官下之白身，亦即穿黃衣者（註四八）。據《唐會要》卷六十五、內侍省條載，黃衣乃廩食而言，並無品位。品官所穿者爲綠衣，據同書三十八、葬、元和六年十二月條所載，代表九品以上之宦官服飾。而高品之紫衣，則同於正三品。由此可見，翰林院穿黃綠等衣之小使，實包含著九品官以上及流外官之兩個階層，與高品使之地位，相差甚遠。同時也可以說明，所謂「小使」亦即供奉於內廷機構下之品官與白身層。觀此，則不難理解元和三年七月，朱超宴、王志忠以「品官為五坊監」（《冊府元龜》卷六六九、內臣部、貪貨），實即所謂五坊小使。又寶曆三年正月，內園品官李重實（同書卷一五〇、帝王部、寬刑），亦可謂之內園小使。從各種跡象顯示，「小使」與判官以下之「小兒」甚為相似。

在諸種低級使職當中，宣徽院轄下之小使至為活躍。其中最早出現之類目，可以說是憲宗時期之供奉官。《冊府元龜》卷一〇一、帝王部、納諫，憲宗元和九年十二月謂：

初每歲冬，以鷹犬出近畿習狩謂之外按，宣徽院供奉官為其使令，徒眾數百，或有恃恩恣橫，郡邑懼擾，皆厚禮迎犒之，恣其所便，止舍私邸，百姓畏之如寇盜，每留旬月，方便其所。

其所述宣徽院下供奉官於民間之橫行，頗與前述五坊小使橫暴於地方之記載頗吻合。按宣徽院轄下有五坊，其中鷹犬為五坊之內容。所述之宣徽供奉官，實為五坊小使所指令之他種小使（註四九）。蓋供奉官之名籍乃隸於宣徽院，故稱為宣徽院供奉官，通過宣徽院之委派，供奉官執行五坊鷹犬之任務，可見又受五坊小使所管。故內諸司機構內之使役來源，很大程度由宣徽院所供應，為宦官小使聚集之總部。到了穆宗時期，供奉官以外，又增加了承旨等更低級之名目。《通鑑》卷二四三、穆宗長慶三年夏四月丙申條載：

賜宣徽院供奉官錢，紫衣者百二十緡，下至承旨有差。

就官職大小而論，顯然供奉官爲至高，承旨爲至低之小使，之間有無其他名目不得而知。發展至五代後梁時期，基本上有供奉官、殿直、承旨三者齊備之三班使臣存在（註五〇）。故此，三班官之雛型實可上溯至中唐以後之憲、穆時期。殿直、承旨等職責，主要供奉於內廷，有事時則代表帝王派遣到地方監軍或宣賜旌節，成爲君主對外之心腹耳目。在唐末五代政治動亂之際，此種對外之監察耳目十分發達，結果逐漸建立出一套由下而上之組織架構，對日後軍職與使職之系統具重大意義。關於此點擬在後章加以詳述。

二、判官與小兒制度

內諸司機構，在正使、副使以下普遍亦設有判官、小兒之制度，可視爲內諸司之末端機關。這些下級之官吏，與小使一樣，用以履行機構之事務。判官之職，本爲唐中期以還在地方軍鎮出現之文職幕僚，但從各種資料顯示，內廷亦逐漸衍生此種官職，以監督工序之運作。例如《冊府元龜》卷七一七、幕府部所載，天寶年間楊國忠主管將作機構不久，即以韋倫出任鑄錢內作使判官職，以作爲楊氏幕府之經濟助手。這些判官制度，從機構之委任形式觀之，包含著辟召制之意味，即由地方官員選擇自己之僚屬入幕而不經中央委任。至於內廷之宦官，是否也有上述辟召員屬之權力不得斷定，然而中唐以來，內諸司影占京城人戶之記載不絕於書（註五一），在內諸司使管轄下之宦官與非宦官之人數必定甚多。而朝廷對內廷機構員屬之諸配置，似亦留有頗大之自由度。故此宦官內諸司使親自選取服役之判官、小兒絕非奇事。

前記陝西法門寺地宮出土之文思院文物中，經常有匠臣、判官、使臣幾個不同之官職。今據另一出土器物，五足朵帶銀爐台之底部鏨文以說明，其載：

咸通十年，文思院造八寸銀金花爐一具，並盤及朵帶環子，全共重三百八十兩。匠臣陳景夫，判官高品臣吳弘慤，使臣能順。

可見正使以下爲判官，判官以下則有匠臣，亦即打造器物之匠工。從「判官高品」觀之，判官顯然是具有品位之官職。其下之匠臣，在職級上應等如宦官之無品之白身。文思判官之職務，也就是督促工匠把金銀器物依例作成。又《唐會要》卷六十六、西京軍器庫之條亦載：

乾元元年六月敕，軍器監改爲軍器使。大使一員、副使二員、判官二員，其使以內官爲之。

亦同樣說明，在使職以下實有判官之設。內諸司使固然爲宦官出任，但判官之職責，亦有以非宦官身份之人出任。有時，在內諸司機構急劇之發展下，判官以上還特別有都判官之設。例如《金石萃編補略》卷二所載，宦官楊延祚爲「內飛龍廄都判官」，顯示爲管理幾個同類之機關。不但如此，內諸司機構中，如梨園、內莊宅、內園等等，皆於正使、副使以下，設立判官之制度。例如《金石萃編》卷一一三、王文幹墓誌所記「改梨園判官、奉八音之禮」中可見。又例如同書卷六十六、元惟清書幢、佛頂尊勝陀羅尼經載：

時元和十三年二月廿七日奉

敕內園戶坊宜令移於劊□□□□□安置　戶坊約有五百餘家起三月一日　准敕移即□□內移畢

本戶坊佛堂三所共於此地置一所焉其佛堂五月中旬竪立至六月中旬畢功功匠之徒不可具載也

專勾當都知楊倫

判官掖庭局監作素和侹

判官內府局丞劉昌岌

判官內府局丞鄀承俊

前副使掖庭局丞賜緋魚袋呂義忠

副使內寺伯賜緋魚袋宋守義

使內給事賜紫金魚袋楊

院主比丘尼澄寂

院主沙門□□　同院僧義眞

施主管鄀進朝

□□□□□

因佛堂之建置事務，內園機構之戶坊不得不移徙。其中所記之使、使副、判官以至內園戶，正好代表了該機構下之各成員。又同書卷一一四、敕內莊宅使牒載：

萬年縣滻川鄉陳村安國寺金經　□壹所計估價錢壹佰叄拾捌貫五佰壹□文

舍叄拾玖間　雜樹其肆拾玖根　地壹□畝玖分莊居東道并菜園　西李并和　南龍道　北至道

牒前件莊准　敕出賣勘案內　□正詞狀請買價錢准數納訖其莊□　巡交割分付仍帖買人知任便

爲主　□要有迴改一任貨賣者奉　使判　□者准判牒知任爲憑據者故牒

判官內僕局承彭　□

副使內府局令賜緋□□劉行宣

使兼鴻臚禮賓等使特進知□□田紹宗

亦同樣可見，判官實爲使、副使以下常設之職官。其間官莊之一切買賣交易，亦經莊宅使、莊宅判官等人批核。內諸司之工作既涉及很多莊園之戶籍、經濟諸方面，亦可知其下層基礎之力量頗爲龐大。上記之「內園」戶，乃內園機構所屬之官戶。這些官戶，由於本身之戶籍受內諸司所掌，故乃安置於內諸司下提供雜役之不自由民。史書中，常以「小兒」作爲他們之總稱。《通鑑》卷二一八、肅宗至德元載、胡三省註謂：「時監牧、五坊、禁苑之卒，率謂之小兒。」又卷二一九、肅宗至德二載春正月、胡註又云：「凡廄、牧、五坊、禁苑給使者，皆謂之小兒。」此外，同書卷二三六、順宗永貞元年甲子條、胡註又謂：「唐時給役者多呼爲小兒，如苑監小兒、飛龍小兒、五坊小兒是也。」又卷二五四、僖宗廣明元年春正月條、胡註中再提到：「唐時給役於坊、廄及內園者，皆謂之小兒。」綜觀上述各種相似之說法，可推知「小兒」爲內廷給役者之總稱，其身份實包括了「役者」與「卒」之雙重意味。

《長安志》卷六、宮室四、禁院內院條所載，於靈府應聖院址附近之內園小兒坊，應爲內園小兒集散、給役之根據地，屬於內諸司機構之一部份。肅宗至德年間，於禁苑服役之監牧小兒，據記載亦至少有三千人以上。又《通鑑》卷二一六、玄宗天寶十一年四月，剷除叛亂者邢縡的乃四百人構成之「飛龍禁軍」，其主要來源亦應由飛龍小兒所組成。《冊府元龜》卷六二一、監收條載，文宗開成四年，飛龍廄馬已有二千七百匹，其間須要負責雜役之飛龍小兒必不在少數。又《通鑑》卷二〇三、代宗廣德元年、《考異》引《汾陽家傳》謂，馬家小兒與射生官五百餘人，在長安城內作亂，可見廄馬飼養與訓練之小兒制度亦頗爲龐大。肅宗時，總理禁馬事務之李輔國，史書載其「本飛龍小兒，粗知書計給事太子宮，上委信之」，可見小兒雖執行內諸司事務之低級官屬，但亦可憑藉豐富管理經驗而進昇。由於小兒身處低位，希望進昇之意慾頗強，故有宮苑小兒數百爭相獻食，以求賞賜升官之滑稽事例（註五二）。又《唐會要》卷六十五、閑廄使之條所載，閑廄、宮苑機構內有子弟百人以上，皆隸於內諸司管轄之戶口雜役。據《通鑑》胡註所載，小兒服役之地方，除「牧」、「廄」諸司以外，還有「坊」。考《唐會要》卷六十六、將作監，曾提到把將作監之本色人移管於內作坊使，可知內作坊使名下亦有服役之人。《新唐書》卷四十八、少監條載有「內作使綾匠八十三人」，亦應該就是隸屬於內作坊機構之綾匠本色人。內作坊以外，同書卷亦載「綾錦坊巧兒三百六十五人」，說明了「坊」以下之小兒爲數亦甚大爲龐大。《太平廣記》卷二五七、織錦人之條，曾載有李氏者，「世織綾錦，離亂前，屬東都官錦坊織錦巧兒，以薄藝投本行」，反映織錦巧兒之性質，乃世襲性之官戶，官籍之小兒制度，普遍行於長安、洛陽之諸司機構內。

小兒之身份，理論上爲一種官府之役者，具有不自由之奴隸身份。其戶籍既爲宮廷諸司所管，故可謂之爲官奴。《太平廣記》卷二二七、韓志和之條載：

飛龍士韓志和……飛龍使異其機巧，奏之……上（穆宗）嘉其伎小有可觀，即賜以雜彩銀器，而志和出宮門，悉轉施於人。

觀此，無論是飛龍小兒、飛龍士、飛龍兵之稱呼，皆屬於同類雜役，於不同場合之稱謂。由於是沒有自由之官奴，故能轉施他人。又卷二四三、竇乂之條載，竇乂倚仗伯父閑廄宮苑使之權勢，對管轄下之小兒加以勞役、差使之事，亦可見小兒之性格。「小兒」與「小使」之性質雖頗爲相近，兩者皆爲給役於宮廷諸司事務之低級官吏。然而，兩者在一些地方上還有相異點。㈠具有宦官身份者，有稱爲「小使」，亦有稱爲「小兒」。「小使」用以強調其使職差遣，「小兒」用以說明其雜務工作性質。至於非宦官之官戶，一般只用「小兒」而沒有特別差使之意味。㈡「小使」之組成內容，包括了品官與白身層，前者是具有官品地位之宦者，而諸司小兒則顯然在有品位之判官職級以下，應爲無官品之雜役。㈢「小使」之職責，有時直接受命於內諸司使，故所屬之層面較高，其人數相比最底層之小兒，仍然佔較少之數目。

由此可得出結論，內諸司機構由上而下之組織非常龐大。其正使、副使以下之末端機構，主要由「小使」、「判官」、「小兒」等結合而成。其間宦官與非宦官性質之名目互相參雜，對了解內諸司之內部本質有頗大之啓示。

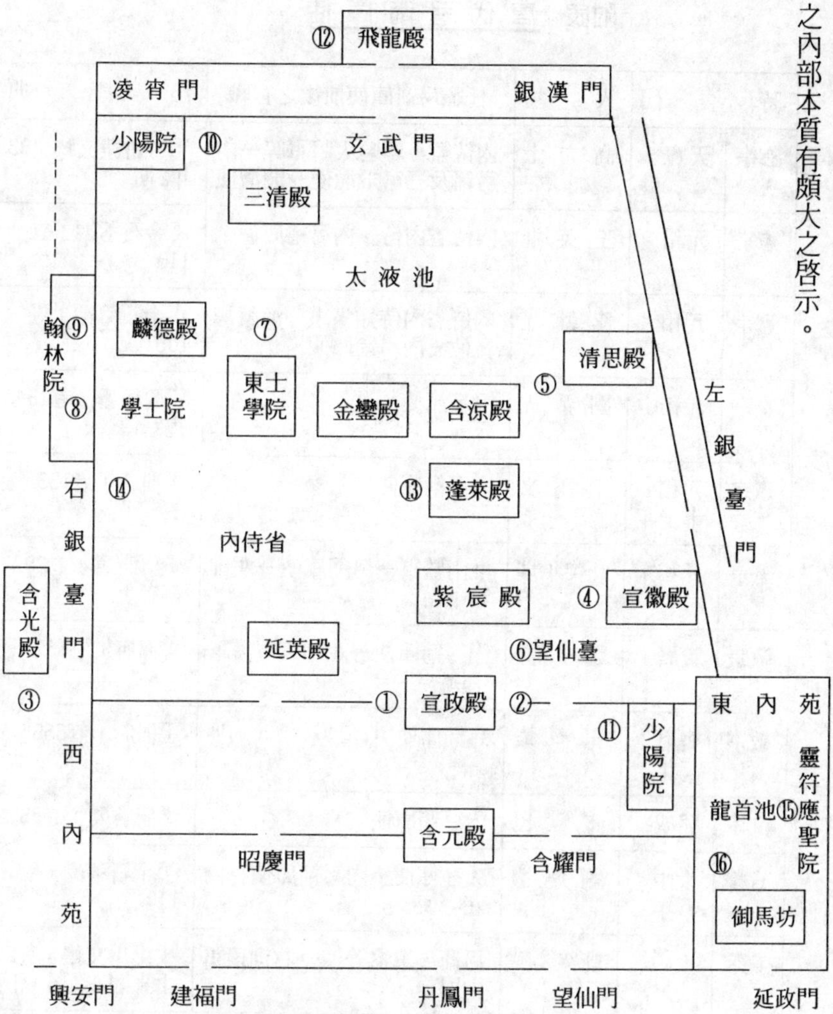

附圖　唐代大明宮之內諸司機關

①　西上閤門	⑥　文思院	⑪　左掖少陽院
②　東上閤門	⑦　東學士院	⑫　飛龍院
③　含光殿	⑧　學士院	⑬　教坊
*④　宣徽院	⑨　翰林院	⑭　客省
*⑤　弓箭庫	⑩　右掖少陽院	⑮　內園小兒坊
（*　推定）		*⑯　小馬坊

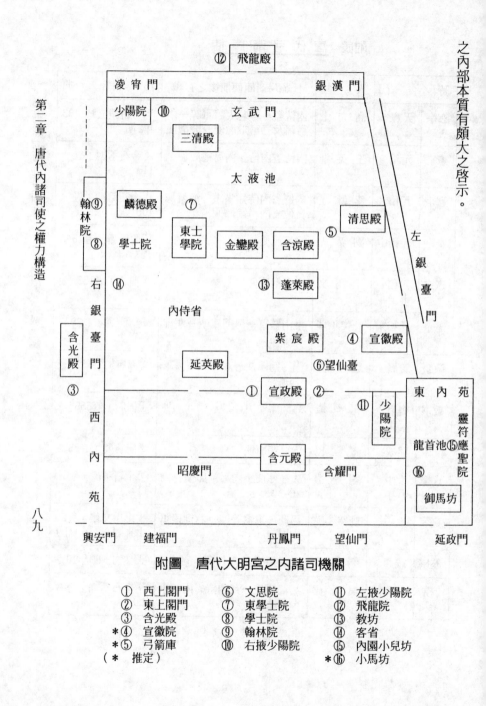

附表 唐代弓箭庫使

時	代	人物	任職弓箭庫使前後之官職	出典
玄宗	天寶	高力士	內侍監→驃騎大將軍等→內弓箭及三宮飛龍使→開漕使	「考古與文物」83年2期
憲宗	元和	王英進	內侍省內侍、內弓箭庫使	「金石萃編」卷113
憲宗	元和	李輔光	內侍省內侍知省事→鴻臚禮賓使→內弓箭庫使	「金石萃編」卷106
憲宗	元和中	劉希先	弓箭庫使	「舊唐書」卷184宦官傳
憲宗	元和十一年	王國文	內弓箭庫使	「冊府」卷153
憲宗	元和末	吐突承璀	淮南監軍→弓箭庫使→左神策中尉	「新唐書」卷207宦者上
敬宗	寶曆	魏弘簡	內弓箭庫使→左神策軍護軍中尉	「冊府」卷667
敬宗	寶曆二年	崔潭峻	弓箭庫使	「冊府」卷665
文宗	開成	張克巳	內弓箭庫使	「唐會要」卷53
宣宗	大中五年	劉遵禮	大盈庫使→內弓箭庫使→內莊宅使	「金石萃編」卷117
宣宗	大中	吐突士曄	弓箭、軍器等使→右神策軍中尉	「樊川文集」卷20 「東觀奏記」(下)
懿宗	咸通	劉從實	內弓箭使左街上將軍	「文物」88年10期
僖宗	／	吳承泌	弓箭庫使→判內侍省內給事→學士使	「金石萃編」卷118

附表 唐代飛龍使

時代		人物	任職飛龍使前後之官職	出典
玄宗	天寶	高力士	內侍監→驃騎大將軍等→內弓箭及三宮飛龍使→開漕使	「考古與文物」83年2期
肅宗	寶應末	程元振	內射生使、飛龍閑廄副使→右監門衛將軍、知內侍省→元帥行軍司馬	「新唐書」卷207宦者上 「舊唐書」卷11代宗紀
代宗	永泰中	魚朝恩	觀軍容宣慰處置使→觀軍容、加判國子監事、光祿、鴻臚、禮賓、內飛龍、閑廄等使	「新唐書」卷207宦者上 「舊唐書」卷184宦官傳
憲宗	元和元年	彭獻忠	教坊使→飛龍使→左神策護軍中尉	「文苑英華」卷932
憲宗	元和	劉弘規	翰林院使→河東監軍→內飛龍使→神策軍副使	「李文饒公集」別集卷6
敬宗	寶曆二年	韋元素	飛龍使→樞密使→左神策護軍中尉	「冊府」卷665、607 「通鑑」卷244
文宗	太和	仇士良	大盈庫使領染坊→飛龍使→左神策護軍中尉	「文苑英華」卷932
宣宗	大中十一年	王歸長	飛龍使→樞密使	「舊唐書」卷18下宣宗紀
懿宗	咸通三年	劉遵禮	弓箭庫使→內飛龍史→內莊宅使	「全唐文」卷747 「金石萃編」卷117
僖宗	中和三年	楊復恭	樞密使→飛龍使→樞密使→左神策護軍中尉	「新唐書」卷208宦者下
昭宗	天復三年	陳班	飛龍使→威遠軍使	「舊唐書」卷20上昭宗紀

附表 唐代軍器使

時	代	人物	任職軍器使前後之官職	出典
肅宗	上元	陳——	右軍器使	「八瓊室金石補正」卷38
憲宗	元和	吐突承璀	神策軍中尉→軍器、莊宅使→左衛上將軍、知內侍省事	「新唐書」卷207宦者上
宣宗	大中	袁——	軍器使	「八瓊室金石補正」卷75
宣宗	大中	吐突士曄	弓箭、軍器等使→右神策軍中尉	「樊川文集」卷20「東觀奏紀」(下)
宣宗	大中十三年	李敬實	宣徽鷹鷂使→內園栽接使→軍器使	「考古與文物」85年6期

附表 唐代染坊使

時	代	人物	任職染坊使前後之官職	出典
憲宗	元和三年	孟再榮	大盈庫領染坊等使	「金石萃編」卷205
敬宗	寶曆元年	田晟	染坊使	「舊唐書」卷17上敬宗紀
敬宗	寶曆元年	段政直	染坊使	「舊唐書」卷17上敬宗紀
文宗	太和三年	仇士良	五坊使→大盈庫染坊使→飛龍使	「文茗英華」卷932

附表 唐代五坊使

時	代	人　物	任職五坊使前後之官職	出　典
玄宗	天寶十三年	安祿山	閑廏、五坊、宮苑、隴右羣牧都使	「舊唐書」卷9玄宗紀下
肅宗	至德	李輔國	殿中監、閑廏、五坊、宮苑、營田、栽接總監等使	「新唐書」卷208宦者下
代宗	寶應元年	彭體盈	閑廏、羣牧、苑內、營田、五坊等使	「新唐書」卷208宦者下
憲宗	元和十三年	楊朝汶	五坊使	「通鑑」卷240
文宗	太和二年	仇士良	供奉官→五坊使→大盈庫領染坊使	「文苑英華」卷932
文宗	太和七年	薛季稜	五坊使	「通鑑」卷244

附表 唐代翰林使／學士使

時	代	人　物	任職翰林使／學士使前後之官職	出　典
憲宗	元和四年	呂金如	翰林使	「冊府」卷669
憲宗	元和	劉弘規	翰林院使→河東監軍→內飛龍使→神策軍副使	「李文饒公集」別集卷6
宣宗	大中四年	李敬實	廣州都監兼市舶使→翰林使→瓊林使	「考古與文物」85年6期
昭宗	／	吳承泌	學士使→宣徽北院使→樞密使	「金石萃編」卷118
昭宗	／	郄文晏	學士使	「文苑英華」卷418

附表 唐代樞密使

時代		人物	任職樞密使前後之官職	出典
代宗	永泰二年	董(廷)秀	內樞密使	「文獻通考」卷58 「冊府」卷665
憲宗	元和元年	劉光琦	樞密使	「通鑑」卷237
憲宗	元和五年	梁守謙	樞密使→右神策軍中尉兼右街功德使	「通鑑」卷238 「冊府」卷665、667
憲宗	元和十五年	王守澄	徐州監軍→知樞密事→右神策軍中尉	「新唐書」卷208宦者下 「冊府」卷667
穆宗	長慶元年	魏弘簡	內弓箭庫使→樞密使→右神策軍中尉	「通鑑」卷242 「冊府」卷665、667
穆宗	長慶二年	楊承和	右神策軍副使→深州諸道兵馬都監→樞密使	「冊府」卷667
文宗	太和元年	韋元素	飛龍使→樞密使→左神策軍中尉	「冊府」卷665、667 「通鑑」卷244
文宗	太和七年	王踐言	知樞密	「通鑑」卷244
文宗	太和七年	崔潭峻	荊南監軍→弓箭庫使→樞密使	「通鑑」卷244 「冊府」卷665、667
文宗	太和九年	劉弘逸	樞密使	「通鑑」卷245
文宗	太和九年	薛季稜	樞密使	「通鑑」卷245
文宗	開成三年	崔巨源	樞密使	「唐會要」卷35

武宗	會昌元年	楊欽義	樞密使→神策護軍中尉	「通鑑」卷246 「冊府」卷667
武宗	會昌元年	劉行琛	樞密使→右神策軍中尉	「通鑑」卷247
宣宗	大中七年	嚴季寔	宣徽北院副使→內樞密使	「新唐書」卷207 宦者上
宣宗	大中十年	王歸長	飛龍使→樞密使	「通鑑」卷249 「舊唐書」卷18下 宣宗紀
宣宗	大中十年	馬公儒	樞密使	「通鑑」卷249
懿宗	咸通九年	楊玄翼	樞密使	「舊唐書」卷184 宦官傳
懿宗	咸通十年	楊復恭	河陽監軍→宣徽使→樞密使→右神策軍中尉	「舊唐書」卷184 宦官傳 「冊府」卷665、667
僖宗	乾符元年	田令孜	小馬坊使→知樞密→神策護軍中尉	「通鑑」卷252
僖宗	廣明元年	西門思恭	樞密使→觀軍容使	「通鑑」卷253 「冊府」卷667
僖宗	廣明元年	李順融	宣徽使→樞密使	「通鑑」卷253
僖宗	中和五年	李令崇	許、蔡通和副使→樞密使→南內留後使	「考古與文物」83年2期
僖宗	光啓二年	嚴遵美	樞密使	「通鑑」卷256
昭宗	景福元年	李周譓	樞密使	「新唐書」卷208 宦者下
昭宗	景福二年	段詡	樞密使	「通鑑」卷259

昭宗	景福二年	吳承泌	學士使→宣徽北院使→樞密使	「金石萃編」卷118
昭宗	乾寧二年	劉光裕	樞密使	「通鑑」卷260
昭宗	乾寧二年	康尚弼	樞密使	「通鑑」卷260
昭宗	乾寧三年	宋道弼	樞密使	「考古與文物」83年4期
昭宗	乾寧三年	景務修	樞密使	「考古與文物」83年4期
昭宗	乾寧四年	劉季述	樞密使→神策護軍中尉	「通鑑」卷261 「冊府」卷667
昭宗	光化三年	王彥范	樞密使	「通鑑」卷262
昭宗	光化三年	薛齊偓	樞密使	「通鑑」卷262
昭宗	天復元年	袁易簡	樞密使	「通鑑」卷262
昭宗	天復元年	周敬容	樞密使	「通鑑」卷262
昭宗	天復三年	王知古	樞密使	「通鑑」卷263
昭宗	天復三年	楊虔郎	樞密使	「通鑑」卷263

附表　唐代閤門使

時	代	人　物	任職閤門使前後之官職	出　典
憲宗	元和	仇從源	閤門使、行內侍省內侍局丞	「文苑英華」卷932
懿宗	咸通四年	吳德應	閤門使→館驛使	「通鑑」卷250
懿宗	咸通中二年	田獻銛	閤門使→橋陵使	「通鑑」卷252
僖宗～昭宗		李全績	閤門使、行內侍省	「文苑英華」卷418
昭宗	天復	王建襲	閤門使	「舊唐書」卷20上昭宗紀

附表　唐代鴻臚禮賓使

時	代	人　物	任職鴻臚禮賓使前後之官職	出　典
代宗	永泰中	魚朝恩	觀軍容宣慰處置使→觀軍容、加判國子監事、鴻臚、禮賓、內飛龍、閑廄使	「新唐書」卷208宦者下 「舊唐書」卷184宦官傳
憲宗	元和初	李輔光	內侍省內侍知省事→鴻臚禮賓使→內弓箭庫使	「金石萃編」卷106
敬宗	寶曆初	劉弘規	河東監軍→內莊宅使、鴻臚禮賓使 左神策軍中尉兼左街功德使	「李文饒公集」別集卷6
文宗	太和末	康約言	河東監軍→鴻臚禮賓使→客省使→宣徽北院副使	「集古錄跋尾」卷9
宣宗	大中	田紹宗	內莊宅使兼鴻臚禮賓使	「金石萃編」卷114

附表 唐代宣徽使

時代		人物	任職宣徽使前後之官職	出典
代宗	大曆末	西門珍	（擢居宣徽）→鳳翔、隴右節度監軍判官	「八瓊室金石補正」卷70
文宗	寶曆	馮志恩	宣徽使	「冊府」卷153
武宗～宣宗		劉遵禮	醫官院使→宣徽北院使→宣徽南院使→大盈庫使	「金石萃編」卷117
宣宗	大中十三年	王居方	宣徽南院使	「通鑑」卷249
宣宗	大中十三年	齊元簡	宣徽北院使	「通鑑」卷249
懿宗	咸通二年	楊公慶	宣徽使	「通鑑」卷250
懿宗	咸通	楊復恭	河南監軍→宣徽使→樞密使	「舊唐書」卷184
僖宗	廣明元年	李順融	宣徽使→樞密使	「通鑑」卷253
昭宗	乾寧三年	元公訊	宣徽使	「通鑑」卷260
昭宗	天復二年	仇承坦	宣徽使	「通鑑」卷263

附表 唐代內園／栽接使

時	代	人物	任職內園使／栽接使前後之官職	出典
肅宗	至德	李輔國	拜殿中監、閑廏、五坊、宮苑、營田、栽接總監等使	「新唐書」卷208宦者下
德宗	貞元十八年	楊——	內園使、內侍省內給事	「金石萃編」卷66
敬宗	寶曆元年	許遂忠	天平監軍→內園使→華清宮使→瓊林使	「考古與文物」85年6期
文宗	開成	王文幹	供奉官→栽接使→新羅使	「金石萃編」卷113
宣宗	大中十一年	李敬寔	宣徽鷹鷂使→內園（栽接）使→軍器使	「通鑑」卷249 「考古與文物」85年6期

附表 唐代大盈庫使

時	代	人物	任職大盈庫使前後之官職	出典
憲宗	元和三年	孟再榮	大盈庫、染坊等使	「金石萃編」卷205
文宗	太和二年	仇士良	五坊使→大盈庫染坊等使→飛龍使→左神策軍中尉	「文苑英華」卷932
文宗	太和末	宋守義	大盈庫使、右領軍衞上將軍	「冊府」卷935
宣宗	大中	劉遵禮	大盈庫使→內弓箭庫使→內莊宅使	「金石萃編」卷117

附表　唐代宮苑使

時	代	人物	任職宮苑使前後之官職	出典
玄宗	天寶十三年	安祿山	閑廄、五坊、宮苑、隴右羣牧使	「舊唐書」卷9玄宗紀下
肅宗	至德	李輔國	殿中監、閑廄、五坊、宮苑、營田、栽接總監等使	「新唐書」卷208宦者下 「舊唐書」卷184宦官傳
代宗	寶應元年	彭體盈	閑廄、羣牧、宮苑、營田、五坊等使	「新唐書」卷208宦者下
憲宗	元和	郭銛	宮苑閑廄使、檢校左散騎常侍	「文苑英華」卷935
憲宗	元和十一年	李愬	閑廄宮苑使、檢校左散騎常侍、兼鄧州刺使	「舊唐書」卷15憲宗紀
僖宗	乾符三年	李瑑	宮苑使	「通鑑」卷252
僖宗	乾符六年	王處存	閑廄宮苑使、檢校刑部尚書	「舊唐書」卷19下僖宗紀
昭宗	天復	張廷範	宮苑使	「通鑑」卷264

附表　唐代瓊林使

時	代	人物	任職瓊林使前後之官職	出典
文宗	太和二年	許遂忠	內園使→河東監軍→華清宮使→瓊林使	「考古與文物」85年六期
文宗	太和—	馬元某	瓊林使	「李文饒公集」別集卷6
宣宗	大中四年	李敬實	翰林使→瓊林使→宣徽鷹鷂使→內園栽接使	「考古與文物」85年6期

附表　唐代文思院使

時代		人物	任職文思院使前後之官職	出典
懿宗	咸通九年	能順	文思院使	「法門寺地宮珍寶」89年
懿宗	咸通十三年	(吳)弘慤	文思判官→文思院使	「法門寺地宮珍寶」89年
僖宗	乾符六年	王彥珪	文思院使	「考古與文物」84年4期

附表　唐代莊宅使

時代		人物	任職莊宅使前後之官職	出典
憲宗	元和	吐突承璀	左神策護軍中尉→軍器、莊宅使→左衞上將軍、知內侍省事	「新唐書」卷207宦官上
敬宗	寶曆初	劉弘規	河東監軍→內莊宅使、鴻臚禮賓使→左神策中尉、兼左街功德使	「李文饒公集」別集卷6
宣宗	大中	田紹宗	內莊宅使兼鴻臚禮賓使	「金石萃編」卷214
懿宗	咸通八年	劉遵禮	弓箭庫使→內飛龍使→內莊宅使	「金石萃編」卷117

【註釋】

註　一　參閱拙著〈唐代における飛龍廄と飛龍使——特に大明宮の防衛を中心として——〉、《史林》七四卷四號、一九九一年，頁一二六。

註　二　考《新唐書》卷四七、殿中省條謂：「武后萬歲通天元年，置仗內六閑，一曰飛龍、二曰祥麟、三曰鳳苑、四曰鵷鸞、五曰吉良、六曰六群，亦號六廄」，按排名之先後而言，飛龍、祥麟、鳳苑皆列於前。又《新唐書》卷五十、兵志所載：「左右六閑，一曰飛黃、二曰吉良、三曰龍媒、四曰騊駼、五曰駃騠、六曰天苑。總十有二閑爲二廄，一曰祥麟，二曰鳳苑，以繫飼之。其後禁中又增置飛龍廄」，可知在左右六閑之系統漸變爲仗六閑之過程中，實以祥麟、鳳苑、飛龍爲骨幹。

註　三　據馬得志〈唐長安大明宮發掘簡報〉（《考古》一九五九年六期）所繪之唐大明宮重要建築遺址，於重玄門外明列飛龍廄之遺址。飛龍廄之東西兩牆，並且由重玄門外伸展至重玄門內，以達於玄武門，或可視爲飛龍廄之附屬建築。

註　四　參閱拙著〈唐代における內諸司使の構造——その成立時點と機構の初步的整理〉、《東洋史研究》五十卷四號、一九九二年，頁一四八。

註　五　《通鑑》卷二一八、肅宗至德元載六月甲子條與丁酉條載，安史亂軍逼近長安京城之際，玄宗一方面選禁馬與皇室近臣自北門避走，另一方面，以飛龍兵馬委太子留守。

註　六　《唐會要》卷六六、軍器監條載：「武德元年置，貞觀元年三月十日廢，併入少府監。開元三年十二月二十四日，以軍器使爲監，領弩甲二坊。十一年十月二十五日罷，隸入少府監爲甲弩坊，加少監一員以統之。天寶六載五月二十八日，復置。乾元元年六月十三日，又廢置使，其監以下並停。」

註　七　《新唐書》卷四八、百官志三、軍器監載：「監一人，正四品上，丞一人，正七品上，掌繕甲弩，以時輸武庫。總署二，一曰弩坊，二曰甲坊。」

註　八　同書卷四八、百官志三、兩京武庫署條載：「令各二人，從六品下，丞各二人，從八品下，掌藏兵械……（注）開元二十五年，東都亦置署。」又同卷武器署條載：「令一人，正八品下，丞二人，正九品下，掌外戎器。祭祀、巡幸，則納於武庫……（注）貞觀中，東都亦置署。」

註　九　《文苑英華》卷四二七～四三〇、翰林制詔中「有武德・軍器」之記載，最初爲唐長孺所指出，但對二者關係，未具說明。考記載內之全體列寫方式爲「飛龍・閑廏」「內園總監・栽接」「少府將作・內中尙」「軍器・武德」「內・外弓箭庫」等等，似爲將內外兩廷性質相類似之官職並列。倘若與軍器有關之機構爲軍器使所管的話，則武德使亦應與軍器相近之別個系統，或爲管理武德東門之武庫職掌。前記《新唐書》卷四八、武器署條所載，武庫之軍器，多有用於祭祀、巡幸之場合。考西安東郊出土之唐許遂忠墓誌（《考古與文物》一九八五年六期）中，記有德宗貞元末年武德副使之職責在「山園之禮」。故武德使或掌郊祀時之軍器，含有與軍器使內外分掌之意味。

註一〇　關雙喜〈西安東郊出土唐李敬實墓誌〉、《考古與文物》、一九八五年六期。

註一一　《事物紀原》卷六、東西使班部、弓箭之條載：「又（宋朝會要）曰唐有內弓箭庫使……續事始曰，唐明皇開元初年至天寶末置內諸庫使。」

註一二　《舊唐書》卷一七上、敬宗記載：「（長慶四年四月）丙申，賊（染工）張韶等百餘人至右銀台門，殺閽者，揮兵大呼，進至清思殿，登御榻而食，攻弓箭庫。」又《通鑑》卷二四三、穆宗長慶四年四月之胡註謂：「以下文清思殿徵之，所入者左銀台門也。在大明宮東面，又北側玄化門。」前述之《文苑英華》有「內・外弓箭庫」之別，故張韶所經之處，應為內廷所屬之內弓箭庫。

註一三　李令崇墓誌中，詳載僖宗中和五年至乾寧三年黃巢之亂對長安城內外之毀壞情況。可知墓誌之撰者為內弓箭庫副使李應坤，曾經歷了連串之政治混亂，並且對宮廷事務有過積極參與（《考古與文物》一九八三年二期）。又懿宗咸通九年至咸通十二年迎佛骨之活動中，除建造法門寺之地宮以外，似更專以弓箭庫使護送地宮之珍寶（《文物》一九八八年十期）。

註一四　關於樞密使之設置時間，矢野主稅〈樞密使設置時期について〉一文，認為始於憲宗元和元年。但佐伯富將此時間，修正為代宗永泰二年。詳閱佐伯富〈五代における樞密使について〉、《史窗》四八、一九八八年。

註一五　《通鑑》卷二四三、敬宗寶曆二年十二月、胡註云：「唐末謂兩樞密、兩中尉為四貴。」所謂兩樞密，如前所述為東西（上下）兩院之樞密使，而兩中尉亦即左右神策中尉。

註一六　考宣徽院之所在地，《石林燕語》卷三、宣徽南北院使之條謂：「宣徽南北院使，唐末舊官也。置院在樞密使之北。」但其間所指者，是否為唐代之宣徽、樞密，容有疑問。陳思《寶刻叢編》卷七記有「唐宣徽北院新啓功德堂記并碑陰題名」，然而懿宗咸通年間之功德堂位置亦無可考。從機構之名稱測之，大明宮之宣徽殿與宣徽院頗相近，其龐大之建築亦符合宣徽院繁重事務之需要，故作爲宣徽機構之所在地似較適合。詳閱友永植〈唐宋時代の宣徽使について——主に五代の宣徽院に注しつ——〉、《北大史學》十八、一九七八年。

註一七　出土之鴻雁紋宣徽酒坊銀碗之底部，記有「宣徽酒坊宇字號」等字樣（《文物》一九六六年一期）。

註一八　出土之銀酒注底部，亦載有「宣徽酒坊，咸通十三年六月二十日別敕七升地字號酒注壹枚重壹佰兩，匠臣楊復恭等造，監造蕃頭品官臣馮金泰、都知高品張景謙、使高品臣宋師貞」等字（《考古與文物》一九八二年一期）。

註一九　據墓誌所載，李敬實於宣宗大中四年曾任宣徽鷹鷂使。鵰、鶻、鷹、鷂、狗等五坊本爲五坊使之管轄機關，但亦曾隸於宮苑使、閑廄使管治。宣徽院設置以後，鷹鷂二坊似轉隸於宣徽所管。《雍錄》卷三、〈唐西內太極宮圖〉記太極宮之東北隅有鷹鷂院之設，或即鷹鷂二坊機構。而《文苑英華》卷四一八、授內官韓坤範等加恩制之條中，載有宣徽小馬坊使及宣徽含光使之官職。關於含光之使職，亦同見《隋唐石刻拾遺》卷下、佛頂尊勝陀羅尼經咒幢（宣宗大中三年）之含光副使李文端之事例。考《唐長安大明宮》、大明宮之東側發現含光殿之遺跡，爲朝賀、獻俘之經常活動地點。宣徽院既掌國家之禮儀，則同時兼理含光殿之可能性甚大，故有宣徽含光使之設。至於宣徽小馬坊使，似說明小馬坊未趨成熟以前，與其他鷹鷂諸坊等同隸於宣徽院管轄。從上述宣徽以下諸機構看來，宣徽院所管轄之事務甚爲廣泛。

註二〇　所謂「閤門」，雖指著入閤之通門而言。實際上只爲便殿之東西兩門，而並非眞有閤之建築存在。《雍錄》卷三、西內兩閤之條載：「其曰閤者，即內殿也，非眞有閤也。」

註二一　同卷、古入閤說之條謂：「西內太極殿即朔望受朝之所，蓋正殿也。太極之北，有兩儀殿，即常日視朝之所也。太極殿兩廡已有東西二上閤，則是兩閤皆有門可入已，又可轉北而入兩儀也。」

註二二　《事物紀原》卷六、東西使班部品內八作條載：「續事始曰，唐玄宗置內八作使。……馮鑑又引李肇國史補云，玄宗開元初至天寶末，所置使有內八作使。」又《金石萃編》卷九〇、劉元尙墓誌載，天寶年間之劉元尙曾任職武德・中尙・五作坊使。而《冊府元龜》卷七一七、幕府部、智識條亦記，天寶年間韋倫曾受命於楊國忠，爲內作使判官。可見五作使、內作使等於天寶年間亦已存在。

註二三　前記《金石萃編》卷九〇、劉元尙墓誌。

註二四　《舊唐書》卷四四、將作監、左校署之條載：「左校令掌供營構梓匠，凡宮室樂懸簨簴、兵仗器械、喪葬所須，皆供之。」

註二五　關於「署」「方」「坊」等稱呼，彼此似互有關連。例如《事物紀原》卷七、庫務職局部、二染院之條即載：「唐有染署，職在少府，後爲染坊。」可見「署」亦可變爲「坊」之稱謂。

註二六　例如《八瓊室金石補正》卷七七、國子祭酒敬延祚墓誌中，有綾錦坊使之記載。又《事物紀原》卷六、東西使班部、氈毯之條載；「（宋朝會要）曰唐有氈坊、毯坊使，五代合爲一使。」

註二七　石興邦《法門寺地宮珍寶》（陝西美術出版社、一九八九年）。又陝西省法門寺考古隊〈扶風法門寺塔唐代地宮發掘簡報〉（《文物》一九八八年十期）FD5: 096之文物參閱。

註二八　同上、《文物》FD5: 026之器物參閱。

註二九　土肥義和〈敦煌發見唐・回鶻間交易關係漢文文書斷簡考〉、《中國古代の法と社會》汲古書院、一九八八年。

註三〇　一九七七年十一月於西安市東郊棗園村出土之文物，現收藏於西安市文物管理所。參閱保全〈西安東郊出土唐代金銀器〉、《考古與文物》一九八四年四期。

註三一　《唐會要》卷六六、宮苑監條記載，苑總監之制度本爲東都洛陽所創立。高宗顯慶二年，將之分爲東都四面監。但同卷、西京苑總監又載，永淳元年以一監爲主之制度又於長安都復置。關於東都、西京苑總監之職，《舊唐書》卷四四、京、都苑總監之條載：「掌宮苑內館園池之事」，可見與園苑使、內園使之職能相近。又《通鑑》卷二二五、代宗大曆十四年六月甲子條，胡註謂：「東都園苑使，唐初苑總監之職也」，亦可推測苑總監與園苑使具一脈相承之關係。

註三二　前述《通鑑》卷二二五、代宗大曆十四年六月甲子條。

註三三　《唐會要》卷六六、西京苑總監條載：「開成五年四月敕，總監宜令內官司管，仍別置使。其總監及丞簿共四員，宜並停。」

註三四　《長安志》卷六、宮室四、禁苑內苑之章載：「靈符應聖院在龍首池東，會昌元年，造內園小兒坊。」其中小兒，乃內諸司機構之役人，例如《通鑑》卷二三六、順宗永貞元年二月甲子條，胡註謂：「唐時給役者多呼爲小兒，如苑監小兒、飛龍小兒、五坊小兒是也。」故內園小兒坊，亦應爲內園機構之下層役人機關。

註三五　據《唐會要》卷六五、閑廄使之條、又同書卷七八、五坊宮苑使之條載，文宗以後，閑廄宮苑使之名屢相連，故五坊或隸宮苑，或隸閑廄之現象亦有之。

註三六　《通鑑》卷二六四、昭宗天復三年二月乙未之條及胡註。

註三七　考徐松〈長安皇城圖〉（收入平岡武夫《唐代の長安と洛陽》地圖篇、京都大學人文科學研究所、第十七圖）顯示，南內諸衙門中，於少府監之右側，有左藏外庫院之設。至於左藏內庫，一般認爲應於大明宮內，其確實位置已不可考。又據關野氏所繪之〈大明宮圖〉（地圖篇、第二九圖），於大明宮右銀台門內，位於內侍省之左側亦有右藏庫之設。然翰林學士院既築於右銀門外之夾城以內，則似與右藏庫亦非同一之建築群。觀李肇《翰林志》記載翰林學士初入院，有大盈、瓊林二庫所賜物，又於翰林院之北有寶庫，故所指之寶庫應爲大盈、瓊林二庫之可能性亦大。

註三八　《唐會要》卷七九、諸使雜錄下載：「天祐元年（閏）四月敕，今後除留宣徽兩院、小馬坊、豐德庫、御廚、客省、閤門、飛龍、莊宅九使外，餘並停廢。」

註三九　《雍錄》卷四、東內西內學士及翰林院圖、大明宮右銀門翰林院學士院圖所見，學士院乃與翰林院以南相接，東翰林院（東學士院）則位於翰林院以東，與帝常到訪之金鑾殿相對。故從翰林院、學士院等諸建築之設立意義而言，實爲一龐大之「技術之待詔」機構。學士院與東翰林院設置以後，翰林院內仍殘留個別之技術部門。諸如翰林醫官使乃翰林技術院內所屬之官僚之一。

註四〇　若據八十年代翰林院遺跡之發掘調查顯示，翰林院、學士院皆位於大明宮之右銀台以北、西夾城之內。兩者互相以磚道相隔，形成南北對置之設計。詳閱馬得志〈唐長安城發掘新收穫〉、《考古》、一九八七年四期。

註四一　參閱《文苑英華》卷四一八、授學士使郄文晏將軍金紫光祿大夫制。又《通鑑》卷二二五、代宗大曆十四年七月、胡註所謂之東翰林院，於《雍錄》卷四則稱爲東學士院。可推知翰林使與學士使本爲同一之職名。

註四二　《舊唐書》卷一七五、莊恪太子傳：「太子歸少陽院，以中人張克己、柏常心充少陽院使。」

註四三　同書卷一〇七、涼王濬傳、又《長安志》卷九、十六宅之條。

註四四　同書卷一七五、懷懿太子傳、莊恪太子傳、昭宗十子傳等參閱。關於十王宅使對諸王活動之監視職能，唐長孺〈唐代的內諸司使及其演變〉一文，已有詳細究明。

註四五　陝西考古所唐墓工作組〈西安東郊唐蘇思勗墓清理簡報〉、《考古》、一九六〇年一期。

註四六　考諸史料，梨園一詞有狹義與廣義之分。狹義而言，只指著位於光化門以北之梨園機構。廣義而言，包含著帝王臨時聽樂之所，未必一定指光化門北之機構。《雍錄》卷九、梨園之條謂：「梨園，在光化門北。光化門者，禁苑南面西頭第一門，在芳林、景曜門之西也。中宗令學士自芳林門入，集於梨園分朋拔河，則梨園在太極宮西禁苑之內矣。開元二年，置教坊於蓬萊宮，上自教法曲，謂之梨園子弟。至天寶中，即東宮置宜春北苑，命宮女數百人爲梨園弟子，即是梨園者，按樂之地而預教者名爲弟子耳。凡蓬萊宮、宜春院皆不在梨園之內也。」

註四七　例如《金石萃編》卷一一三、王文幹墓誌所載之「雞坊使」、《金石續編》卷十一、內侍王守琦墓誌所記之「酒坊使」等等，皆爲比較細碎之使職。至於非內廷之內諸司使，例如加藤繁氏多所詳論之內莊宅使（《支那經濟史考證》上卷、東洋文庫、一九四二年）等，限於本文之討論範圍，加上篇幅之關係，未能一一加以探討。

註四八　關於內侍省機構內，宦官之各種職級品位，詳閱〈唐代內侍省の宦官組織について——高品層と品官・白身層——〉、《日野開三郎博士頌壽紀念論集》、中國書店、一九八七年，頁三三九～三五二。

註四九　《冊府元龜》卷五四六、諫諍部、直諫十三所載：「裴度爲御史中丞，先是五坊小使，每歲冬以鷹犬出近畿習狩，謂之外按，宣徽院供奉官爲其使領數百，或有恃恩恣橫，郡邑驚擾，皆厚禮迎犒之，恣其所便」，可見宣徽院供奉官，於執行鷹犬習狩時，隸五坊小使所管。

註五〇　《冊府元龜》卷一九一、閏位部、政令、後梁開平二年詔云：「禁戢諸軍節級，兵士及供奉官、受旨、殿直以下各脩禮敬。」其間「承旨」所以寫爲「受旨」，或因避諱；見《資治通鑑》卷二六八、後梁乾化元年六月，「受旨史彥章冊命之」其下胡註。

註五一　例如《文苑英華》卷四二三、寶曆元年四月二十日冊尊號赦文載：「京畿百姓多屬諸軍、諸使，或戶內一人在軍，其父兄子弟不受府縣差役。」又同書卷四二八、太和三年十一月十八日赦文載：「京城坊市及畿甸百姓等多屬諸軍、諸使、諸司。占補之時，都無旨敕；差科之際，頓異編氓。或一丁有名，則一戶合免，往年制敕，無復遵行。」等等，其中亦應包括內諸司使所影佔之人戶，這些隸於諸司諸使之戶口，於差科雜役上，似不受國家管制，具一定之特惠。詳閱唐長孺〈唐代色役管見〉（《山居存稿》、中華書局、一九八九年），頁一六六～一九四。

註五二 《通鑑》卷二一六、玄宗天寶九載二月之條，頁六八九八。

第三章　五代使職與軍職之權力關係

五代是中國自統一盛世進入動盪紛亂之一段時期。無論在政治與軍事方面皆出現劇烈之變化。以傳統舊貴族爲支援之中央皇權，由新興之地方割據勢力所取代，成爲延綿相繼之藩鎮政權。所謂梁唐晉漢周之五代政權，嚴格而言是由河南、河北、山西三大軍閥勢力於華北一帶之逐鹿過程（註一）。各派之軍閥崛起之勢力淵源雖然不同，然而藩鎮軍事力量之組成形式與親信任用方面有極爲相似的地方。彼此不但一脈相承，更啓迪宋代之軍制與官制之編成。

就政治方面而言，五代以後，鑒於唐末宦禍，又將藩鎮時期之心腹武將任爲諸司使，削弱了諸使內廷之意味而成爲中央具實職之官員。到了宋初，諸司使臣便順理成章，演變爲西班、東班或橫班之中央寄階之武官。在軍事組織方面，五代帝王同樣以藩鎮時期之元從軍將編成親軍，由侍衛親軍、殿前親軍發展至宋初之三衙，莫不成爲對外征伐統一之重要資本。可知五代政治與軍事編整，本來可歸結在同一個來源上，也就是以帝王在藩時之元從心腹爲核心，組成龐大之「私臣」、「私兵」集團。故此，五代大部份時間內，使臣與軍人之間角色，頗難釐清。兩者工作往往是互相補足、重疊，甚至以互調之形式進行，使五代帝王以下之權力分配，顯得多元而靈活。

最能標誌著五代宋初軍、政組織緊密配搭者，可謂五代之三班官制。除在承旨、殿宜、供奉官之類目內不斷擴班，向較高之諸司使升遷外，又將作戰精銳之三班長官，包括上層之都知、副都知、押班官接駁於親軍系統下。故此五代軍職與使職之間，實存在著微妙關係。內諸司使與親軍將領既同樣爲帝王心腹，自然產生權力分配之問題。終五代之世，諸如樞密使與親軍將領之權力消長，此起彼伏，未見有效之約束方法。但是，隨著親軍制度之強化，軍隊之領兵主要成爲禁軍將領之專職，諸司使臣之職務又退爲一般之差遣。

壹　五代三班使臣之擴充及其與軍制關係

關於三班官制發展及其與軍制發生接合作用，未見學者深入論述。王曾瑜在其《宋朝兵制初探》一書中，對五代軍制追索論述頗見心得，然而未見其討論三班官與親軍關係（註二）。小岩井弘光《北宋の使臣について》一文，雖略述了承旨、殿直、供奉官之升遷現象，然而未系統性建立三班制理論，亦未提出與軍職關係（註三）。友永植在其《唐、五代三班使臣考》一文中，索性將三班制度之「都知」、「副都知」、「押班」之關係列爲不明，未進一步推論（註四）。反而菊池英夫在其《後周世宗の禁軍改革と初三衙の成立》一文中，有較大之啓示，認爲世宗所建立之殿前親軍，很大程度上乃雜用了當日之親從官，例如內廷之控鶴官，即成爲日後親軍中之控鶴軍。至於內班殿直亦略見述及，惜非全文之重心所在。對後周以前三班官制之全體發展，未能兼顧（註五）。故此本文嘗試在以上各人之基礎上加以推論，企圖重建五代之三班使臣與親軍系統之關係。

一、五代三班制之擴充

唐末三班官制之上，逐漸出現了多層建築之跡象，打破原來平面之關係。首先出現變化的爲供奉官，唐中後期開始分置了東頭供奉官與西頭供奉官（註六）。其分化之原因，蓋由於「人主多居大明宮、別置官，謂之東頭供奉官，西內具員不廢，則爲西頭供奉官」（註七）。宮廷之增置，令供奉官之人數不斷增加，爲了更有效加強管理，進一步之分門是有其必要性的。到了後梁時代，供奉官仍承襲著「東頭」與「西頭」之分野（註八）。

後梁在供奉官制度之擴展上未見新意，很大程度是受制於統治者對唐代內廷機關之保守態度（註九）。後唐一反前代作風，對三班官加以任用，三班制度遂得以進一步擴充。這段時期，供奉官已經可分爲兩類：其一爲殿頭供奉官、其次爲禁中供奉官（註一〇），說明後唐統治者不單承繼後梁以外廷心腹爲差遣之習慣，更有意重振以宦官爲主之內廷系統，成立內供奉官（註一一），或者是內殿直（註一二），含有內宿直班於禁中意。但一般情況下，所謂供奉官與內供奉官、殿直與內殿直，二者接受差遣之工作性質差異不大，以「內」字來分別是否宦官身份或爲了加強親從意味而已（註一三）。

除了供奉官以外，在後唐時期，殿直與承旨亦出現了部門之分劃。後唐莊宗同光年間陳思讓即任右班殿直之職（註一四），顯然在後唐莊宗時已分爲左、右兩班。在後唐明宗天成年間，王彥昇也出任東班承旨之職（註一五），同樣道理，承旨於明宗時期即已分爲東、西兩班。由此可見，後唐是造就三班官制度發展之重要時刻，其供奉官、殿直、承旨已歸屬於不同的班。「班」的作用，很大程度上是方便管理，且有輪番當值之原意。從後周時期某些史料仍稱呼殿直爲「右番殿直」與「左番殿直」（註一六），多少保留了這種意義。

到了後唐末帝清泰以後，在供奉官、殿直、承旨中逐漸出現鮮明之等級制度，其中可供觀察到之長官有三，分別爲「都知」、「副都知」與「押班」。

後唐清泰元年，趙處願即任「殿直承旨都知」之職（註一七）。由後梁發展至後晉，殿直與承旨之關係甚爲密切，「殿直」原來之名稱爲「殿前承旨」（註一八），本已具有「承旨」之意。趙氏所任之都知，是「殿直」、「承旨」並稱，其間原因，或在於殿直與承旨雖各自分班，然而由於還是發展之初期，故各班數、人數不多，可以一併管理。加以彼此職能相差無幾，故此易於稱呼。其後經歷後晉，三班人數大幅度增長（註一九），殿直與承旨班便須要特別分清，以方便管理。到了後漢時期，例如乾祐二年（九四九）張盛所擔任之「殿直都知」（註二〇），便很明顯在稱呼上與前者有所區別。後周顯德初年，「都知」之長官制度在三班官中確立。在供奉官方面爲「供奉官都知」或稱「供奉都知」（註二一），其副貳爲「供奉官副都知」（註二二）。在殿直方面爲「殿直都知」（註二三），其副貳爲「殿直副都知」（註二四）。在承旨方面爲「都承旨」（註二五）。雖未見有副貳「副都承旨」，然而觀察供奉官爲殿直之發展，其成立之可能性很大。

至於「都知」、「副都知」以下在供奉官、殿直、承旨以上，有「供奉官押班」。張永德於後漢乾祐三年十一月時乃任「供奉官押班」之職（註二六）。到了後周廣順初年，則轉遷爲內殿直都知（註二七）。由此顯示了兩個重點：首先，「供奉官押班」職級必在「都知」以下。其次，三班官員之轉遷途徑，未必在既定之本班內進行。承旨、殿直，固然向著供奉官職升遷，然供奉官之繼續轉遷，亦有轉向其他殿直班之可能。反映了殿直班，尤其是「內殿直」班，於進入後周時，其地位日漸提升，成爲後來世宗揀選用以接駁親軍之對象。

關於上述三班官制擴展之情況，於附表作一簡單列明。其間有虛線部份表示史料提供之單方面現象，方便作合理之推論。

再從三班內部言之，其主要組成之基礎在「班」。所謂「左班殿直」或「右班殿直」，其實就是用以說明分隸於不同之班之中。就是「左班」與「右班」、「東班」與「西班」，其概念也較籠統；嚴格而言，應細分究竟是「左第一班」或者是「左第二班」，「右第一班」還是「右第二班」。只是爲了方便稱呼，棄繁從簡而已。例如張永德爲「內殿直都知」，《宋史》則稱之「內殿直小底四班都知」（註二八）。又例如郭守文，後周太祖廣順初爲左班殿直，後轉升爲「東第二班副都知」（註二九）。可見

五代三班結構完整下之職官簡表

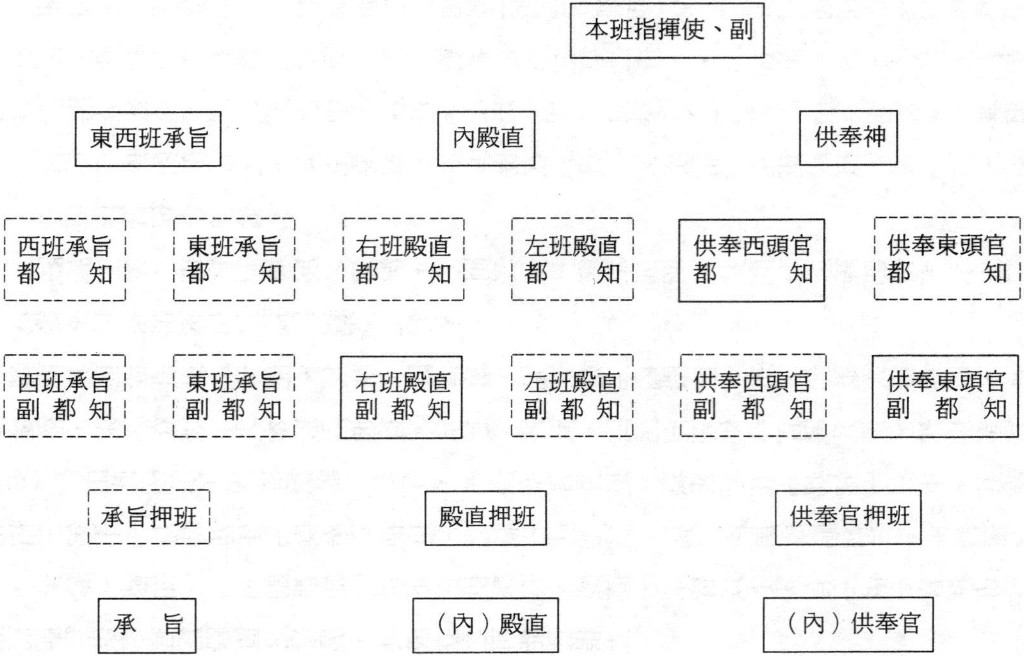

在「左班」與「右班」、「東班」與「西班」內有著若干不同之小班。唯「都知」所管之「班」有時是多於一班，有時只管本班而已（註三〇）。至於「副都知」情況，與「都知」相同。韓重贇在後周太祖廣順初爲「左班殿直都知」（註三一），亦即在左班殿直下若干班中，副管一班或以上之小班。而「押班」則是在都知與副都知之管轄下「押第一班」或「押第二班」。這種情況，同樣可應用到供奉官與承旨上。「東班承旨」也就應有「東第一班」、「東第二班」；「西頭供奉官」也有西頭一、二班了（註三二）。

在殿直或內殿直組成若干班後，不斷吸納人數，小的班便漸次成爲大的班，再在擴展出來之大班分爲若干小班，如此不斷之擴充與分化，殿直班逐漸成爲日後之「殿直軍」。關於都知、副都知、押班與「軍」、「小班」之管領關係，如下列二表所示。一般人常對「內殿直」有著一種誤解，以爲「內殿直」由始至終乃屬於親軍名下之班號，乃後周世宗建立殿前親軍時所首創。其實並非如此。「內殿直班」成爲親軍名下之班底以後，確實從此向軍職發展，漸與原本之殿直意義不同。然而，在世宗建立親軍以前，內殿直與殿直班早已存在，並且迅速發展，成爲世宗組成殿前親軍之骨幹之一（註三三）。

二、三班官於使職與軍職二系統內之轉遷形態

五代殿直/內殿直本班基層之發展簡表

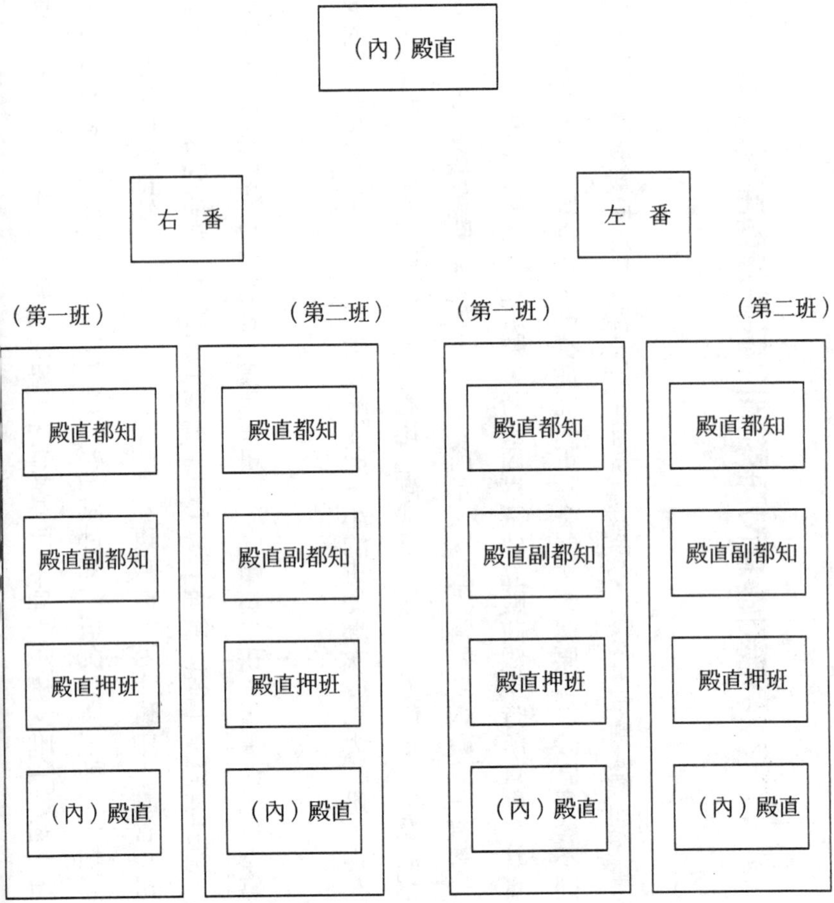

殿直軍吸納殿直本班之簡表

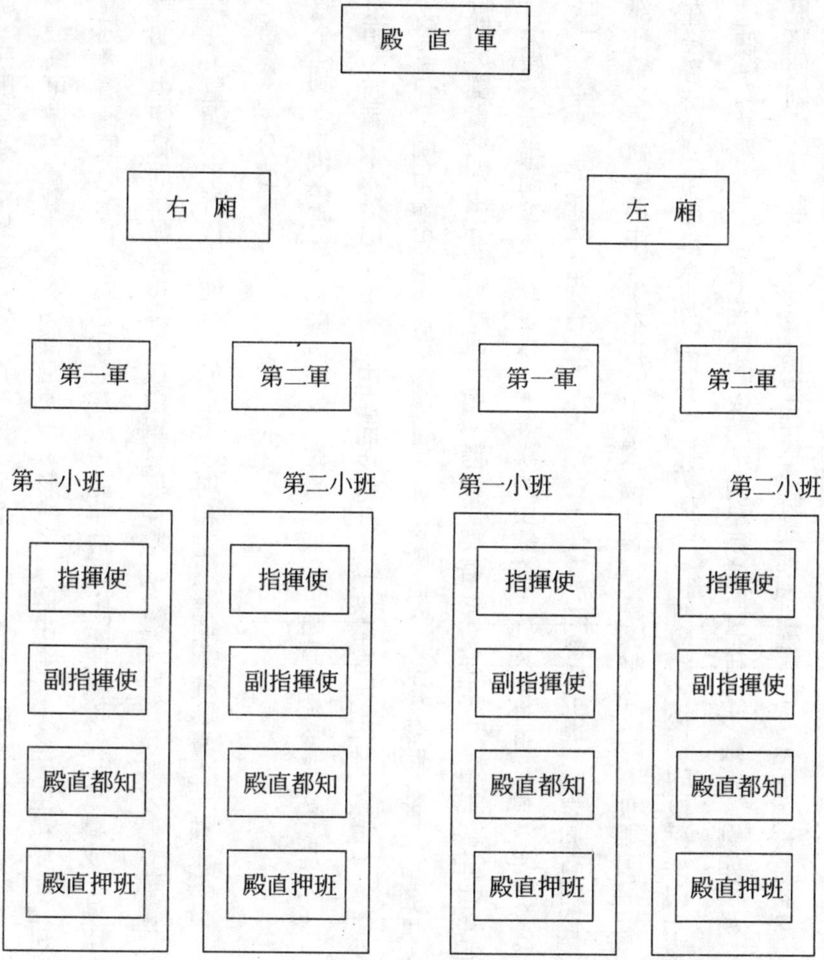

五代以還，三班官之正常轉遷之途，往往由「承旨」、「殿直」以至「供奉官」，再由三班使職而內諸司使，最高可做「宣徽使」、「樞密使」，形成了一個由下而上之使臣級序。三班官便成了使臣之基層。唯細考這種使臣系統以內之升遷方法，並非嚴謹；除使職以外，軍職成了使臣轉遷之另一途徑。五代時期，由使職而軍職之轉遷，或由軍職而使職之升轉，除了反映了時代戰亂下，中央精英份子靈活調動外，更顯示了五代之使臣，於軍事參與和差遣奉使兩種職責上，並未嚴分，其成爲統治者軍政家臣之意義，十分濃厚。

後梁承唐末之制，「供奉官」、「殿直」、「承旨」成爲三班官之內容。「殿直」分左、右二班，「供奉官」分東頭、西頭，大抵由左至右，由西而東轉升。「供奉官」則在「殿直」、「承旨」之上，於後唐以還成爲定制。例如陳思讓，於後唐時爲「右班殿直」，至後晉時升爲「東頭供奉官」（註三四）。後晉時期，劉重進則由「右班殿直」遷「西頭供奉官」（註三五）。同時期由「殿直」補「供奉官」者，還有宋偓、李謙溥等人（註三六）。後漢的田欽祚，亦先後歷此二職（註三七）。翟守索於後晉時爲「殿直」，歷漢、周而遷「供奉官」（註三八）。在晉周間曾任上述二職者亦有何繼筠（註三九）。如可謂三班內部升轉之常軌。再由「供奉官」上遷至內諸司使系統內，這是使職升遷之一般途徑。如陳思讓者，在後晉時由「東頭供奉官」而升「作坊使」（註四〇），後梁的段凝，由「東頭供奉官」而累遷「莊宅使」（註四一）。到了五代的後期，內諸司使臣系統逐步嚴謹。例如後漢之王繼濤，「補供奉官，歷諸使副使」（註四二）。盧懷忠在後漢時期補「供奉官」，至後周世宗時遷「如京副使」

（註四三），至宋初始爲「酒坊使」。康延澤於後晉時補「供奉官」，周祖時遷「內染院副使」（註四四）。慕容延釗則於周祖時「補西頭供奉官，歷尙食副使」（註四五）。李繼隆於後周末期補「供奉官」，平江南始「莊宅副使」（註四六）。後周之王廷義，「起家供奉官，改如京副使」（註四七）。魏丕則由「供奉官」歷「供備庫副使」而「作坊副使」（註四八）。潘美是在周世宗高平之戰後，由「供奉官」擢「西上閤門副使」，繼而「引進使」（註四九）。五代後期之「供奉官」，唯曹彬較爲特別，由本官直接轉遷「西上閤門使」而不經「使副」之途（註五〇），乃爲一種特例，多少由於與皇室之特殊關係所致（註五一）。在一般情況下，由三班官而諸司使副，進而諸司使，乃五代後期使臣升遷之普遍現象。

從三班官轉遷至各內諸司使職之常態而言，固然可視爲至低級之使臣。但是，在五代大部份之時間內，三班官又不限於使職之升轉。無論「承旨」、「殿直」、「供奉官」皆可轉向軍職，至於較高級之內諸司使職則可遷轉更高級之中央軍職。相反地，由禁軍行列而轉遷至使職系統中亦同時進行。大抵在周世宗禁軍改革以前，這種軍職與使職互遷之方法普遍存在著，可以看出二者之密切性。例如後唐明宗時之王彥昇初補「東班承旨」，晉天福轉遷「內殿直」，開運初，契丹圍大名，少帝幸澶淵而言以功遷「護聖指揮使」（註五二）隸周祖帳下之郭守文，廣順初補「左班殿直」，再遷爲「東第二班副都知」（註五三）。隸周世宗帳下之王晉卿，初補「東頭供奉官」，從戰高平，以功歷遷「控鶴都虞侯」、「龍捷右第一軍都指揮使」（註五四）。由三班官之基層即「承旨」、「殿直」、「供奉官」直接擢升至軍職可見於上述例子。但有時往往是按部就班，在三班制度之本班內，擢升較高位置，始轉遷進軍職。例如韓重贇，少隸周祖麾下，廣順初補「左班殿直副都知」，高平之戰後，始轉遷「鐵騎指揮使」，再轉「都虞侯」，遷「控鶴軍都指揮使」（註五五）。張永德在漢周之際，亦先歷任「供奉官押班」、「內殿直小底四班都知」，始轉遷「殿前都虞侯」（註五六）。董遵誨在周世宗即位初補「東西班押班」，始遷「驍武指揮使」（註五七）。就是宋太宗趙匡義，其於後周太祖時由「右班殿直」而遷「供奉官」，在顯德五年上昇爲「供奉官都知」，及宋太祖即位，改「殿前都虞侯」（註五八）。這種現象，在周世宗禁軍改革後雖然陸續減少，然細考資料，當發現五代迄宋仍有殘存之痕跡可尋。例如周顯德中之趙延溥，以父任補「左班殿直」，至宋初擢爲「鐵騎指揮使」（註五九）。幼事太宗藩邸之張禹珪，由「殿直」而擢居禁衛，遷「殿前散祗都虞侯」（註六〇）。耿全斌在太宗即位初爲「東班承旨」，其後擢爲「驍猛副兵馬使」，歷遷「雲騎指揮使」（註六一）。太祖、太宗時期之呼延贊，初爲「東班承旨」，歷遷「驍雄軍使」、「副指揮使」而「鐵騎軍指揮使」（註六二）。此外，宋初太祖曾遣諜者惠磷僞稱「殿前散指揮使」負罪奔北漢，北漢主以其爲「供奉官」（註六三），多少反映三班官職與軍職，於宋初仍具一定關係。三班於軍廂之轉遷，如下表所示。

事實上，使職向軍職之轉遷，不僅在三班本官中發生，三班官往往先歷遷諸司使副，進而轉升軍職。例如王繼濤，「少給事漢祖左右，乾祐初，補供奉官，歷諸司副使。仕周……爲天長軍使」（註六四）。王延義先爲「供奉官，改如京副使，以善騎射，周世宗擢爲虎捷都虞侯，遷龍捷右第二軍都

五代至宋初三班本班與軍、廂之轉遷關係表

人名	出處	廂以下各班之職級						
		廂	軍		班			
楊美	宋史273 P.9325	左右廂都指揮使	馬步軍都頭			內殿直都知		
羅彥	宋史250 P.8827			散員都虞候	興順指揮使			內殿直
李漢瓊	宋史260 P.9091	控鶴左廂都校	鐵騎第二軍都校		左射指揮使	龍旗直副都知		內殿直
張廷翰	宋史259 P.9007			鐵騎右第二軍都校	護聖指揮使	東西班軍使		內殿直
劉廷讓	宋史259 P.9002	鐵騎右廂都校	龍捷都校				內殿直押班	
李繼勳	宋史254 P.8094		步軍副都軍頭					內殿直
尹繼倫	宋史275 P.9375				權領虎捷指揮			殿直
慕容延忠	宋史251 P.8835					供奉西頭官都知		內殿直
何繼筠	宋史273 P.9326					內殿直都知		供奉官
周廣	宋史271 P.9288		馬步軍都軍頭					供奉官
郭守文	宋史259 P.8998					東第二班副都知		左班殿直
王彥昇	宋史250 P.8828		鐵騎右第二軍都校	龍捷右第九軍都虞候	護聖指揮使			東班承旨

五代至宋初三班本班與軍、廂之轉遷關係表　續

人名	出處	廂以下各班之職級						
		廂	軍		班			
王晉卿	宋史271 P.9295		龍捷右第一軍都指揮使	權控鶴都虞候				東頭供奉官
孔守正	宋史275 P.9370	龍衛、神衛四廂都指揮使	日騎都指揮使		驍雄副指揮使			東班承旨
韓重贇	宋史250 P.8823		控鶴都指揮使	鐵騎都虞候	鐵騎指揮使	左班殿直副都知		
張永德	宋史255 P.8913 -P.8914			殿前都虞候		內殿直都知	供奉官押班	
呼延贊	舊五代史 P.9488		馬軍副都軍頭		鐵騎指揮使	驍雄軍使		東班承旨
趙晁	宋史254 P.8899			鐵騎都虞候	鐵騎指揮使			左班殿直
耿金斌	舊五代史 P.5450		馬步軍都軍頭	殿前左班都虞候		雲騎軍使		東班承旨
尹崇珂	宋史259 P.9001		殿前軍都指揮使	軍都虞候		東西班都知		
董遵誨	宋史273 P.9341					驍武指揮使	東西班押班	
趙匡義	長編1.1.癸卯 P.2			殿前都虞候		內殿供奉官都知		右班殿直
康延澤	宋史255 P.8928					天長軍使		供奉官
王廷義	宋史252 P.8847		龍捷右第二軍都校	龍捷都虞候				供奉官

校」（註六五）。至於慕容延釗，「周廣順初，補西頭供奉官，歷尙食副使、鐵騎都虞侯。世宗即位，爲殿前散指揮使都校」（註六六）。這種使職與軍職間之轉遷之法，追源索始，於五代後梁以還已普遍存在。例如梁太祖時期之劉捍，自「左龍虎統軍」遷「御營使」，再遷爲「侍衛親軍都指揮使」（註六七），可視爲軍政上靈活之調動方法。同時期之趙巖，於開平年間爲「右羽林統軍」，其後遷「大內皇牆使」，史書謂其「累歷近職，連典禁軍」（註六八）。「洛苑使」董璋亦曾遷「右龍虎統軍」（註六九）。後唐明宗時之李從璋，天成年間由「捧聖左廂都指揮使」遷「大內皇城使」（註七〇）。莊宗時之王全斌，累歷內職後，於晉初功遷「護聖指揮使」（註七一）。明宗時之郭從義，補內職，累遷「內園使」，於漢祖時擢爲「馬步軍都虞侯」（註七二），皆爲明顯例證，說明五代軍職與使職之關係密切。三班官在使職以外，向著軍職之轉遷途徑，實在是五代戰亂下之特別軍政安排。

貳　五代樞密使與親軍將領——特別於軍事權力之消長

從上文觀之，使職與軍職之間，在五代藩鎭政權下，代表著兩種性質頗爲相近之帝王元從集團。故此，在轉遷之關係上，彼此有互通之趨向。此種軍政混合之形態，固然能適應戰時人手之靈活調動。但是站在權力之分配，使臣與軍人之間，容易因權力之混淆而造成衝突。觀五代樞密使與親軍將領之權力消長，似能反映上述之觀點。

關於樞密使之權力研究，在四、五十年代已爲日本學者所注意。周藤吉之在研究五代節度使之藩鎮體制時，指出與五代王朝之中央制度，有頗多共通之處。帝王在藩時期之重要元從，如中門使、都押牙等多能晉升爲中央之樞密使（註七三）。飛永久發揮上述元從側近性觀點，探討五代代樞密使全盤擔當軍政之時間（註七四）。這種自唐代宗永泰年間設立之使職（註七五），到了代晚期趨於專擅。不單緊隨著唐亡，而且於五代宋世，仍普遍活躍於軍政方面。故此成爲研究唐宋官僚變革之重要課題（註七六）。

及至近年，中外學者對五代樞密使之研究興趣，仍然方興未艾。於分析樞密使職能方面，尤爲著力。佐伯富論述各時代樞密使之專權，總結了樞密使職，實爲近世君主獨裁發展中，與財政、軍隊緊密結合之政治官制，越到後漢，越有專擅之蹟（註七七）。董恩林認爲後唐樞密使權力至頂盛，晉漢周三代則吸取前代教訓，將樞密使職權加以限制（註七八）。蘇基朗研究五代樞密使與宰相職責分合轉變過程，強調晉漢周朝爲樞密制度發展之顛峰（註七九）。其他如李鴻賓，則嘗試從樞密院內部各別官僚之職能，說明五代樞密院逐漸走向制度化，最終成爲北宋之官僚產物（註八〇）。可見，對於五代樞密權力興衰之評價與取向，各家仍有互異之處，難下定論。

在當日兵強馬壯者爲天子之局面下，樞密使掌軍政究竟起多大之權力，還是相當值得考慮之問題。在混淆不清之軍事權力內容裡，樞密使軍政決策之權力表現得較明顯。然而其領兵之權力，卻隨著戰爭規模之擴大，親軍制度之建立，逐漸轉由親軍將領肩負。對於具實際作戰經驗之軍方領袖，中央對他們之倚重越來越大。除征伐之任務外，軍人更容許加入軍事議政之行列，形成五代樞密使與將領軍事權力之消長關係。

一、五代樞密使與親軍將領之權力概況

宋代樞密雖承五代之制，然而少有擅權危機。原因在於樞密使之權限，於太祖建國以還經已明確劃分。首先，宋代樞密院是與中書對持文武二柄，專責軍政之「二府」之一。《宋史》卷一六二、職官二、樞密院條謂：

> 宋初，循唐、五代之制，置樞密院，與中書對持文武二柄，號為「二府」。

其次，最重要還在於限制其軍權。把軍事活動中不可缺欠之發兵權與領兵權一分為二，由樞密院及三衙分別管理。章如愚《群書考索》、《後集》卷四十、宋官制總論云：

> 祖宗立法，又有深意所寓者。天下之兵，本於樞密，有發兵之權而無握兵之重。京師之兵，總於三帥，有握兵之重而無發兵之權。彼此相維，不得專制。

又同時引范祖禹之語謂：

> 此所以百二十年無兵變也。自唐季以及五代樞密之權偏重，動為國患。由手握禁旅，又得興發……非祖宗制兵之意。

可見宋代樞密雖掌軍事，若相比五代情況，顯然經過一番制置而呈不同面貌。指揮軍隊征戰之權力歸

殿前司及侍衛馬步軍司之三衙管轄，樞密院實際只掌軍事決定權，執虎符以發師號令而已。若照上文觀察，五代樞密之軍事權限應遠超這個界限。然而，對於所謂「手握禁旅，又得興發」之現實操作情況，宋人則甚少具體解明。握兵與發兵之權力，到底基於甚麼條件始爲五代樞密使所掌有？與五代軍事將領之間，又有否任何權力共識？諸種問題，還得加以研究。

(一)莊宗時期伐蜀之爭議——樞密使權力之超然

五代軍政混合之統治形下，並沒有清晰之發兵與領兵權之概念。軍事之決策制定與出征人選之指令，皆在以樞密使爲首之中央高層會議上同步進行。故此樞密使可通過席上議事之實力，從而獲得出征之機會。

後唐樞密使比較後梁崇政使，最不同之處在於不單作帝王元從之諮詢顧問，而是在其職責範圍內具有實質之政治力量，能夠專行於外，任重於宰相（註八一）。例如對武官任免之能力（註八二），對兵馬名籍之管轄諸事（註八三），均顯得突出。在戰爭過程中，尤強調調兵遣將之效率，樞密使素具這些制置規劃之經驗，自然有利於爭取出征。

後唐莊宗時期，親軍組織依然鬆散，樞密使權力明顯凌駕在軍人之上。對於稍具聲望之軍事將領都能加以控制。李嗣源還未即位明宗以先，曾任職蕃漢內外馬步軍都總管，在當時要算是統轄北面軍事之主帥。樞密使郭崇韜對他顧忌之餘，多方進行制約。《資治通鑑》卷二七三、後唐莊宗同光三年三月丑條載：

郭崇韜以嗣源功高位重，亦忌之，私謂人曰：「總管令公非久爲人下者，皇家子弟皆不及也。」密勸帝召之宿衛，罷其兵權，又勸帝除之。

爲了鞏固個人軍事地位，亦防避兵權落在具威脅之將領手上，莊宗同光年間伐蜀之議中，樞密使郭崇韜獨排李嗣源爲親征人選，頗有以己出任之意。《通鑑》又謂：

帝與宰相議伐蜀……眾舉李嗣源，崇韜曰：「契丹方熾，總管不可離河朔。魏王地當儲副，未立殊功，請依故事，以爲伐蜀，成其威名。」帝曰：「兒幼，豈能獨往，當求其副。」既而曰：「無以易卿」……崇韜充東北面行營都招討置等使，軍事悉以委之。

表面上，領兵伐蜀主帥爲魏王繼岌，實則由郭氏全盤謀劃軍事。樞密使集兵權於身，頗有與皇權抗衡之嫌。觀乎郭崇韜伐蜀立功而反死於蜀境，莫不與樞密使軍事權力過重帶來之危機有關（註八四）。

郭崇韜死後，大規模之軍事征伐遂由李嗣源執行。例如趙在禮在魏州反亂，群臣獨舉嗣源禦敵，莊宗鑑於沒有更理想之人選下，亦只得服衆議（註八五）。嗣源自京師征鄴不久，即有軍中叛變，諸將遂推嗣源爲首先取河北，再據大梁，繼趣京師而有大下。故李嗣源能順利登位多少，與樞密使郭崇韜之死，對軍人失去有效之控制有關。

㈡侍衛親軍兼判六軍諸衛之建立——親軍將領權力之抬頭

明宗李嗣源即位，於天成年間，組織了較具系統之帝王親軍，名爲侍衛親軍。可以說是私兵部隊中最強之一支。其親軍長官，包括了最上級之侍衛親軍馬步軍都指使，及其下之侍衛馬軍都指揮使、侍衛步軍都指揮使，遂成為樞密使權力之制控。

明宗時期，安重誨為樞密使，雖謂獨綰軍政大任，權重一時（註八六）。然而欲一如昔日郭崇韜仗兵親討，顯然亦有心無力。君主對樞密使疑忌之餘，每以侍衛長官言論為準則。《冊府元龜》卷九三三、總錄部、誣構二：

長興初，儉奏據告密人邊彥溫云……樞密使安重誨自為都統，欲討淮南……翌日，召侍衛指揮使安從進、藥彥稠等謂之曰：「有告安重誨私置兵仗，綱紀將不利於社稷，將若之何。」從進等曰：「此是姦人結構離間陛下動舊……。」帝意乃解。

在競逐軍事權力之過程，樞密使雖然可間中藉權力將顧忌之侍衛長官加以排斥，改任親信。例如樞密使朱弘昭、馮贇出侍衛馬軍使安彥威、侍衛步軍使張從賓（註八七）。但是，在更多之情況，樞密使每須借助侍衛長官之力以謀軍事應變。例如秦王從榮氣焰燻灼，欲帥牙兵入宮，樞密使等懼禍，先謀於侍衛使康義誠（註八八），後議於馬軍使朱洪實（註八九），形成兩者矛盾而複雜關係。

尤有甚者，侍衛親軍長官若兼判六軍諸衛職，遂成為帝王軍隊總帥，負責重大征伐（註九〇）。蓋判六軍為國兵舊制，名義有別於侍衛私兵。得兼此職者，地位更不同凡響，成為侍衛將領傾羨對象。明宗時任職侍衛指揮使之石敬塘，即久兼六軍諸衛副使，屈於正使從榮驕侍下而不悅（註九一）。兼六軍諸衛事之侍衛長官康議誠，亦因恐失軍權，一直不欲外出他職（註九二）。觀後唐閔帝時期，馬軍指揮使朱洪實因與康義誠論爭軍事，觸怒而見殺，當知侍衛長官判六軍諸衛事，更具軍事實力。至於末帝於河東叛變成功，康義誠領兵來降是其中之關鍵（註九三）。

後唐政局之急劇變化，軍人均以執掌兵權至上。樞密使如范延光、趙延壽之輩，有求解樞密以避禍（註九四）。若相比郭崇韜權勢炙人之年代，樞密使之軍事權力，不可不謂一種倒退。

㈢後晉時期軍事將領之干政——樞密使權力之受制

後唐時期，侍衛親軍還只是帝王親軍之其中一支部隊。但到了後晉，侍衛親軍已爲帝王親軍之全盤總稱（註九五）。侍衛軍長官不用兼判六軍諸衛，亦自爲最高之軍事統帥。處於沉寂狀態之樞密使，反過來還受到親軍將領之抑制。這種現象，從晉祖時期侍衛軍都指揮使楊光遠與樞密使桑維翰、李崧之政治紛爭中得到證實。時國內動亂仍然持續，晉之重兵皆在楊光遠之手。《通鑑》卷二八一、晉高祖天福三年五月條載：

> 楊光遠自恃擁重兵，頗干預朝政，屢有抗奏，帝常屈意從之。

同書卷、天福三年十月條又謂：

> 光遠奏請多踰分，帝常依違，維翰獨以法裁折之……光遠由是怨執政……密表論執政過失。帝知其故而不得已，加維翰兵部尚書，崧工部尚書，皆罷其樞密使。

桑維翰等以宰相兼樞密，猶受到踰分之楊光遠施壓而免職，可見樞密使權力正不斷後撤。不但實際之出征權力由軍人全面執掌，而且在軍政策劃之謀略方面，親軍長官還得以逐步介入，形成不少軍事強人之出現。除楊光遠外，侍衛指揮使景延廣，又是軍人干政之另一例子。高祖死，齊王重貴得位，得力於延廣之議。故即位後，延廣地位更形鞏固。《冊府元龜》卷四五四、將帥部、專恣：

高祖晏駕，與宰臣馮道承顧命，以齊王為嗣……延廣獨以為己功，尋如同平章事，彌有矜伐之色，帝幸其第，進獻錫，有如酬酢，權寵恩渥，為一朝之冠。

對於契丹犯境，景延廣主強硬路線，凡軍政謀劃措置無出其右，權力非他官可比擬。《通鑑》卷二八三、後晉齊王開運元年正月壬午條謂：

以侍衛馬步都指揮使景延廣為御營使……時用兵方略、號令皆出延廣，宰相以下皆無所預；延廣乘勢使氣，陵侮諸將，雖天子亦不能制。

及桑維翰第二次入為樞密使（註九六），雖一度將延廣逐出決策層外（註九七），然而面對契丹壓境之險峻形勢，中央對軍事將領之倚重，仍為必要之趨勢。馮玉能任職樞密使，很大程度借助了侍衛馬步都虞候李彥韜，合力讒阻樞密使桑維翰所致（註九八）。彥韜任職侍衛都指揮使時，對外之將領活動，事無巨細皆瞭如指掌（註九九）。《舊五代史》卷八八、本傳又謂：

每在帝側，升將相，但與宦官近臣締結，致外情不通，陷君於危亡之地。

後晉侍衛長官權勢震主，對樞密使普遍存在輕視之態度。朝中德高望重之桑維翰還得以協力排斥，對事分較疏之樞密使，則更加不放在眼內。少帝時期侍衛都指揮使李守貞對樞密使李崧加侍中一事，即表門上述態度。《舊五代史》卷一〇九、本傳謂：

守貞謂樞密使直學士殷鵬曰：「樞密何功，使加正相！」先是，桑維翰以元勳舊德為樞密使……

……（守貞）與李彥韜、馮玉輩協力排斥，維翰竟罷樞務。崧事分疏遠，守貞得以凌蔑。

故此軍人專政幾乎成爲一種政治主流。無論對外征伐或中央軍政決策，親軍將領皆佔有主導地位，後晉樞密使多以宰相兼任，既缺乏實際軍事經驗，亦逐漸喪失對軍人干政之控制能力，樞密使之軍事權力陷於又一低潮。

(四)後漢樞密使權力之重奪──與軍人權力之平衡分配

後漢初期，樞密使親軍將領之衝突雖時有發生。例如樞密使楊邠因忌侍衛馬軍使劉信，遣之歸鎮（註一〇〇）。然而，自隱帝即位後，國家之軍政財各方面，均由重要輔臣分掌，省卻了權力劃分不清而引起之紛爭。樞密使之地位，遂得到迅速提升。《通鑑》卷二八九、後漢隱帝乾祐三年十一月條載：

帝自即位以來，樞密使、右僕射、同平章事楊邠總機政，樞密使兼侍中郭威主征伐，歸德節度使、侍衛親軍都指揮使兼中書令史弘肇典宿衛，三司使、同平章事王章掌財賦。

上述之措置，無非針對前代軍人過於專政，樞密使掌軍政形同虛設之弊病。在提高樞密使作用之餘，又將樞密使軍事決策與出征權力一分爲二，以防改革帶來之本末倒置，可謂用心良苦。軍人之權力，基本上退到只管宿衛之工作，遂與樞密使形成新之權力平衡狀態。不過，論權勢而言，侍衛指揮使史弘肇仍然甚爲突出。例如郭威出鎮魏州，弘肇議威宜帶樞密，以振軍威，楊邠及宰相蘇逢吉以爲不可。會飲之際，因小事欲毆擊逢吉，雖楊邠亦不能止（註一〇一）。反映親軍將領具一貫影響力。

權力明顯地劃分，固然可避免軍政上之衝突，但是站在帝王之立場，不免有權力受瓜分之疑惑。隱帝既長，不滿處處受制於史弘肇、楊邠，復恐其聯合爲亂。遂聽信李業、聶文進等親信所譖，謀誅朝廷輔臣（註一〇二）。於是，這種互相分工，彼此牽制之均衡力量遂遭破壞。樞密使郭威長期領兵在外，聞蕭牆變起而禍將及己，遂具成熟時機領兵入京。最後藉抵禦契丹，兵變澶州。

觀郭威能藉樞密使成其帝業，莫不由於後漢樞密使與前代比較，出現嶄新之權力分配。樞密使能名正言順專主出征，重奪過往一度由親軍將領主持之重任。出征之事業，自後唐以還幾成爲樞密使或軍人掌權輸流採用之方式，可謂一套以外制內之軍事手段。

(五)殿前親軍與侍衛親軍確立之軍事陣形——樞密使權力之全面倒退

後周最早期時，樞密使軍事權力之發展，承後漢樞密制度之威勢，仍保持重要之地位。例如在太祖時出任樞密使之王峻，《新五代史》卷五十、本傳即謂其：

> 自謂佐命之功，以天下爲己任。凡所論請，事無大小，期於必得。

王峻以樞密使兼宰相，其居中央之情況，一如後漢樞密使楊邠，總攬機政。不但如此，就是地方之軍事行動，樞密使仍有參與，頗有太祖任樞時之風采。《舊五代史》卷一三〇、本傳：

> 國初……會劉崇與契丹入寇，攻圍州城月餘，是時本州無帥……及朝廷遣樞密使王峻總兵爲援，寇戎有遁。

若依這樣趨勢發展下去，不難出現又一次易主機會，故周祖其後對王峻領兵之意欲，已開始有所制限。《

《冊府元龜》卷四五一、將帥部、矜伐：

> 周王峻爲樞密使，峻以慕容彥超叛於兗州，已遣步軍都指揮曹英、客省使尚訓率兵攻之。峻意欲自將兵討賊。累言於太祖曰：「慕容劇賊，曹英不易與之敵耳。」太祖默默，未幾親征，命峻爲隨駕一行都部署。

太祖親征，以王峻隨駕，知帝王對樞密使之憂慮。最後，周祖懷疑王峻異心（註一〇三），遂將之幽禁，貶爲商州司馬。於是，又將樞密使權力重新配置。自此以後，樞密使職能幾連軍謀參議之層面亦鮮能踏足。如鄭仁誨爲樞密使，《新五代史》卷三十、本傳即謂：

> 仁誨自其微時，常爲太祖謀畫，及居大位，未嘗有所聞。

至於魏仁浦、吳延祚等亦無顯著政功績，只類一般行政人員而已（註一〇四）。相反地，重大之軍事參決卻由能征慣戰之親軍將領負責。例如侍衛親軍都指揮使王殷，其所到之處，以侍衛司局從，凡河北征鎮有戍兵處，皆由殷自行處理（註一〇五）。世宗於顯德元年，在侍衛親軍以外，另闢之殿前親軍，堪稱最精銳之親軍部隊（註一〇六）。早在太祖廣順年間，殿前軍已具軍隊骨幹（註一〇七）。其軍事長官，殿前都揮使張永德，顯然甚受世宗重視。高平一役，世宗欲斬叛命將校，獨以軍謀詢之。《通鑑》卷二九二、後周紀三即載：

> 帝欲誅樊愛能等以肅軍政，猶豫未決；己亥，晝臥行宮帳中，張永德侍側，帝以其事訪之，對曰……帝擲枕於地，大呼稱善。即收愛能，（何）徽及所部軍使以上七十餘人……悉斬之。

至於後來為侍衛馬步軍都指揮使之李重進，亦為世宗之顧命大臣（註一〇八）。故此，國家之軍政大權，幾由殿前與侍衛長官操掌。而全國南征北討之統一工作，亦專委親軍將領執行。親軍長官擁自重，成為軍事權力所在。《通鑑》卷二九三。世宗顯德三年十月條謂：

張永德與李重進不相悅，永德密表重進有二心，帝不之信。時二將各擁重兵，眾心憂恐。

觀顯德六年，世宗駕崩前，以趙匡胤出任殿前都點檢，或出於對上述二將之猜疑。然而就當日軍權至上之發展形勢而言，由那一方出任最高軍事領袖，幾可奠定大局。樞密使於此時，已無可能與軍人形成抗衡力量。趙匡胤出征禦契丹與北漢之合寇，中途兵變回京，樞密使只得俯首承命（註一〇九）。

二、兩者軍事權力之評價——由帝王元從側近性質說起

附表所見，分別為五代樞密使與親軍將領出身履歷及軍政活動資料。從中，大致可反映相互消長之契機與規律。

首先，如表一所示，樞密使組成之骨幹，以㈠類在藩時期擔任與武職較相關之元從為主（註一一〇），佔總數之五二%，至於㈡類藩鎮幕職文官出身之（註一一一），只有二四%。因此，特別抽取㈠類可考者，列成表二，加以觀察。當發覺所有成員，在出掌樞職以前，或多或少均具有軍事經驗。其中有參決軍政之，有隨帝從征之，也有親率兵員作戰之。然而，任職樞密使以後，能夠親自領兵之機會實在不多。樞密使主要之工作範圍還是在軍政之決策方面。樞密使有過親征經驗之，只有後唐郭崇

表(一)　五代樞密使在藩時期元從性質統計

帝王關係＼朝代		梁	唐	晉	漢	周	總數	備註	
藩鎮時期屬於武職的元從(a)	中門使		郭崇韜 安重誨 李紹宏				3	(1)	
	蕃漢兵馬都孔目官				郭　威		1	(2)	
	都押牙			100%	楊　邠		1	(3)	
	客　將	57.1%	朱弘昭 房　嵩		王　峻		3	(4)	52%
	監　軍		張居翰		50%	王　峻	2	(5)	
	其他將校		范延光			鄭仁誨 吳延祚	3	(6)	
	先帝元從將校		孔　循	劉處讓			2	(7)	
	性質未明元從		趙敬怡 郝　瓊				2	(8)	7%
藩鎮時期一般幕職文官(b)	節度副使	李　振					1	(9)	
	判　官		韓昭裔				1	(10)	
	掌書記	敬　翔		桑維翰		王　朴	3	(11)	24%
	進奏官	14.3%	馮　贇		33%		1	(12)	
	其他元從幕僚					魏仁浦	1	(13)	

其他中央文官系統(c)	——			李　崧		范　質	2	(14)	7%
帝王姻親(d)	后族關係		劉延皓	馮　玉			3	(15)	10%
	婿戚關係		趙延壽						
總　　數		2	14	4	3	6	29		

備註：

(1)　《舊五代史》卷五七、郭崇韜傳
　　《舊五代史》卷六六、安重誨傳
　　《舊五代史》卷卷七二、李紹宏傳
(2)　《舊五代史》卷一一〇、周太祖紀
(3)　《舊五代史》卷一〇七、楊邠傳
(4)　《舊五代史》卷六六、朱弘昭傳
　　《舊五代史》卷九六、房暠傳
　　《舊五代史》卷一三〇、王峻傳
(5)　《舊五代史》卷七二、張居翰傳
　　《舊五代史》卷一三〇、王峻傳
(6)　《舊五代史》卷九七、范延光傳
　　《舊五代史》卷一二三、鄭仁誨傳
　　《宋史》卷二五七、吳延祚傳
(7)　《新五代史》卷四三、孔循傳
　　《舊五代史》卷九四、劉處讓傳
(8)　《舊五代史》卷四六、末帝紀
(9)　《舊五代史》卷十八、李振傳
(10)　《舊五代史》卷四六、末帝紀
(11)　《舊五代史》卷十八、敬翔傳
　　《舊五代史》卷八九、桑維翰傳
(12)　《新五代史》卷二七、馮贇傳
(13)　《宋史》卷二四九、魏仁浦傳
(14)　《舊五代史》卷一〇八、李崧傳
　　《宋史》卷二四九、范質傳
(15)　《舊五代史》卷六九、劉延皓傳
　　《舊五代史》卷九八、趙延壽傳
　　《舊五代史》卷五六、馮玉傳

表(二)　藩鎮武職出身樞密使履歷例舉

朝代	人名	出身	官職轉遷	任樞前軍事活動	任樞密使時領兵記載	典據
後唐	郭崇韜	莊宗中門使	兵部尚書、充樞密使 侍中兼樞密使	「自是崇韜專典機務，艱難戰伐，靡所不從」。	「率毛璋等萬人夜趨博州」。 「率親軍六萬，進討蜀川」。	《舊五代史》卷五七
後唐	張居翰	莊宗元從監軍	昭義知留後事 知內侍省事、充樞密使	「率兵助武皇同攻潞州，武皇因留之不遣」。	——	《舊五代史》卷七二
後唐	安重誨	明宗中門使	樞密使兼領山南東道節度使 兵部尚書、充樞密使	「（明宗）及鎮邢州…隨從征討，凡十餘年，委信無間」。	「明宗謂重誨曰：『聞卿樹心腹，私市兵仗，欲自討淮南，有之否？』重誨惶恐」。	《舊五代史》卷六六
後唐	范延光	明宗元從將校	宣徽使 樞密使、權知鎮州軍府事	「聞朱守殷拒命…請騎兵五百…與賊巷戰，至厚載門，盡殲其黨」。	——	《舊五代史》卷九七
後晉	劉處讓	莊宗元從將校	客省副使、客省使 （明宗）引進使 （閔帝）忻州刺史、河北轉運使 （高祖）宣徽北院、南院使樞密使	「會張從賓作亂於河陽，處讓自黎陽分兵討襲，從賓平，復與楊光遠同攻鄴城」。	——	《舊五代史》卷九四
後漢	郭威	漢祖蕃漢兵馬都孔目官	樞密副使 樞密使兼侍中	「晉祖起于河東，時河陽節度使張彥琪爲侍衛步軍都指揮使，奉命北伐，帝從之」。	「制授帝同平章事，即遣西征…西面諸軍，並取帝節度」。 「契丹入寇，河北諸州告急，太后命帝北征」。	《舊五代史》卷一一〇
後漢－後周	王峻	漢祖元從典客	客省使、襄漢監軍、內客省使 宣徽北院、南院使 北面兵馬監軍 樞密使兼右僕射、門下侍郎平章事	「（漢祖）遣郭從義、王峻討趙思綰」。	「劉崇與契丹圍晉州，峻請行應援，太祖用爲行營都部署」。 「時慕容彥超叛於兗州…峻意欲自將兵討賊，累言於太祖…太祖默默」。	《舊五代史》卷一一〇、卷一三〇
後周	鄭仁誨	唐將陳紹光帳下、漢祖鎮河東帳下、周祖任樞時元從	（周）客省使兼大內都點檢 宣徽北院使、樞密副使 樞密使	「太祖破李守貞於河中，軍中機畫，仁誨多所參決」。	——	《舊五代史》卷一二三

表㈢　五代親軍將領履歷例舉（具帝王姻戚關係者）

朝代	人名	出身	始任親軍最高職位	軍政方面影響力	典據
後唐	石敬瑭	明宗元從將校（明宗之婿）	侍衛馬步軍都指揮使（明宗・天成）	其後起兵稱帝	《舊五代史》卷七五
後唐	安彥威	明宗元從將校（后妃宗兄）	侍衛馬軍都指揮使（明宗・長興）	「彥威與太妃同宗，少帝事爲舅」。「朱弘昭、馮贇忌侍衛馬軍都指揮使安彥威」。	《舊五代史》卷九一《通鑑》卷二七八
後晉	杜重威	明宗元從將校（晉祖之婿）	侍衛馬步軍都指揮使（晉祖・天福）	「重威父子潛肆兇言，怨謗大朝，扇惑小輩」。	《舊五代史》卷一〇九
後漢	李　業	漢祖元從將校（太后之弟）	侍衛步軍都指揮使（隱帝・乾祐）	「業恃太后之親，稍至驕縱….喜趨權利，無所顧避，執政大臣不敢禁詰」。	《舊五代史》卷一〇七
後漢	李洪建	漢祖元從將校（太后之弟）	侍衛馬步軍都虞侯（隱帝・乾祐）	「太后母弟也….命洪建誅王殷之族，洪建不即行之」。	《舊五代史》卷一〇七
後周	張永德	漢祖供奉官押班（周祖之婿）	殿前都點檢（世宗・顯德）	「世宗晝臥帳中，召永德語….高平之戰，主將殊不用命，樊愛能而下….案之以法」。	《宋史》卷二五五
後周	李重進	晉祖殿直（周祖之甥）	侍衛馬步軍都指揮使（世宗・顯德）	「太祖寢疾，召重進受顧命」。	《東都事略》卷二二

表(四)　五代親軍將領履歷例舉（非帝王姻戚關係者）

朝代	人名	出身	始任親軍最高職位	軍政方面影響力	典據
後唐	康義誠	武皇、莊宗、明宗元從將校	侍衛馬步軍都指揮使（明宗・馬興）	「秦王為天下兵馬元帥，氣焰燻灼⋯⋯朱弘昭、馮贇等懼禍，謀於義誠」。	《舊五代史》卷六六
後唐	張從賓	莊宗元從將校	侍衛步軍都指揮使（明宗・長興）	「從賓素便佞，每進言，明宗多納之」。	《舊五代史》卷九七
後唐	朱洪實	不知何許人	侍衛馬軍都指揮使（明宗・長興）	「朱弘昭為樞密使⋯⋯洪實以宗兄事之，意頗相協，弘昭將殺秦王，以謀告之」。	《舊五代史》卷九九
後晉	劉知遠	明宗元從將校晉祖牙門都校	侍衛馬步軍都指揮使（晉祖・天福）	其後起兵稱帝	《舊五代史》卷九九
後晉	景延廣	晉祖元從客將	侍衛馬步軍都指揮使（晉祖・天福）	「高祖晏駕，延廣與宰臣馮道等承顧命，以少帝為嗣⋯⋯凡六師進退，皆出胸臆，少帝亦不能制」。	《舊五代史》卷八八
後晉	李守貞	晉祖元從典客	侍衛馬步軍都指揮使（少帝・開運）	「與李彥韜、馮玉輩協力排斥，維翰竟罷樞務。李崧事分疏遠，守貞得以凌蔑」。	《舊五代史》卷一〇九
後晉	李彥韜	晉祖元從將校	侍衛馬軍都指揮使（少帝・開運）	「每在帝側，立降將相，但與宦官近臣締結，致外情不通」。	《舊五代史》卷八八
後漢	史弘肇	晉祖元從將校	侍衛馬步軍都指揮使（漢祖・天福）	「高祖大漸，與樞密使楊邠、周太祖、蘇逢吉等同受顧命」。	《舊五代史》卷一〇七
後漢	王　殷	後唐魏州軍校	侍衛馬步軍都指揮使（隱帝・乾祐）	「殷赴鎮，以侍衛司局從，凡河北征鎮有戍兵處，咸稟殷節制」。	《舊五代史》卷一二四
後周	趙匡胤	周祖元從將校	殿前都點檢（世宗・顯德）	其後起兵稱帝	《宋史》太祖紀一

韜、後漢郭威和漢周之間之王峻。至於後唐安重誨，雖聞有領兵伐淮南之心，然鑑於明宗猜疑亦不了了之。觀察他們與帝王之元從側近性質，可知其權力與他者不同。

後唐郭崇韜與安重誨，分別爲莊宗及明宗在藩時期之中門使，郭威爲漢祖在藩之蕃漢兵馬都孔目官，王峻則爲周祖在藩時期之監軍，皆爲㈠類主流骨幹之上層員屬。故此，在帝王即位不久，即順利轉遷爲中央之樞密使。五代王朝官僚之任用，實以藩鎮時期之元從系統爲主要基調（註一一二），所以跟帝王在藩關係越親近之元從，建國以後越得到重用（註一一三）。

相反而言，若在藩鎮期間並非爲帝王之直屬親從，或不比中門使、都押牙、都孔目宮等側近，往往要在中央經歷較長之轉遷始能入爲樞密使，如後晉之劉處讓，本爲莊宗之元從將校。經歷了莊宗時客省副使、客省使。明宗時之引進使等。到了晉祖時，自宣徽南北院使入爲樞密使。至於王峻，初爲漢祖典客，漢祖即位後，歷客省使、內各省使、宣徽南北院使諸職，最後承周祖鎮鄴時之親近關係，任職樞密。又例如後周樞密使鄭仁誨，本爲唐將陳紹光帳下親校，漢祖鎮河東而改隸其下，後爲周祖任樞時所用，先後歷客省使、宣徽北院使、樞密副使諸職。像這類記載史料甚豐，不必贅述。與前者之際遇相比，頗有迥異。因此可以說，五代樞密使之權力來源，強烈依附在帝王之親從關係。唯這種元從側近性質減弱時，樞密使在軍政活動之參與，亦由活躍而轉趨平靜。

相對而言，考五代親軍將領與帝王之間，除基本之主從關係外，也時常加上其他姻戚關係。如表三所示，石敬塘爲明宗之婿，故明宗即位不久，便擢爲侍衛馬步軍都指揮使。杜重威爲晉祖之婿，故晉祖天福年間，即出任侍衛軍指揮使。李業、李洪建得掌侍衛軍職，主要是漢太后之弟緣故。至於張永德、李重進能分掌殿前、侍衛兩軍長官，亦與他們爲周祖之婿及甥具密切關係。通過這些特別之姻戚關係，有拱衛帝王權力之意味。

與樞密使最不同之地方，親軍將領並不一定依靠帝王元從側近關係，憑藉多年之戰功轉遷，一旦執掌親軍要職，自有其軍政之影響力。如表四所示，康義誠歷事武皇、莊宗，及至明宗長興年間，始晉身侍衛馬步軍都指揮使。李守貞本爲晉祖元從典客，到出任侍衛指揮使時，爲少帝開運年間。史弘筆爲晉祖元從將校，及至漢祖建國得擢爲侍衛親軍首長。後唐魏州軍校王殷，任職侍衛指揮使時，在後漢隱帝年間。凡此莫不說明，親軍將領與帝王在藩時期，有無同代直接元從關係，皆不足以影響其在軍政方面之活動。五代戰爭頻仍持續之亂局，提供軍人這種權力恆久不變之基礎。從這個角度而言，親軍將領顯然比樞密使更佔優勢。

總觀五代樞密使與親軍將領間之軍事關係頗爲微妙，經常出現相互消長之現象。在戰爭頻繁之局面下，諸如軍事之參決、領兵之行動，到底由樞密使或親軍將領來負責之問題，並沒有明確釐定。軍事權力之曖昧不清，是造成兩者得以越界之主因。帝王既缺乏這方面之統一禦術，於是多因應現實形勢變化，採取治標不治本之方法。如後唐樞密使郭崇韜出征而感權力過大時，即加以干涉，改由軍人統帥接管。及鑑於後晉軍人獨攬軍政，故後漢復以出征權力歸樞密使。軍事權之混淆與反覆轉嫁，是造成屢次由樞密使與親軍長官改朝換代之緣起。

在考察兩者權力關係之時候，不難發覺兩者之出身，多沿於帝王藩鎮時期之元從系統；可以說是繼承唐中期以後藩鎮使院辟召制之精神應運而生（註一一四）。然而親軍將領較諸樞密使，更表現著其一貫之軍政影響力。宋太祖明確地規劃樞密院只有發兵權而無領兵權，三衙只有領兵權而不得發兵，實爲一種政治遠見。站在解決五代長期軍政問題之角度而言，應該獲得相當評價（註一一五）。

【註釋】

註　一　參閱竺沙雅章《宋の太祖と太宗》（清水書院、一九八四年）第一：〈五代亂離〉，關於「五代の系譜」一節，頁三五～三八。

註　二　詳閱王曾瑜《宋朝兵制初探》（北京、中華書局、一九八三年）第一章〈樞密院——三衙統兵體制〉及第二章〈北宋前期和中期之禁兵〉，頁一～六五。

註　三　小岩井弘光《北宋の使臣について》、《集刊東洋學》卷四八、一九八二年，頁三五～五三。

註　四　友永植《唐、五代三班使臣考》、《宋代の社會と文化》、宋代史研究報告第一集、頁五七：「都知、副都知押班と稱される三班各班の知班官及び貳官が設けられたことが知られる。但し、都知と押班との關係については不明である。」

註　五　菊池英夫《後周世宗の禁軍改革と宋初三衙の成立》、《東洋史學》卷二三、一九六〇年，頁四一～五七。

註　六　《資治通鑑》卷二六七、後梁開平四年十一月、「上遣供奉官杜廷隱、丁延徽監魏博兵三千分屯深、冀」條下，胡註謂「唐末置東頭供奉官、西頭供奉官，後皆爲西班寄祿。」頁八七二八。

註　七　高承《事物紀原》（台北、台灣商務印書館、一九七一年）卷六、橫行武列部。

註　八　《冊府元龜》卷七六六、總錄部、攀附二、後梁開平三年十月載段凝自「東頭供奉官」授右威衛大將軍，充軍巡使兼水北巡簡使。頁九一〇九。

註　九　朱全忠未登位前，曾與唐宰相崔胤密誅宦官，又裁減內諸司使至九使而已，事見《資治通鑑》卷二六三、唐昭宗天復三年正月庚午條，頁八五九四。又卷二六四、唐昭宗天祐元年四月戊申條，頁八六三一。

註一〇　《資治通鑑》卷二七七、後唐長興三年五月：「董璋之攻知祥也……乃遣供奉官李存瓌」下，胡三省註爲「此供奉官乃殿頭供奉官，非禁中供奉官也。」頁〇九七二。知後唐時已分爲「殿頭」與「禁中」兩種供奉官。

註一一　例如後唐武皇、莊宗之任內供奉官張承業，事見《舊五代史》卷七二、張承業傳，頁九四九～九五二。

註一二　例如後唐內宿殿直張繼榮，事見《冊府元龜》卷五七、帝王、明察，頁六四四。「內宿殿直」即爲「內殿直」也。

註一三　凡「供奉官」加「內」，多指宦官，蓋有入於內禁供奉之意。如張承業，即爲內供奉官，見《舊五代史》頁九四九。又後唐同光時宦官李從襲，《冊府元龜》亦謂其供奉內官，見頁三一九四。然而《資治通鑑》稱張承業爲「供奉官」；《舊五代史》亦稱李從襲爲「供奉官」，見頁四五七。故「供奉官」與「內供奉官」只在強調身份爲宦官時始區分，於職責性質分別不大。

註一四　《宋史》卷二六一、陳思讓傳，頁九〇三八。

註一五　《宋史》卷二五〇、王彥昇傳，頁八八二八。

註一六　例如《冊府元龜》卷一三一、帝王、延賞二、後周廣順二年三月：「補故控鶴指揮使郭超長男重均，充左番殿直，次男重友，充右番殿直，以父歿王事故也。」頁一八五四。

註一七　《資治通鑑》卷二七五、後唐天成元年六月、「安重誨恃恩驕橫，殿直馬延誤衝前導」條下，引胡三省註，頁八九八八。

註一八　《舊五代史》卷七九、後晉天福五年四月丙午條，頁一〇三九載「殿直」未改此名時，爲「殿前承旨」。

註一九　王溥《五代會要》（上海、古籍出版社、一九七八年一月）卷二四、宣徽使：「晉天福六年七月敕，宣徽院供奉官、殿直，人數不少，今後諸道行軍副使，不得奏請宣補骨肉。」

註二〇　《冊府元龜》卷九九七、外臣部、征討六，後漢乾祐二年十一月：「宣供奉官趙延希等二十人，殿直都知張盛等二十八人……參於軍事。」頁一一五九六。其間可知「殿直都知」人數不少，已成三班制度下某職級之長官。

註二一　早在唐末黃巢時，華溫琪已任職「供奉都知」，從征交阯。見《冊府元龜》卷九四〇、總錄部、患難，頁一一〇七八。又後周顯德元年九月，竹春璘爲「供奉官副都知」，見《冊府元龜》卷一五四、帝王部、明罰三，頁一八七二。則其正官應爲「供奉官都知」，在意義上與「供奉都知」相同。

註二二 《冊府元龜》卷一五四、帝王部、明罰三、顯德元年九月條，竹春璘爲「供奉官副都知」，頁一八七二。

註二三 同註二〇。

註二四 後周廣順初，韓重贇爲「左班殿直副都知」，見《宋史》卷二五〇、韓重贇傳，頁八八二三。

註二五 後周世宗時，曹翰即曾任「都承旨」，誅殺孫晟及其從者二百，見《舊五代史》卷一三一，頁一七三四。

註二六 《資治通鑑》卷二八九、後漢乾祐三年十一月條，頁九四四一。

註二七 《舊五代史》卷一一二，頁一四八三。

註二八 《宋史》卷二五五、張永德傳載後周廣順初，張永德任「內殿直小底四班都知」之職，頁八九一三～八九一四。

註二九 《宋史》卷二五九、郭守文傳，頁八九九八～八九九九。

註三〇 參上二例，張永德爲內殿直都知，即以其管下面之四班；郭守文爲副都知，則只管第二班。

註三一 同註二四。

註三二 同註二九，唯「東第二班副都知」中之「東第二班」，應屬「東班承旨第二班」，並非「東頭供奉第一班」之簡稱。蓋「東西班」之舊號應爲「東西班承旨」，見《宋史》卷一八七、兵志，頁四五八五。

註三三　菊池英夫《後周世宗の禁軍改革と宋初三衙の成立》，頁四六。
註三四　《宋史》卷二六一、陳思讓傳、頁九〇三八。
註三五　《宋史》卷二六一、劉重進傳、頁九〇四四。
註三六　《宋史》卷二五五、宋偓傳、頁八九〇五。同書、卷二七三、李謙溥傳、頁九三三七。
註三七　《宋史》卷二七四、田欽祚傳、頁九三五九。
註三八　同書卷、翟守素傳、頁九三六一。
註三九　《宋史》卷二七三、何繼筠傳、頁九三二六。
註四〇　同註三四，頁九〇三八：「思讓初隸莊宗帳下，即位，補右班殿直。晉天福中，改東頭供奉官，再遷作坊使。」
註四一　段凝初爲東頭供奉官，詳見於《舊五代史》卷七十三、段凝傳、頁九六二。其後則累遷莊宅使，見同書、卷十、梁貞明六年六月條，頁一四三。
註四二　《宋史》卷二五五、王繼濤傳、頁八九二八。
註四三　《宋史》卷二七四、盧懷忠傳、頁九三五二：「漢乾祐初，寓居河中……河中平，奏補供奉官……世宗議北征……三關平，遷如京副使。」
註四四　《宋史》卷二五五、康延澤傳、頁八九二六：「天福中。以蔭補供奉官。周廣順二年，永興李洪信入覲，遣派澤往巡檢，遷內染院副使。」

註四五 《宋史》卷二五一、慕容延釗傳、頁八八三四。

註四六 《宋史》卷二五七、李處耘傳附李繼隆傳、頁八八六三～八九六四：「及長，以父蔭補供奉官……江南平，錄功遷莊宅副使。」

註四七 《宋史》卷二五二、王晏傳附王廷義傳、頁八八四七。

註四八 《宋史》卷二七〇、魏丕傳、頁九二七六：「世宗征淮甸，丕獲江南諜者四人，部送行布……遷供奉官、供備庫副使。太祖即位，改作坊副使……。」

註四九 《宋史》卷二五八、潘美傳、頁八九九〇：「周世宗爲開封府尹，美以中涓事世宗。及即位，補供奉官。高平之戰，美以功遷西上閤門副使。出監陝州軍，改引進使。」

註五〇 《宋史》卷二五八、曹彬傳、頁八九七七：「隸世宗帳下，從鎮澶淵，補供奉官……顯德三年，改潼關監軍，遷西上閤門使。」

註五一 蓋曹彬之從母，乃周太祖貴妃張氏。故周祖受禪，即隸周世宗帳下，與世宗爲同輩之交。詳見《宋史》卷二五八、曹彬傳、頁八九七七。

註五二 《宋史》卷二五〇、王彥昇傳、頁八八二八：「初事宦官驃騎大將軍孟漢瓊，漢瓊以其趫勇，言於明宗補東班承旨。晉天福中，轉內殿直。開運初，契丹圍大名，少帝幸澶淵……以功遷護聖指揮使。」

註五三 《宋史》卷二五九、郭守文傳、頁八九九八：「父暉，士漢爲護聖軍使，從周祖征河中，戰死。守文年十四，居喪哀毀，周祖憐之，召隸帳下。廣順初，補左班殿直，再遷東第二班副都知。」

註五四　《宋史》卷二七一、王晉卿傳、頁九二九五：「周世宗在澶淵，晉卿以武藝求見，得隸帳下。及即位，補東頭供奉官……洎北征，爲先鋒都監，督戰有功，詔權控鶴都虞侯……顯德四年，爲龍捷右第一軍都指揮使……。」

註五五　《宋史》卷二五〇、韓重贇傳、頁八八二三：「少以武勇隸周太祖麾下。廣順初，補左班殿直副都知。從世宗戰高平，以功遷鐵騎指揮使。從征淮南，先登中流矢，轉都虞侯。俄遷控鶴軍都指揮使……。」

註五六　《宋史》卷二五五、張永德傳、頁八九一三～八九一四：「周祖爲樞密使，表永德授供奉官押班……周祖登位，封永德妻爲晉國公主，授永德左衛將軍、內殿直小底四班都知……逾年，擢爲殿前都虞侯……。」

註五七　《宋史》卷二七三、董遵誨傳、頁九三四二：「周顯德初，世宗北征，大將高懷德，遵誨之舅也。表遵從行……二年，討秦、鳳，大將韓通又表誨自隨……師還，錄其前後功，補東西班押班，又遷驍武指揮使。」

註五八　《東都事略》卷三、本紀三、太宗皇帝，頁八九：「……周顯德初，補右班殿直，遷供奉官，五年，改殿前祗候供奉官都知……（宋）太祖受周禪，以太宗爲殿前都虞侯……。」

註五九　《宋史》卷二五四、趙晁傳附趙延溥傳、頁八八九九：「周顯德，以父任補左班殿直。宋初爲鐵騎指揮使。」

註六〇　《宋史》卷二六一、張鐸附張禹珪傳、頁九〇四八：「幼事太宗藩邸。即位，補東西班承旨，改殿直，帶御器械。以材勇居禁衛，殿前散祗侯都虞侯。」

註六一　《宋史》卷二七九、耿全斌傳、頁九四九〇：「後游京師，屬太宗在藩邸，全斌侯拜於中衢，自薦材幹，得召試武藝、以善左射，隸帳下。即位，補東班承旨，稍遷驍猛副兵馬使。從征太原……遷補日騎副兵馬使、雲騎軍使……端拱初，擊蕃部於宥州，敗之。歷雲騎指揮使……。」

註六二　《宋史》卷二七九、呼延贊傳、頁九四八八：「贊少爲驍騎卒，太祖以其材勇，補東班長，入承旨，遷驍雄軍使。從王全斌討西川，身當前鋒，中數創，以功補副指揮使。太平興國初，太宗親選軍校，以贊爲鐵騎軍指揮使。」

註六三　李燾《續資治通鑑長編》（下簡稱爲《長編》）（北京、中華書局、一九七九年八月初）卷九、開寶元年十月條、頁二十：「初，上遣諜者惠璘僞稱殿前散指揮使負罪奔北漢，無爲使爲供奉官……。」

註六四　《宋史》卷二五五、王繼濤傳、頁八九二八。

註六五　《宋史》卷二五二、王景傳、頁八八四七。

註六六　《宋史》卷二五一、慕容延釗傳、頁八八三四。

註六七　《舊五代史》卷二十、劉捍傳、頁二七二：「太祖受禪，授左龍虎統軍兼元從親軍馬步都虞侯。及上黨纏兵，太祖親往巡撫，以捍爲御營使。大軍次昂車，斥候來告蕃戎逼澤州，命捍以兵千人赴之……授捍侍衛親軍都指揮使。」

註六八　《舊五代史》卷十四、趙犨傳附趙嚴傳、頁一九五：「（開平二年）十二月，授右羽林統軍，改右衛上將軍，充大內皇牆使……其後累歷近職，連典禁軍。」

註六九　《舊五代史》卷九、後梁貞明三年十月辛丑朔條：「以洛苑使、金紫光祿大夫、檢校司徒，守左威衛大將董璋爲右虎統軍。」

註七〇　《舊五代史》卷八十八、李從璋傳、頁一一五四：「後唐明宗皇帝之猶子也……明宗即位受詔領捧聖左廂都指揮使，時天成元年五月也。八月，改大內皇城使……。」

註七一　《宋史》卷二五五、王全斌傳、頁八九一九：「其父事莊宗……因以隸帳下，及莊宗入洛，累歷內職……明宗即位，補禁軍列校。晉初……以功遷護聖指揮使。」

註七二　《宋史》卷二五二、郭從義傳、頁八八五〇：「明宗與（其父）詔古同事武皇，情好款押，即位，以從義補內職，累遷內園使……漢祖在鎮，表爲馬步軍都虞侯……。」

註七三　周藤吉之《宋代經濟史研究》（東京大學出版社、一九六二年）第十章〈五代節度使の支配體制〉，以藩鎭元從中門使、都押牙類中央樞密使；孔目官、糧料使比三司使；馬步都指揮使似天子禁軍將領；客將如客省使等。

註七四　飛永久〈五代樞密使の側近性について〉（《長大史學》卷一、一九五八年）謂宋代中書掌民政，樞密使全盤掌軍政之權限，自後晉以還，其實已經逐步確立。

註七五　矢野主稅〈樞密使設置時期について〉（《人文社會科學研究報告》卷三、一九五三年）以唐代樞密使設於憲宗元和元年。又參閱同氏〈唐代樞密使制の發達〉（《報告》卷四、一九五四年）爲佐伯富所駁斥，應以代宗永泰二年創設之時間爲準。

註七六　宮崎市定〈宋代官制序說——宋代職官志を如何に讀むべきか——〉一文（收入佐伯富《宋史職官志索引》、同朋舍、一九七四年）載樞密制度，於唐代爲宦官掌權，作爲中央與天子之中間機構。五代國軍時代，離宦官之手，作爲擔當軍政之參謀機關。及至宋初，與掌民政中書對稱東西二府。又礪波護《唐代政治社會史研究》（同朋舍、一九八六年）第一部《唐宋の變革と使職》、第一章〈三司使の成立について〉指出唐代如樞密、三司、轉運使等重要使職設置之原意在於強化君主獨裁權力，但到了宋代，多少改變了原有面貌。可知唐、五代迄宋、樞密制度之變革，尤爲學者重視。又參閱梅原郁《宋代官僚制度之研究》（同朋舍、一九八五年），對五代宋使職演變具詳細解說。

註七七　佐伯富〈五代における樞密使について〉、《史窗》第四十六號、一九八五年。

註七八　董恩林〈五代樞密院考述〉、《中國歷史文獻研究》㈡、一九八八年。

註七九　蘇基朗〈五代之樞密院〉、《食貨》卷十、一九八〇年。

註八〇　李鴻賓〈五代樞密使（院）研究〉、《文獻季刊》第四十期、一九八九年。

註八一　趙翼《廿二史劄記》卷二十二、五代樞密使之權最重條：「敬翔、李振爲（崇政）使，凡承上之旨，皆宣之宰相，宰相有非見時而事當上決者，則因崇政使以聞。得旨則復宣而出之，然是時，止參謀於中，尚未專行事於外。至後唐，復樞密之名。郭崇韜、安重誨爲使，樞密之任重於宰相。」

註八二　有關這方面之史載猶多。例如郭崇韜除莊宗伶官爲刺史（《舊五代史》卷三十二、莊宗紀六）；安重誨於兩川守將更代，必除授己所親信，以防制孟知祥、董璋（《新五代史》卷二十四、安重誨傳）等諸事可見。

註八三　高承《事物紀原》卷四、樞密條：「後唐莊宗始用郭崇韜分中書兵房，置樞密院，與宰相分秉朝政。」知兵馬名籍，於此時分隸樞密使管轄。

註八四　薛居正《舊五代史》卷五十七、郭崇韜傳：「莊宗令中官向延嗣賚詔至蜀，促班師，詔使至，崇韜不郊迎，延嗣憤憤。（李）從襲謂之曰：『魏王，貴太子也，主上萬福，郭公專弄威柄，魏王懸軍孤弱，一朝班師，必恐紛亂……。』延嗣使還具奏，皇后泣告莊宗……乃自為教與繼岌，令殺崇韜。」

註八五　司馬光《資治通鑑》卷二七四、後唐明宗天成元年二月條：「李紹榮討趙在禮久無功……帝欲自征鄴都，宰相、樞密使皆言京師根本，車駕不可輕動，帝曰：『諸將無可使者。』皆曰：『李嗣源最為勛舊。』帝心忌嗣源，曰：『吾惜嗣源，欲留宿衛。』皆曰：『他人無可者。』……李紹宏亦屢言之，帝以內外所薦，甲寅，命嗣源將親軍討鄴都。」

註八六　《舊五代史》卷六十六、安重誨傳：「重誨為樞密使，四五年間，獨綰大任，臧否自若，環衛、酋長、貴戚、近習，無敢干政者。」

註八七　《通鑑》卷二七八、後唐潞王清泰元年正月條。

註八八　《舊五代史》卷六十六、康義誠傳。

註八九　同書卷、朱洪實傳。

註九〇　馬端臨《文獻通考》卷五十八、職官十二、殿前司條：「始唐制有十二衛兵，又有六軍。十二衛兵爲南衙，漢之南軍也。六軍爲北衙，漢之北軍也。末年常以大臣一人總之，如崔允判六軍十二衛是也……自有兩司，六軍諸衛漸廢。」又歐陽修《新五代史》卷二七、康義誠傳中記述：「至明宗時，始爲侍衛親軍馬步軍都指揮使。當是時，天子自有六軍諸衛之職。六軍有統軍，諸衛有將軍，而以大臣宗室一人判六軍諸衛事。此朝廷大將，國兵之舊制也。而侍衛親軍者，天子自將之私兵也。」

註九一　《舊五代史》卷七十五、晉高祖紀一。

註九二　《通鑑》卷二七九、後唐潞王清泰元年二月條。

註九三　同書卷、清泰元年四月庚午條、閔帝與石敬塘語。

註九四　同書、卷二七八、明宗長興四年九月條，載判六軍諸衛從榮不快於執政，欲領兵入宮，范延光、趙延壽懼，屢求外補以避事。

註九五　王曾瑜《宋朝兵制初探》第一章〈樞密院——三衙統兵體制〉。

註九六　晉樞密院於天福四年曾廢，至開運元年間復置，仍以桑維翰兼樞密使。

註九七　《舊五代史》卷八十九、桑維翰傳。

註九八　《通鑑》卷二八四、後晉齊王開運二年二月條。

註九九　同書、卷二八五、後晉齊王開運三年條：「時馬軍都指揮使，鎭安節度使李彥韜方用事，視（李）守貞蔑如也。守貞在外所爲，事無大小，彥韜必知之。」

註一〇〇　同書、卷二八七、後漢高祖乾祐元年正月條。

註一〇一　《舊五代史》卷一〇七、史弘肇傳。

註一〇二　《通鑑》卷二八九、後漢隱帝乾祐三年十一月條。

註一〇三　《舊五代史》卷一三〇、王峻傳：「太祖見馮道已下，泣曰：『峻凌朕頗甚，無禮太過，擬欲盡去左右臣僚，翦朕羽翼……豈有既總樞機，又兼宰相，堅求重鎭，尋亦授之，任其襟懷，尙未厭足，如此無君，誰能甘忍』」。

註一〇四　據蘇基朗一文研究，五代樞密制度踏入晉漢周時期，普遍出現一種出身寒門之專業政治人才。他們長期在政府內從事行政及軍務工作，纍積豐富之行政經驗，是文化修養極高之書生。魏仁浦、吳延祚、王朴等亦歸入此類。

註一〇五　《舊五代史》卷一二四、王殷傳。

註一〇六　王溥《五代會要》卷十二、京城諸軍條：「顯德元年，上謂寺臣曰：『侍衛兵士，老少相半，強懦不分，蓋徇人情，不能選練。今春朕在高平，與劉崇及蕃軍相遇，臨敵有指使不前者，苟非朕親當堅陣，幾至喪敗……。』慨然有懲革之志。又以驍勇之士，多爲外諸侯所占，如是召募天下豪傑，不以草澤爲阻，在于闕下，躬親試閱，選武藝超絕及有身首者，署爲殿前諸班。」

註一〇七　菊池英夫〈後周世宗の禁軍改革と宋初三衙の成立〉。

註一〇八　王稱《東都事略》卷二十二、李重進傳。

註一〇九　脫脫《宋史》卷二四九、范質傳：「（顯德六年）以樞密使魏仁浦爲相，命質與王溥並參加樞密院事……及太祖北征，爲六師推戴，自陳橋還府署……質等未及對，軍校羅彥瓌舉刃擬質曰『我輩無主，今須得天子。』太祖叱彥瓌不退，質不知所措，乃與溥等降階受命。」

註一一〇　嚴耕望〈唐代方鎭使府僚佐考〉（收入《唐史研究叢稿》、新亞研究所、一九六九年）一文，詳盡列明藩鎭幕府武職，有都知兵馬使、都虞侯、都押衙、都教練使、都指揮使等職之設。及至五代之世，在這些武職以外，又產生不少新外目，如中門使、都孔目官、客將等，成了新舊相雜之武職僚屬。詳閱周藤吉之〈五代節度使の支配體制〉及〈五代節度使の牙軍に關する一考察〉、《東洋文化研究所紀要》第二卷。

註一一一　藩鎭幕職文官內容，唐代以還有副使、行軍司馬、判官、掌書記、參謀、推官等職。至於進奏官本多爲觀察使府以下始設。簡表所見之幕職文官名目，顯然已經沒有這樣嚴格區分，亦爲五代藩幕制度之特色。

註一一二　參閱周藤吉之〈五代節度史の支配體制〉。

註一一三　五代使臣活動，皆重視與帝王直接主從關係。這種關係一旦減弱，其職掌之重要性亦轉弱。除樞密使外，宣徽使亦具同樣趨向。詳閱友永植〈唐宋時代の宣徽院使について——主に五代の宣徽院使の活動に注目して——〉、《北大史學》卷十八、一九七八年。

註一一四　礪波護《唐代政治社會史研究》、附章〈唐末五代の變革と官僚制〉、第三節：〈辟召制の復活〉，指出唐代方鎮自辟僚屬之風尤盛。魏晉南北朝以還州院之辟召名目，如長史、司馬、別駕等，及於唐五代，只爲貶官時所用，實際職掌在於使院。最後，於宋太祖、太宗期間，辟召制漸次廢止。

註一一五　宋代樞密與三衙分掌發兵與領兵權，宋人評價頗有互異之處。如葉夢得《石林燕語》則持肯定意見，其謂：「兩司不獨爲親軍而已，天下之兵柄皆在焉。其權雖重，而軍政號令則在樞密院，與漢周之間，史弘肇之徒爲之者異矣。此祖宗之微意，非前世所可及也。」章如愚《群書考索》，其中引《文公語錄》，則似有不同見解。其謂：「宋朝祖宗積纍之深，無意外倉卒之變，惟無意外之變，所以都不爲意外之防。且如而今……樞密要發兵，須用去御前畫旨，下殿前司然後可發人若有緊急事變，如何待得許多節次……今幸然無意外之變，若或有之，樞密且倉卒下手未得。」至如《古今源流至論》，則頗對此法持中立態度，其謂：「嗚呼！分其事固非也，併其職尤非也，必於分之中而有合之理存，於判然不相爲謀之際而實有相異通者寓，然後可與論設官之深旨歟。」其間評價之出入，與時代推移下，政局之相異有密切關係。

第四章　唐宋變革期內諸司使之等級問題

內諸司使之名目，自唐迄五代宋初正不斷擴展，其間形成之昇遷階梯，在上章已經述及。昇遷制度越嚴密，則使臣與使臣之等級上下越分明。內諸司使等級之分別，在唐代已見其雛型，延至五代宋初，形成各種不同之職級。考宋代武階之形成，莫不在這種發展之基礎上演變而來。

壹、唐代宦官與內諸司使

唐代之宦官，既主管內諸司機構，逐步取代了外廷諸部諸寺監之職能，無疑已具有官僚之性質。然而，由於發展自非律令體制，其身份與地位又不像外廷官員般有固定之官品以衡量。「使」充其量只代表職而沒有官。但在另一方面考慮，若在「使」之任命上，沒有相關之地位，則如何能履行其職務亦似有問題。這裏要討論之問題是，「使」究竟以何等之官爲本官以執行其職；又「使」與所補之本官，是否有一定之常規可尋。此乃研究唐代官僚制之變革問題上不能不觸及之環節。根據松島才次郎〈唐代に於ける「使」の本官について〉（《信州大學教育學部紀要》No.19）所論，使職與本官之間具有頗爲對應之關係。從所領之官，也可反映使職受重視之程度。在未探討此問題前，對唐代官僚官品制度先作介紹。

所謂「官」者，一般常理解爲官職；蓋有官者，必有一定之職掌。但是嚴格而言，唐代之「官」更包含了「職」以外之品位。亦即由品位，再加上職掌，才構成官之含意。有些場合，官只表示品。例如散官、勳官實只有品而無職之官。至於封爵，亦爲有品無官之賞賜。故此，官主要用以顯示品，而職與官未必一定要相同。在普遍之情況下，九品以上職事，皆帶散官，以表示本品。若所領之職事官與散官有品位差別，則以「行」、「守」、「兼」等字眼以顯示。《舊唐書》卷四十二、職官志謂：

武德令，職事解散官，欠一階不至爲兼，職事卑者不解散官。貞觀令，以職事高者爲守，職事卑者不解散官。貞觀令，以職事高者爲守，職事卑者爲行，仍各帶散位。其欠一階依舊兼，與當階者皆解散官。永徽已來，欠一階者，或爲兼或帶散官或爲守，參而用之，其兩職事者亦爲兼，頗相錯亂。咸亨二年始一切爲守。

初唐至高宗時間，官職制度雖屢有更變，互相夾雜而時有不同。然求其共通處爲，若領職事比本品爲高，則以「守」標誌之。若所領職事比本品爲卑，則以「行」某職冠之。至於「兼」者，常指本品欠職事一階才至之情況，或同時兼兩職事時之用語。故此，「使」之成立基礎，雖自臨時任務而轉變爲實職，但實有與實職相關、對應之本官。例如至德元載冬十月，北海太守賀蘭進明爲南海太守兼御史大夫，充嶺南節度使（《通鑑》卷二一九）。其中，出任嶺南節度使之賀蘭進明，其本官即爲南海太守兼御史大夫。又例如天寶元年，安祿山爲平盧節度使時，其本官爲營州都督・攝御史中丞（《舊唐書》卷二〇〇上、本傳）。可知唐中期以後，出任節度使之職者，常帶地方長官之名，或爲太守或爲都督，皆可謂節度使之本官。再在本官上帶御史大夫或御史中丞等職銜，以顯示履行職責時之權威。唐代之都督，一般官品在正三品，而太守則爲從三品。至於御史當中，御史大夫爲正三品，御史中丞則爲正四品下。故此，賀蘭進明以正三品之南海太守，則爲兼同等級數之御史大夫。至於安祿山以正三品之營州都督，行正四品之御史中丞之職權，故亦理所當然稱爲「攝」。唐代之節度使以下，如經略・支度・屯田・鹽池・水運・採訪・轉運等使，由於以中央名義監掌地方之軍政財諸面，故此既帶有地方長官之色彩，亦不失中央御史監察各部門之職能，因而多以此二官爲本官，成就其使職任務。由此觀之，自節度・採訪・經略・轉運諸較重要使職，其本官實應在三品之範圍以內，足見使職之地位不卑（註一）。

至於內諸司使之本官情況又如何？內諸司使與內諸司使之間有沒有出現明顯之等級制度？此實爲內諸司使能否公式化地發展成系統的官僚制度之重要問題。就觀察所見，唐代內諸司使之附帶官職，也有其散官（或爲文散官，或爲武散官）、勳、爵與所領之本官職。例如《金石萃編》卷一一七、劉遵墓誌，即載劉氏之官職爲「內莊宅使銀青光祿大夫行內侍省內侍員外置同正員上柱國彭城縣開國子食邑五百戶賜紫金魚袋贈左監門衛大將軍」，考其所帶各官職品階如下：

使職　內莊宅使
文散官　銀青光祿大夫　從三品
職事官　內侍省內侍員外　從四品上
置同正員
勳　上柱國　正二品
爵　彭城縣開國子　正五品上
食邑五百户
特賜　紫金魚袋　三品以上
加官　左監門衛大將軍　正三品

驟眼看來，內諸司使所帶官職官品頗爲混雜，其文散官爲銀青光祿大夫，官從三品。故此以「行」之方式執行比其官階更低之從四品上的內侍省內侍員外置同正員之職。其勳雖爲正二品之上柱國，然其爵及食邑爲正五品上之官員所有。越到唐後期，宦官因使得寵，其勳、爵、特賜等均漸趨濫授，而且也難於反映其本官職所領之品階。故此，上文劉遵禮爲內莊宅使，眞正能顯示其官位者，爲其中之文散官，職事官則成爲與散官掛勾之虛職。

又例如《李文饒公集》別集六，載宦官馬存良之子爲元某爲「瓊林使朝議大夫行內侍省奚官局令上柱國扶風郡邑開國公食邑二千戶襲重封一百五十戶賜紫金魚袋」，分析其職品位如下：

使職　瓊林使

文散官　朝議大夫　正五品下

職事官　內侍省奚官局令　正八品下

勳　上柱國　正二品

爵　扶風郡邑開國公　正二品

食邑二千户

襲重封一百五十户

特賜　紫金魚袋　三品以上

其情況與前例差不多，即馬元某爲瓊林使時，其文散官爲正五品下之朝議大夫，故此才「行」比其官階較低之職事銜，即正八品下之內侍省奚官局令。至於勳、爵皆屬正二品；或由於其父曾先後歷任神策、飛龍等要職，故特別加寵其子弟。故確實顯示瓊林使之官位者，實爲正五品之朝議大夫。如此觀之，瓊林使之使職等級，似較莊宅使爲低。

再如《金石萃編》卷一一八、吳承泌墓誌，載吳氏爲「內樞密使特進左領軍衛上將軍知內侍省事上柱國濮陽郡□□侯食邑一千戶食實封百戶」，其官品分析如下：

使職　內樞密使

文散官　特進　正二品

職事官　左領軍衛上將軍　正三品
知內侍省事　正三品
勳　上柱國　正二品
爵　濮陽郡□□侯　從三品
食邑一千户
實封一百户

內樞密使地位，顯然較前二者爲高。其文散官已達正二品之特進。由於宦官之職事官，以內侍省爲主，而內侍省之最高長官爲正三品。故吳承泌爲知內侍省事，已爲職事之極，而左領軍衛上將軍亦爲正三品之職事官。至於所賜之勳、爵之正二品或從三品，只可說是對內官優待之一種慣性政策。

以上諸例，說明了內諸司使等級界定之通則。其彼此之間的地位高低，並非決定於勳官或封爵所表示之官品，而是無形地以散官代表使職之官品，再將此官品與所屬之職事官作名義上之掛勾。宦官任內諸司使，多帶內侍省之職事虛官，其情況實類於節度．採訪．營田．轉運等軍政財諸使帶中央御史虛銜。因此，職事官只爲使職之外殼，以方便諸使在行使職權時釐定個人與朝廷之關係。關於這種現象，孫國棟先生於〈宋代官制紊亂在唐制的根源〉（《唐宋史論叢》、龍門書店）一文中即有詳述。概言之，宋代官制紊亂，職事多不負實際職務，只用以敘品階。實際之職務，多由他官主判，以至職事官變成敘品之階官，名實混淆。上述之觀點實解釋了唐代使職興盛下，舊有官僚制度之精神逐步瓦解之現象。然而問題是，職事官作爲虛銜，不一定就能反映使職應有之地位。自中唐以迄唐末，由於授散官予諸使之習慣，已普遍改爲授職事官（註二）。故此，職事官比散官更爲濫授。在此種情況下，以職事官授予諸使，不能避免地有頗多之重複；若諸使皆領同職事官，則其使職位置無從反映。散官階之好處爲代表職官之本品，有其職則必有其品。到了唐中期後，就算是以職爲實，以散爲號之制度轉變，使職取代職事官實權，但使職依然需要標誌其官位之品階。故相信越到唐後期，職事官越不能反映諸使權位之同時，散官不失爲衡量使職地位之較溫和方法。如下表所舉數例，使職所帶之散官品階，多少能反映其使職地位之高下。可見唐代內諸司使等級，已具備一定之雛型。

貳　五代內諸司使之名目發展

到了五代，內諸司使之名目與定義均不斷擴大。王溥《五代會要》卷二十四、諸使雜錄之條載：

梁朝諸司使名：崇政院使、租庸使、宣徽院使、客省使、天驥使、飛龍使、莊宅使、大和庫使、豐德庫使、儀鑾使、乾文院使、文思院使、五坊使、如京使、尚食使、司膳使、洛苑使、教坊使、東上閤門使、西上閤門使、內園栽接使、弓箭庫使、大內皇城使、武備庫使、引進使、左藏庫使、西京大內皇城使、閑廄使、宮苑使、翰林使。

唐代宦官使職與散官階關係舉例

人名	使職	散官階	品位	出典
韓全誨	左神策中尉	驃騎大將軍	從一品	《新唐書》卷二〇八、宦者下、頁五八九二
張彥弘	左神策中尉	驃騎大將軍	從一品	《新唐書》卷二〇八、宦者下、頁五八九二
吳承泌	樞密使	特進	正二品	《金石萃編》卷二一八、頁二一五三
吐突士曄	弓箭、軍器等使	特進	正二品	杜牧《樊川集》卷二十、頁一六八
仇士良	宣徽使	銀青光祿大夫	從三品	《文苑英華》卷九三二、頁四〇九三
劉遵禮	內莊宅使	銀青光祿大夫	從三品	《金石萃編》卷二一七、頁二一三三
郭　銛	宮苑、閑廏使	銀青光祿大夫	從三品	《文苑英華》卷九三五、頁四九二一
竇元禮	黎園、教坊使	銀青光祿大夫	從三品	《金石萃編》卷八七、頁一四七五
敬延祚	綾錦坊使	銀青光祿大夫	從三品	《八瓊室金石補正》卷七七、頁五三六
劉元尚	中尚、五作坊使	雲麾將軍	從三品	《八瓊室金石補正》卷九十、頁一五一四
孟再榮	大盈庫、染坊等使	雲麾將軍	從三品	《合石萃編》卷二〇五、頁一七七〇
劉處厚	客省副使	通議大夫	正四品下	《全唐文》卷八三八、頁八八二一下
李全績	閤門使	中大夫	從四品下	《文苑英華》卷四一八、頁二一一五
馬元某	瓊林使	朝議大夫	正五品下	《李文饒公集》、別集、卷六、頁一四六
王意通	內酒坊使	朝散大夫	從五品下	《八瓊室金石補正》卷七五、頁五一六

其中承襲唐代內諸司使名者有宣徽院使、客省使、飛龍使、莊宅使、豐德庫使、文思院使、五坊使、尚食使、教坊使、東上閤門使、西上閤門使、內園栽接使、弓箭庫使、宮苑使、翰林使等十五使。部份看似是後梁新制者，其實亦承唐制變相而來。例如崇政使乃改自樞密使（註三），天驥使亦改自小馬坊使（註四），乾文院使之前身爲文思院使（註五），又司膳使則改自御食使（註六）。除此以外，所謂租庸使、如京使、皇城使、左藏庫使、閑廄使等，於唐代亦非屬內諸司使性質。可見梁之諸司使承雖唐制，但是在定義方面已趨於寬鬆。其原因或在於，朱全忠翦滅唐代宦官諸使後，改以心腹武將充使，自此「內」諸司使基本上已失去了宦官內廷之意味。上文之記載，其實已包含著中央內外之使職，爲一種不嚴密之記載。眞正屬於後梁特有之內諸司使，只有大和庫使、武備庫使、引進使三類。

徵諸使書，後梁諸司活動相當活躍，例如宣徽院使、大內皇城使、客省使（《舊五代史》頁七〇）、崇政院、洛苑等使職（同書頁一三六）、飛龍使（頁一三〇），天驥院使（頁一三九）、內園·莊宅諸使（頁二六四）、教坊使（《通鑑》頁八九二〇）等等均有述及。反映後梁朱全忠雖不滿宦官爲內諸司使，然而在剷除宦官之餘，又不能不保留長期運作、決策之使職制度，成爲後梁政治架構中不可缺少之一環。

及至後唐時期，內諸司使制有長足之發展。由於在國策上與後梁對壘，故此主張恢復以宦官爲主的內諸司使（註七）。《通鑑》卷二七三、莊宗同光二年正月之敕、胡三省註謂：

唐昭宗天復三年誅宦官，以士人爲內諸司使，……後唐雖不用梁制，而復唐之舊，內諸司使其官亦多。

亦即是說，以徽用宦官爲使之角度觀之，後唐乃襲唐制，於內諸司使之名目觀之，則類後梁者亦多。舉其中例，如宣徽使（《通鑑》頁八八八三）、宮苑使（同書頁八九三四）、客省使、文思使（頁八九九五）、皇城使（頁九〇二八）、教坊使（《舊五代史》頁四四四）、內園使（同書頁四四五）、莊宅使（頁六三三）、尚食使（頁六六二）等使，皆與後梁諸司使相同。此外，觀乎樞密使（《通鑑》頁八八八三）、內庫使（《舊五代史》頁八九七三）、內八作使（同書頁九〇〇〇）、武德使（《通鑑》頁八九四九）、作坊使（《宋史》頁九〇三七）等職名之設立，皆爲梁制所無，大有直接承襲唐代遺制意義。不但如此，在後唐大量發展使職差遣之性況下，新的內諸司使名目不斷擁現，諸如馬坊使（《通鑑》頁八九六七）、衣甲庫使（同書頁八九五三）、內客省使（頁九〇三四）、四方館使（頁一二〇三）、若再加上新舊參雜之名目（如飛龍小馬坊使、左右飛龍院使），則爲數更多。故此，五代後唐之內諸司使，實爲諸使發展較興盛之時期。

延至晉漢周，內諸司使名目基本承梁唐之制，未有太大變動，只是加上個別之新職名而已。例如後晉之氈毯使（《宋史》頁八八八二）、翰林茶酒使（《舊五代史》頁一〇五八）、後漢之鞍轡庫使（同書頁一四一四）、後周之內染院使（《宋史》頁八九二六）、供備庫使（同書頁九二七六）、內衣庫使（《舊五代史》頁一四九八）、榷易使（同書頁一七〇〇）等等，皆爲新置之內諸司使。宋代將上述唐五代之使職加以兼收並蓄，形成「東班」、「西班」與「橫班」三個不同之武官階班別。其間名目，如附表所示。若將宋代武階內容，與唐五代之職名比較，「橫班」內之內客省使、客省使、引進使、四方館使、東西上閤門使之所有內容皆於唐五代已大備。至於「東班」方面，東西綾錦使、東西八作使似由五代之綾錦使、八作使分出，除了牛羊使、香藥使、法酒庫使等名目外，其餘亦皆承唐五代歷朝。「西班」之內容，左右騏驥使乃改自五代之左右飛龍使，東西作坊使、東西染院使亦應由五代之作坊使、染院使分裂而成。至於內藏庫使類五代之內庫使、西京左藏庫與西京作坊使等則按地域將使職再分，就職責之內容而言，本來並無新意。由此觀之，「西班」之二十使階，較諸「東班」之二十使階，跟唐五代中央王朝之使職關係較密切，在宋代官階編整之過程中，具有頗大之共通性。至於「東班」之名目性質，據梅原郁《宋代官僚制度研究》中，即指出仍帶有強烈之帝王私僕、親從之意味，故此將之列為中央職名顯得格格不入。到了宋中期以後，在序武官轉遷之法中，索性將「東班」皇城使以下諸使名目略而不載，把皇城使移植於「西班」之首宮苑使之上，成為宮苑使向上轉遷之對象（註八）。至於「東班翰林以下十九使、副，雖有見在官及遷轉法，並授伎術官」（註九）。東西班原來兩班對等之面貌便逐漸消失。

叄　五代內諸司使間之職級初探

宋初武階之主要內容，既在五代時期內大致完成。這裏欲討論之問題是，五代內諸司使間之職級，是

宋初各級使臣一覽表

橫　　班	東　　班	西　　班	使　　臣
內客省使	皇城使・副	宮苑使・副	內殿承制
客省使	翰林使・副	左騏驥使・副	內殿崇班
引進使	尚食使・副	右騏驥使・副	東頭供奉官
四方館使	御廚使・副	內藏庫使・副	西頭供奉官
東上閤門使	軍器庫庫使・副	左藏庫使・副	左侍禁
西上閤門使	儀鸞使・副	東作坊使・副	右侍禁
	弓箭庫使・副	西作坊使・副	左班殿直
	衣庫使・副	莊宅使・副	右班殿直
	東綾錦使・副	六宅使・副	三班奉職
	西綾錦使・副	文思使・副	三班借職
	東八作使・副	內園使・副	
	西八作使・副	洛苑使・副	
	牛羊使・副	如京使・副	
	香藥使・副	崇儀使・副（閑廄使）	
	榷易使・副	西京左藏庫使・副	
	氈毯使・副	西京作坊使・副	
	鞍轡庫使・副	東染院使・副	
	酒坊使・副	西染院使・副	
	法酒庫使・副	禮賓使・副	
	翰林醫官使・副	供備庫使・副	

備註：本表按《宋會要輯稿》之記載作成，以使臣之不同職名爲等級差別，分爲五十六等。

否與宋寄祿官階之排列一致。又那些內諸司使，經過五代階段而明顯地出現地位上之轉變，或提升，或降低，或被抽出武階之編整以外，均爲討論內諸司使官階化重要環節。五代內諸司使之排列越似宋代武階，則其官階化之過程越趨嚴謹，這一點爲本節所特別注重的。

唐代內諸司使雖下啓五代，然而使職與使職間尚未建立十分完整升進方式。個別使職雖可從散官階中大約知道其使職位置；但是上級使職有時會向下級使職方面轉遷（註一〇），說明內諸司使名目之間，仍存在大量平行之使職關係。故此，就官職之昇遷規律而言，唐代內諸司使處於初步階段。要到五代，上下使職才有一系列階級劃分，是構成宋代「東班」、「西班」、「橫班」武階寄祿之必經階段。

五代內諸司使之職級內，上層之主要名目，在梁唐晉三代間已有相當明晰之等級級分野。最上者爲樞密使，其次爲宣徽使，再其下者爲內客省使，其次爲客省使、引進使、四方館以及東西上閤門使。後唐時期，宣徽使李紹宏因不能踐樞密使職而大感失望（註一一），可見踏入五代，樞密使與宣徽使之差別已越來越明顯。按藩閥皇帝授官予心腹之次序，亦是以藩鎮職務之親疏來釐定使職分配，故使職等級之高下一如藩鎮職守之尊卑。《舊五代史》卷三十五、明宗紀一、同光四年四月壬辰條即載：

> 以中門使安重誨爲樞密使，以鎮州別駕張延朗爲樞密副使，以客將范延光爲宣徽使，進奏官馮贇爲內客省使。

又同書卷六、晉天福六年八月戊子朔之條載：

以內客省使劉遂清爲宣徽北院使……以客省使、將作監丁知浚爲內客省使，引進使、鴻臚卿王景崇爲客省使，中殿監、判四方館事劉政恩爲引進使。

即指明宣徽南北院使以下，順序爲內客省使、客省使、引進使。至於引進使以下應繼以四方館、東・西上閤門使等禮儀使職。觀宋代橫班，自閤門至內客省使升遷，繼而再帶宣徽、樞密或地方長官銜頭，在五代實有其理論根據。這種升遷形式，可從漢周間之轉官事例中得到證明。《舊五代史》卷一〇七、閻晉卿傳謂：

乾祐中，歷閤門使，判四方館。未幾，關西亂……賊平，爲內客省使。

又《宋史》卷二五八、潘美傳、曹彬傳載：

高平之戰，（潘）美以功遷西上閤門副使。出監陝州軍，改引進使。……

顯德三年，（曹彬）改潼關監軍，遷西上閤門使……遷客省使。……

自閤門使累遷至客省使、內客省使以進入宣徽、樞密之途徑，在五代雖然頗常見，但是絕非唯一之門徑。第二種門路是經歷宮苑、皇城、武德使而入於宣徽，代表了從宮廷之保安系統之使職進至高位，與上述閤門、引進等宮廷禮儀系統互相對照。例如《宋史》卷二六一、焦繼勳傳謂：

天福初，授皇城兼宮苑使，遷武德使……入爲右千牛衛大將軍，拜宣徽北院使，遷南院使。

又《舊五代史》卷九〇、李承福傳載：

（晉）高祖登極，歷皇城，武德、宣徽使、左千牛將軍……。

觀宋代武階中，宮苑使爲「西班」之首，皇城使爲「東班」之首，宮苑使自皇城使升轉後亦可領刺史、團練使、防禦使、觀察等使或進入中央宣徽、樞密。五代時，宮苑、皇城之上的武德使，在宋代官階之列中被刪除，究其原因或在於五代武德使之性格與皇城使相近，故或歸入皇城使名目下（註一二）。然後將皇城使、宮苑使分別置於東西班之頂端。由此觀之，五代內諸司使之升遷，正以上窄下闊之形式進行。上層宣徽使以下形成了一樽頸地帶。其間幾種使職均可能通往宣徽，造成了使職與使職間激烈之升遷競爭，諸如內客省使與武德使所代表之兩個性質不同之升進系統，便爲一例。這些使職若不能順利升遷至權力之中核，則位於其下之其他使職亦同樣歷久不遷。到了後漢時期，上述之問題漸趨於白熱化階段。《通鑑》卷二八九、後漢乾祐三年十一月條載：

武德使李業，太后之弟也，高祖使掌內帑，帝即位，尤蒙寵任。會宣徽使闕，業意欲之，帝及太后亦諷執政；（楊）邠、（史）弘肇以爲內使遷補有次，不可以外戚超居，乃止。內客省使閻晉卿次當爲宣徽使，久而不補；樞密承旨聶文進、飛龍使後匡贊、翰林茶酒使郭允明皆有寵於帝，久不遷官，共怨執政。

可見內諸司使升遷之停滯，是造成後漢醞釀政變之一大主因。事件之起因實爲宣徽使之空缺，究竟應該由武德使李業當之，還是應由內客省使補上問題。撇除人事之關係觀之，武德使升轉至宣徽使之例前代有之，對李業之要求不能過於苛責。然而，既謂後漢時期內客省使「次當爲宣徽使」一點看來，使職與使職之升遷到了這時似越趨嚴謹。既然第一線之內客省使、武德使久不升轉，則處於第二線之樞密承旨、飛龍使、翰林茶酒使等更升遷無望。

故此可以說，在閤門使、皇城使、宮苑使等名目以下，實存著很多較低之使職。其中尤值得注意者，爲五代之飛龍使、軍器使、弓箭庫使等，已經難與唐代時期之地位相比。前文唐代內諸司使之諸簡表所示，飛龍、軍器、弓箭庫使皆爲可能向宣徽、樞密、神策軍等使升進之使職，在唐代宮廷之保衛上發揮了顯著之功能。隨著五代之推移，不少宮廷之軍事設置皆出現重大之轉變，尤其以親軍實力爲首之戰鬥下，這些宮廷使職之地位似較以往遜色，屬於中上層之職級而已。例如上文所見，飛龍使之位置，理應與樞密承旨差不多，不可能與內客省使或武德使相比。又例如《宋史》卷二五五、楊廷璋傳載：

（周祖）即位，追冊廷璋姊爲淑妃，擢廷璋爲右飛龍使……歷皇城使、昭義兵馬都監、澶州巡檢使。

至於軍器庫使方面，同書卷二六二、昝居潤傳謂：

（周世宗）即位，擢爲軍器庫使。從征高平，以功遷客省使……遷內客省使……宣徽北院使。

又同書卷二五七、吳廷祚傳載：

廣順初，……遷內軍器庫使、知懷州，入爲皇城使。

凡此，均表明飛龍使、軍器庫使等皆爲皇城、客省使以下之職級。若以宋代東、西、橫班三者平行之形式觀之，客省、皇城、宮苑爲地位相若之使職，軍器庫使列於東班皇城使以下第五階、至於弓箭庫使爲第七階，左右騏驥使由左右飛龍使演變而來，列於西班宮苑使之第二、三階。頗符合五代諸使地位之發展趨勢。

至於五代內諸司使之中下層，由於史料所限，我們只能掌握較粗略之印象。例如作坊使，乃常見之中間轉遷對象。越到五代之末，其上下之轉遷方式越趨於一致。可以反映以戰功來轉階之雛型實始自後周，其轉官之方法雖未明，然必依一定法則進行。《宋史》卷二五七、李崇矩傳載：

> 顯德初，補供奉官。從征高平，以功轉供備庫副使，改作坊使。恭帝嗣位，命崇矩告哀於南唐。還判四方館事。

又同書卷二七〇、魏丕傳載：

> 世宗征淮甸，……遷供奉官、供備庫副使。太祖即位改作坊副使。

觀兩者升遷之方式頗相似，供奉官爲低級使臣，再上遷爲供備庫、作坊等使職。宋代西班武階中，供備庫使往上遷四階爲西京作坊使，再上溯九階又有東作坊使、西作坊使，皆似爲五代作坊使再分出者，與五代之高下升遷吻合。觀後漢以來，「朝廷內使，遷拜有序」（註一三），故此到了後周之世，內諸司使高下之判別必更嚴格。若偶然有由低級使職轉升至頗高級者，即以「超授」等字以表明。例如《舊五代史》卷一二九、李彥頵傳即載：

> （後周）太祖鎮鄴，置之左右，及即位，歷綾錦副使、権易使。世宗嗣位，以彥頵有舊，超授內客省使。

可知綾錦、榷易諸使之地位，離內客省使頗遠。事實上，若考宋階，綾錦、榷易二者皆位於東班。皇城使以下第九階起爲東綾錦使、西綾錦使，至於第十五階則有榷易使，兩者之中下位置，與橫班之首的內客省使之相距可知。由此亦可見，五代後周內諸司使之職級應與宋代已相距不遠。

其他如翰林茶酒使、鞍轡庫使，已知者乃位於飛龍使以下，二者之職級頗相近（註一四）。御廚亦應在武德使之下（註一五）。至於莊宅使之職級，明顯排在皇城使後（註一六）。文思使亦遜於內客省使（註一七）。如京使又在鞍轡庫使職之上（註一八）。內園與莊宅應爲相近之職級（註一九）。可見五代內諸司使之間實有顯著的等級高下之分。宋代之武階，只是在這種發展之基礎上加律令化。由於東西兩班名目講求均勻，在各佔二十使職之情況下，有的將五代之使職加以擴充（例如作坊使、綾錦使、染坊使一分爲二），有的則將五代之使職刪除（如武德使、教坊使、馬坊使、翰林茶酒使），有的則把使職原有之地位加以降低（例如飛龍使、軍器使、弓箭庫使），以適應國家之新形勢。故此，就內諸司使之職級高下而言，唐．五代．宋代三者具很大共通性，亦不失個別時代之特有差異。

肆　五代宋初內諸司使之實職與虛職

唐宋變革期內諸司使之官階化，爲一種漸變之過程，其中必然牽涉到內諸司使之使職本質問題。唐代之內諸司使起自宮廷機構，故此使職本身具有固定之內廷職掌。如文思院使之掌文思院飾物製作、閤門使掌東西閤門之朝班禮儀、軍器使掌軍器庫之兵器出納，飛龍使掌飛龍廄馬養育運營、翰林使掌翰林院之詔令草制等等，莫不說明內諸司使成立目的，本來用以掌管內廷之實際事務。但是，隨著五代戰爭之頻盈，內諸司使或從事監軍，或領兵作戰於外，使職本身是否具有實際職掌，便成爲一直備受關注之問題。今從個別之史料中，欲說明五代正處於過渡階段，內諸司使雖逐步成爲升遷級別，然而仍不失其應有之實際職掌。例如《舊五代史》卷四、後梁太祖紀四、開平三年七月乙丑條載：

> 敕：大內皇牆使諸門，素來未得嚴謹，將令整肅，須示條章。……其逐日諸道奉進，客省使於千秋門外排當訖，……宜令宣徽院使等切准此處分。

由此觀此，皇城使、客省使均具實際職掌，並且由宣徽院使加以監管、總轄二者職務。又同書卷七、梁太祖紀七、乾化二年五月甲申條載：

> 至都，文武臣奉迎於東郊。宰臣薛貽矩抱恙在假，不克扈從，宣問旁午，仍命且駐東京以俟良愈。及薨，帝震悼頗久，命洛苑使曹守瓚往弔祭之。

宰相薨於洛陽，故以洛苑使弔祭，實屬理所當然之事。蓋洛苑使之職，尤如唐五代之宮苑使，用以守備洛陽苑內之宮禁園林，旁及處理與洛苑範圍有關之一切雜務（註二〇）。洛苑使派往參與弔祭活動，其實亦爲履行本職之一部份。又《舊五代史》卷一〇三、後漢隱帝紀下、乾祐三年記策動叛亂之內使時謂：

> 逆黨皇城使（武德使）李業、內客省使閻晉卿、樞密都承旨聶文進、飛龍使後贊、翰林茶酒使

郭允明等，脅君於大內，出戰于近郊……。

同書卷一〇七、史弘肇傳又載：

李業、郭允明、後贊、聶文進居中用事，不悅執政……。

皆可知武德使、內客省使、飛龍使、翰林茶酒使諸種職務，在宮廷內具有實際職掌。至於後周時期，同書卷一一七、顯德四年夏四月丁丑條載：

斬內供奉官孫延希於都市，御廚使董延勛、副使張皓、武德副使盧繼昇並停職。時重脩永福殿，命延希督役，上見役夫有就瓦中啗飯，以柹爲匕者，大怒，斬延希而罷延勛等。

上述諸使職所以受罰，皆由於失職。內供奉官爲脩殿之督役者；御廚使在於提供宮廷中之膳食者；至於武德使職，爲監視皇宮之保安，故對役夫於瓦中吃飯時以柹爲匕之諸行爲須付上責任。由此亦可見武德、御廚諸使，實有其宮廷之實職存在。又同書卷、顯德四年冬十月壬戌條載：

左藏庫使符令光棄市。時帝再議南征，先期敕令光廣造軍士袍襦，不即辦集，帝怒，命斬之。……令光出勳閥之後，歷職內庭，以清慎自守，累總繁劇，甚有廉幹之譽。

按左藏庫使之名，顧名思義應爲管理庫內金帛事務之使職。史書中既明言歷職內庭，當知在宮廷中具有實職，且事務亦應該很繁忙。觀符令光受命造軍士袍襦，或與本職中管絲帛之事有關。

延至宋初，武階雖著手編整，然使職於最初仍帶有本職之意味。《宋史》卷一六九、職官九、武臣三班借職至節度使敘遷之制即載：

內客省使至閤門使謂之橫班，皇城使以下二十名謂之東班，洛苑使以下二十名謂之西班，初猶有正官充者，其後但以檢校官爲之，或領觀察使、防禦使、團練使、刺史。

所謂「初猶有正官充者」，意即指宋初之內諸司使，本有帶實職者。到了後來，由於武階寄祿之完成，則改以他官檢校。徵諸史實，就是到了太宗即位初年，使臣乃殘餘有本職成份。例如《宋史》卷二四九、魏仁浦傳附魏昭亮傳云：

未幾，拜西上閤門使，進秩東上。上（太宗）言閤門舊制未當，乃詔龍圖閣學士陳彭年、待制張知白、引進使白文肇與召亮同加詳定……仍兼掌客省，多糾群官之失儀者。

可見魏昭亮出任東上閤門使後，乃以本職與大臣商討閤門之事。故此，閤門使仍掌閤門，必無疑問。其後昭亮又兼掌客省，故仍具有客省糾彈百官失儀之職責。又同書卷二六八、柴禹錫傳亦載：

太平興國初，授供奉官人三年，改翰林使，遷如京使，仍掌翰林司。每夜直，上以藩府舊僚，多召訪外事。

太宗初年，以柴禹錫爲藩府舊人，故入掌翰林司。觀太平興國三年，柴氏已遷翰林使。故此，其後謂「仍掌翰林司」，可知翰林使管理翰林司之本職，在太宗初年仍在。不能不說是五代內諸司使實職之一種延續。

伍　宋代武官寄祿之「階」與「官」之問題

如前所述，宋代武官寄祿之形成，大抵就是將唐五代累積而來之內諸司使如以裁制，成爲橫班十階，東班、西班各二十階之武官轉遷骨幹。十階升遷即爲轉一資，按戰功、表現之優劣與否決定武臣之轉階速度。武官俸給之多寡完全按所序之階給予。故此就「階」本身之意義來說，理論上不帶有內諸司使之實職，只爲記錄薪酬、資歷之一種方法而已。尤值得注意者，在武階編整之過程中，特別注重以內諸司使職名來貫通上下各種不同名目，以適應因統一而吸收大量地方官僚。在東西橫班以上緊接節度、觀察等「遙領」之職，至於諸司副使以下又緊接所謂「使臣」之低級名目。單就武選官而言，形成由上而下約六十個不同之升進階梯（註二二）。

故嚴格而言，宋化武官寄祿實以「階」爲主，至於諸使之官品，《宋史》之記載頗爲散碎。但從中亦知武官所處之階，實有相應之官品可尋。例如《宋史》卷一七〇、職官十、致仕條、載神宗熙寧三年之新法中載：

> 今他官致仕皆得遷官……供奉官、侍禁八品，除率府副率，蓋六品。諸司副使、承制、崇班七品，除將軍乃三品。

說明在熙寧三年，武官在序階以外，亦有相應之品位。例如供奉官、侍禁爲八品，諸司副使、承制、崇班爲七品。如前面所述，東西班正使外，有副使，諸司副使以下，有內殿承制至三班借職諸階。若以供奉官、侍禁爲八品的話，則其下之殿直、奉職、借職當爲九品官。又諸司副使、承制、崇班爲七品的話，則諸司正使亦應當在六品或以上。這一連串序品之規律，只爲神宗熙寧年間之新法。到了元豐改制時，武階整體所處之品位，顯然出現了某些變動。《宋會要輯稿》第六十四冊、職官八之一、吏部之條即詳載文武官所序品位：

元豐中，酌古御今名實，……凡序位有品，選官有格，分任有職，寓祿有階，皆以事稽考審核其狀。……

從一品：曰開府儀同三司、特進

正二品：曰金紫光祿大夫

從二品：曰銀青光祿大夫、左右金吾衛上將軍、節度使

正三品：曰光祿大夫

從三品：曰正議大夫

正四品：曰通議大夫、諸衛大將軍、節度觀察留後

從四品：曰大中大夫、諸衛將軍

正五品：曰中大夫、觀察使

從五品：曰中散大夫、防禦團練使、刺史

正六品：曰朝議大夫

從六品：曰朝請、朝散、朝奉大夫

正七品：曰朝請、朝散、朝奉郎、皇城諸司使

從七品：曰承議郎、皇城諸司副使

正八品：曰奉議、通直郎、内殿承制、崇班、京府判官、京畿縣令、兩赤縣丞

從八品：曰宣德、宣義郎、東西班供奉官、節度・觀察・防禦・團練軍事、軍監、推判官、節度掌書記、觀察支使、司錄州、司錄事、京府諸書參軍事、軍巡判官、縣令丞、兩赤縣主簿、府諸曹・節鎭上州諸司參軍事

正九品：曰承事、承奉郎、左右侍禁、左石班殿直、京畿縣主簿

從九品：曰承務郎、三班奉職、借職、州軍縣城寨主簿、尉率

若將神宗元豐序官之法與前述之熙寧新法相比較，諸司副使（皇城諸司副使）皆同爲七品，至於承制、崇班到了元豐時期則下調至正八品。供奉官（東西班供奉官）皆同爲八品，但是侍禁（左右侍禁）到了元豐期間則由八品官往下移至正九品。故此，武階品位所變動之處，主要是承制以下較低級之使臣。承制以上之諸司副使，既固定地集中在七品之位置上，則上溯皇城以下諸司正使，自始至終應不會低於七品位置。至於橫班諸使之品位，自東西上閤門使起，亦應該由六品官始。

南宋紹興以後，爲了方便遷轉計算，文武官之官品，亦曾作過一致的編排。其中敘節度使爲從二

品、防禦使爲從五品、東西頭供奉官爲從八品，與元豐時期所載武官之官品完全相同，故所記有關其他之使職品位，可作爲參考之用。例如述內客省使、延福宮使、景福宮使爲從五品。至於宣慶、宣政、昭宣使爲正六品（《宋史》卷一六八、職官八、官品條）。同書卷又敘有「建隆以後合班之制」，其編排之方式，就是按文武官員品階之高下以劃出次序。所記者先爲文官，然後爲武官。例如「國子祭酒、殿中、少府、將作監」以下，順序記爲「景福殿使、延福宮使、客省使」，兩者屬於相同之職級。上記景福、延福二使爲五品官，則客省使亦應屬五品。至於引進使之合班位置，正處於客省使與五品之防禦使之間，故應同爲五品之官。又宗正少卿以下，續載「秘書少監、光祿等寺七寺少卿」之文官，與「宣慶使、四方館使」相對應。上記既謂宣慶使爲六品官，則四方館使亦應爲六品。同樣道理，「諸王府長史、司馬、司天少監」等文官系統，與「宣政使、昭宣使、東上・西上閤門使」之使職系統對稱。上記已明謂宣政使，昭宣使爲六品官，則東西上閤門使亦理應爲六品，與之前所推想的吻合。又東西上閤門使以下，順序記「皇城以下諸司使……客省・引進・閤門副使……皇城以下諸司副使」。前面明記皇城以諸司使爲正七品，皇城以下諸司副使爲從七品，則處於二者之間的客省、引進、閤門副使等當屬七品官了。

由此可得出初步結論，宋代作爲武階之內諸司使、副使、使臣均有一套完整之品階衡量標準。例如諸司正使除整個橫班之內客省使、客省使、引進使具五品官，四方館使、東西上閤門使具有六品以外，大部份均集中在正七品範圍內。至於諸司副使，在「品」之計算上只略低於諸司正使，集中在從七品之位置。至於崇班以下，使臣之官品因應時代推移而往下調整。其中較為固定的，為供奉官之八品內容。殿直、三班奉職、借職則壓於九品之位置。南宋與北宋之制，由於年代相隔，其間正從官品容或不同，然而整體武階之大型移動機會甚微。尤其諸司正使・副使以下之名目甚見固定，故其標誌之品階位置亦大致可信。宋代敘官之法，素來重階而不重品。考其原因，蓋在於組成「階」之內諸司使名目為數甚多，要清楚標明個別使職在整整數十使職中之位置，除了以一使為一階以外，沒有其他更準確之量度方法。但是，在述及文武官共通之制度，諸如蔭補、合班、共同敘祿之情況下，又不能不在官制上謀求共同之對話方式，故「品」之觀念，常在述及武官與文官之相對職級關係時出現。

值得注意之問題是，唐代官階以五品來分辨官員之貴賤。五品以下者，為高級之官僚層，於恩蔭、授田諸方面均具有特權（註二二）。宋代將大量之武階均定於六品甚至七品以下，即說明武官欲通往更高之官位，需要經歷更多之軍功、更長之轉遷磨勘始能達到。反映了宋代君主所編定之武階，含有強烈控制武臣升遷之意欲。從這個角度以理解宋代之武將政策，似乎又得到更新之解釋。

【註釋】

註一　上述所舉賀蘭進明、安祿山諸例，詳見松島才次郎〈唐代に於ける「使」の本官について〉、《信州大學教育學部紀要》第十九，頁五五～五六。

註二　唐代官制中，原來用以敘品階之散官，到了肅宗、代宗、德宗三朝曾一度因濫授而不為人所重，故對諸使改以職事官酬賞之，表明朝廷之寵遇有加。可知自德宗以後迄唐末，中央大部份無實際職務之職事官，已普遍用作使職之虛銜。詳閱孫國棟一文，頁二〇一～二〇四。

註 三 《舊五代史》卷一四九、職官志謂：「昔唐朝擇中官一人爲樞密使，以出納帝命。至梁開平元年五月改樞密院爲崇政院，始命敬翔爲院使。」頁一九九四。

註 四 《五代會要》卷二四、諸使雜錄條，頁三八八。

註 五 同註四。

註 六 《舊五代史》卷一四九、職官志，頁二〇〇〇。

註 七 例如朱全忠盡誅宦官內諸司使及監軍使之際，武皇李克用卻收留宦官於自己之鎮內，作爲保留唐制之支持者。《舊五代史》卷七二、張承業傳載：「魏公之誅宦官也，武皇僞戮罪人首級以奉詔，匿承業於斛律寺，昭宗遇弒，乃復請爲監軍」（頁九四九），即爲其中一例。

註 八 梅原郁《宋代官僚制度研究》（同朋舍刊、一九八五年）之第二章：〈宋代の武階〉，第二節：諸司使副，頁一二四～一二六。其中分析東班皇城使以下二十使，在太祖、太宗時仍大部份存在，但到了眞宗時期，隨著武階制度之完成而銳減。東班之不被列入武階編制，與其私人之色彩太濃具密切關係。

註 九 《宋史》卷一六九、職官九、〈武臣三班借職至節度使敘遷之制〉，皇城使之下註釋，頁四〇三一。

註一〇 以劉遵禮爲例，於宣宗太中五年已授宣徽南院使，但該年自京西京北制置堡戍使而入爲大盈庫使。至大中七年已爲弓箭庫使，但至八年則改爲內莊宅使。到了懿宗咸通三年授內飛龍使，然自咸通七年又由邠寧監軍而入爲內莊宅使（《金石萃編》卷一一七、劉遵禮墓誌）。按宣徽使之職級，地位在飛龍使、弓箭庫使之上，地位遠較大盈庫使爲高。又內莊宅使若上遷者爲內飛龍使，則飛龍使再向莊宅使方面轉遷，亦較難理解。因此，唐代內諸司使之轉遷方法，還有很多不嚴密之處。

註一一　《舊五代史》卷五七，郭宗韜傳：「初，崇與李紹宏同爲內職，及莊宗即位，崇韜以紹宏素在已上，舊人難制，即奏澤潞監軍張居翰同掌樞密，以紹宏爲宣徽使。紹宏大失所望，泣涕憤鬱。」頁七六七。

註一二　按《通鑑》卷二八九、後漢乾祐三年十一月條，載李業爲武德使，然《舊五代史》卷一〇三、後漢隱帝紀下、乾祐三年卻載李業爲皇城使，可知武德與皇城二者關係密切。皇城使本爲保護皇城保安者，而武德則應爲保護宮城之保安者。五代以還，或基於藩鎮之宮廷設計，宮廷由皇城包圍而處於內，則皇城使之職責，亦有保護大內之意。故後梁以來有大內皇城使之職稱。觀此，二者性質亦趨於相近。其後將武德使職能亦併入皇城使內之可能性甚大。

註一三　《舊五代史》一〇七、楊邠傳，頁一四〇九。

註一四　同書卷一〇七、郭允明傳：「高祖鎮太原，（允明）稍歷牙職，及即位，累遷至翰林茶酒使兼鞍轡庫使。」頁一四一四。

註一五　同書卷一一七、後周世宗紀四、顯德四年夏四月丁丑條，載失職而受罰之內使次序爲內供奉官、御廚使、武德副使，知御廚使之地位居於供奉官之上，武德使職之下，頁一五五八。

註一六　同書卷四六、後唐末帝紀上、泰元年四月丁亥條，末帝即位後賞官之次序爲：「以宣徽北院使郝瓊爲宣徽南院使，權判樞密院；以前三司使王玫爲宣徽北院使。以隨駕牙將宋審虔爲皇城使，劉延朗爲莊宅使……。」知莊宅使之職級，必在皇城使之下，頁六二三二。

註一七　同書卷六六、朱弘昭傳：「弘昭事明宗，在藩方爲典客。天成元年，爲文思使，東川副使，二年餘，除左衛大將軍，充內省使。三年，轉宣徽南院使」，頁八七六。

註一八　同書卷一三三、高從誨傳：「從誨，初仕梁，歷殿前控鶴都頭、鞍轡庫副使、左軍巡使、如京使……。」頁一七五三。

註一九　同書卷十九、胡規傳載，有內園莊宅使之職，可見內園與莊宅之性質相近，頁二六四。

註二〇　參閱唐長孺〈唐代的內諸司使及其演變〉一文，《山居存稿》頁二六八。

註二一　《宋會要輯稿》第六四冊、職官八之二、吏部，載元豐中期，「凡文階之等二十有五，武選官之等五十有六」（頁二五五九）。若以一使階爲一等計，武階應具五十六個不同使職名目。考《宋史》卷一六九、職官九、武臣三班借職至節節度使敘遷之制，由三班借職至內殿承制，爲使臣十階。供備庫使至客苑使爲西班二十階。皇城使以下又有東班二十階，則餘下之六階，應爲西上閤門使、東上閤門使、四方館使、引進使、客省使、內客省使等橫班內容。然《宋史》將橫班，再細分爲副使，成爲十階之排列，則武階又擴展至六十階（未計算遙領使職在內）。

註二二　參閱黃正建：〈唐代散官初論〉及張國剛：〈唐代階官與職事官的階官化論述〉，收入《中華文史論叢》、一九八九年二期。

第五章　宋代使臣之官階與差遣

——低級使臣之研究

太祖之黃袍加身，創立建隆年號，基本上只代表著兵變之成功，把握了京師控制之權力，離國家統一之目標還遠。事實上，從各種蹟象看來，太祖之得位，在很多世宗時期之重臣心目中，仍然不能接受，即如宰相王溥、魏仁浦出見太祖時頗見被逼（註一）。而李筠之叛亂，乃全賴石守信、高懷德率兵平定（註二）。此外又有李重進之亂，亦賴石守信、王審琦、李處耘等將之討平（註三）。除了突發之將領叛變外，對於地方上根深蒂固之割據勢力，宋室還要經過很長之時間始能一一討拔。

循著統一之時間表，太祖以慕容延釗滅荊南，始於建隆二年（九六一）（註四）。第二次再授命與李處耘等討克湖南在建隆四年（九六三）（註五）。至於滅後蜀之過程，由乾德二年（九六四）起，以王全斌、崔彥進、王仁贍、劉光毅、曹彬等分路伐之，至乾德四年（九六六）才告成功（註六）。而滅南漢之時間更長，早於乾德中起行，及至潘美克南漢主蕭濯之最後陣地廣州時，已是太祖開寶四年（九七十）（註七）。曹彬、潘美伐南唐在開寶七年（九七五）才城陷擒南唐主李煜（註八）。吳越王錢俶入朝歸地，要到太宗太平興國三年（九七八）五月（註九）。征北漢主劉繼元所花之時間最長，由開寶二年（九六九）以李繼勛，趙贊、郭進、司超等將兵太原開始（註一〇），歷太平興國元年（九七六）以黨進、潘美、楊光美、牛思進等討之（註一一）。至太平興國四年（九七九），太宗親征始拔之（註一二）。換言之，太祖至太宗前期，國家還在統一征伐之過程中。

壹　太宗後期三班官制之改革

太宗太平興國以後，戰爭完全結束，代之而起之問題，是如何建立一套完善之官僚系統，既可以統一舊日因地方割據而出現職名上之分歧，亦可以防止藩鎮之殘餘勢力職掌實權。故此，有必要創置連串無實權之官階，單作序祿安撫之用，至於實際之官職功能，則通過不同之差遣類目以完成。太祖和太宗太平興國以前，作爲低級使臣之三班正處於過渡階段，故此，尚多少保留了舊日親從尊貴之色彩（註一三）。然而太平興國以後，在劃時代統一之必然趨勢下，有必要將三班官名目加以擴充，使成爲中央下級之純粹官階，以吸納、羈縻地方之牙將牙吏。三班官作爲羈縻地方之工具，可見於《長編》卷十八、太宗太平興國二年（九七七）三月條：

> 初，節度使得補子弟爲軍中牙校，因父兄財力，率豪橫奢縱，民間苦之。洛下有十衙內，尤放恣，左驍衛上將軍太原田景咸、子漢明，其一也。上雅知其弊，始即位，即詔諸卅府籍名部送

闕下，至者凡百人。癸未，悉補殿前承旨，以賤職羈縻之。

這裏說明了地方之藩鎮，雖然經歷了太祖、太宗之悉心整頓而逐步納入控制。但是，節度使之子弟依然能夠憑藉蔭補而取得軍中牙職，造成地方上很大之不安。當日之殿前承旨（即承旨）已被稱爲賤職，其作用乃作爲吸納、羅縻地方上之牙校。只以一地方牙校除授羈縻已經逾百，而就太宗進行之整個吸納過程而言，三班官之數必然產生劇烈之增長。因此，在組成三班官之成員掌中，身份便越複雜了。一方面中央高官之子弟固然能補三班，另一方面又成爲吸納地方勢力之羈縻官職。故此，三班官在這段過渡期間內貴賤相夾，在差遣奉使之事情上，便自然出現不公平之現象。太宗頗明瞭在這種統一形勢下，所遇見之官僚問題。而人數之激增既使三班官無法再走回舊日親信之舊路，唯有再加以強化，使成爲一視同仁之官職。《長編》卷二十二、太宗太平興國六年（九八一）二月條：

> 國初，以供奉官，殿直、承旨爲三班，隸宣徽院。三班多貴族子弟，豪縱徼倖，未立程準，而奉使者多訴勞逸不均。是月，始命御廚副使洛陽楊守素等點檢三班公事，權以內客省使廳事爲局，總其名籍，差定其職任，考其殿最焉。

可見以楊守素點檢三班公事，爲的就是解決三班成員勞逸不均之問題，立定程準，差定其職。故此標誌著著官與差遣之劃一化。到了太宗淳化時期，各種牽涉三班官制改革之條件齊備，遂進行大規模之三班改制。其改革之重點，不外就是通過擴充官階之方法，使因爲吸納地方吏員而人數激增之三班官，得以順利轉遷，成爲一連串武官基層之昇進階梯。

《長編》卷三十二、淳化二年（九九一）正月條：

先是供奉官、殿直有四十年不遷者，乙酉，始置內殿崇班在供奉官之上，左右侍禁在殿直之上，差定其奉給，以次授之。改殿前承旨爲三班奉職，端拱中置借職承旨，於是改爲三班借職。

關於太宗是項改革之時間，就《隆平集》所見則持不同之意見，認爲早在太宗太平興國六年（九八一）已經開始。

《隆平集》卷一、官名條：

內殿崇班、左右侍禁，太平興國六年置。以供奉官、殿直有四十年不得遷轉，故增此三資。崇班在供奉官之上。殿直在侍禁之下，又改殿前承旨爲三班奉職。

顯然李燾所載，較諸《隆平集》爲詳細。除表明是次官制改革在淳化二年（九九一）正月之乙酉日期外，還多交代新明目內殿崇班、左右侍禁以外之三班借職，故其明確程度較高。

觀此，太宗後期才是三班寄階制度確立之時期。三班官階之骨架，主要就是襲用了五代發展下來之承旨、殿直、供奉官等職名。供奉官分東、西頭爲二階，殿直亦分左、右班爲二階，承旨則改爲三班奉職爲一階。再在東頭供奉官以上新置內殿崇班爲一階。左班殿直以上新置左、右侍禁爲二階，在奉職以下新置三班借職爲階，其間官階之層次如左列所示：

三班借職

三班奉職

右班殿直
左班殿直
右侍禁
左侍禁
西頭供奉官
東頭供奉官
內殿崇班

嚴格而言，新創置次三班官階內容，已經失去了三班原有之意味。基本上再無所謂「三班」。本來以三個不同職名爲官制之含意，至現在演變成一系列以「階」爲中心之寄祿等級。到了宋代中期以後甚至在內殿崇班之上加入內殿承制，在三班借職以下加入三班差使殿侍（註一四），但由於後者過於鄙賤，故統計使臣體系時往往不列入流（註一五）。

太宗淳三班官化階之重整，具有重要之時代意義。蓋整個武階制度，必自三班制重整後始告完成。自此以後，武官系統內所謂橫行、諸司使副、使臣等觀念，始能貫通無阻。新改之官制遂成爲上接諸司副使之使臣。

《群書考索》、《後集》卷二十、官制門、武階類：

未朝沿唐漢制，武選之稱，自內客省使至閤門使，使各有副，爲橫行。自皇城使至供備庫使，爲諸司正使，自皇城副使（至）供備庫（副）使爲諸司副使，自內殿承制至三班借使（職）使臣。元豐肇正文階，而武階猶未及改。

因此，在整整十階以內既包括了專門吸納賤職之小使臣，亦包含了得以上進之大使臣。不難看出太宗對三班制重整之動機確包含著徹底溝通中央與地方之意圖。

至於十階之內之升遷方法，則主要依從磨勘轉官之法。由於太宗改革三班官階，已在其統治期內之末年，故此要充份發揮按年轉資之磨勘，必須完全體驗於眞宗時期。按眞宗期間磨勘之法，不外爲七年或五年之別（註一六），每經磨勘則循官轉資。《宋史》卷一六九、職官九、武臣三班借職至節度使敘遷之制，大致上說明了眞宗、仁宗時期，武官磨勘升轉之規律。顯然三班官重整後之十階武臣，從升遷之意義上看，其地位甚低微。自內殿承制至三班借職，每遇磨勘，只能逐資升轉。諸司副使以上則能夠超資升轉，每次轉五資或七資（註一七），故此分別甚大。太宗時期三班官階重整，著眼點不在寄祿本身，而是企圖建立劃一之待遇，將地方官職之實權收歸中央，由中央重新將權力分配。同時權力之履行方式，必須通過中央預先制定、監管之系統性之差遣方式以進行。因此，完全是爲了中央化。三班官舊日作爲帝王親信之面貌已不復出現。

貳　三班官階與差遣類目之關係

五代的三班官，在本官以內本包含著不同之職能。除了派遣至地方擔任常務性之職能，例如監軍、監稅、巡檢等職能外，還時常負起帝王之親信角色，諸如走馬奏報、暗殺、齎詔、領兵等多元活動（註一八）。在承旨、殿直、供奉官之間雖有等級之分，然而在實行上述活動之際，三者整體上承擔著相同職責，未見按官階嚴分。其官甚簡約，然而卻擔當多樣的行動，大抵為了適應戰爭時之靈活調動。

宋太宗三班官制之改革下，情況顯然大不相同，三班官階與差遣類目成了相互緊扣之環節。而官階所反映之差遣，只屬於地方擔任之常務性工作，特別規限了固定之職責範圍，諸如都監、監押、巡檢、監當等等，再按州、軍或以下之縣分為若干等級，以配合個別三班官階。故此，三班內部，自三班借職、奉職、殿直、侍禁、供奉官，彼此於職能間存在著相當程度之分歧。在差遣之過程中，各個官階便具有相應之任務，失卻了五代宋初三班官約職繁之特色。三班官階化以後，本官已不能反映親信之地位，帝王若仍欲於當中顯示親信，便不得不在本官以外，加上「閤門祇候」之職銜了。這種類似文臣館閣請望之職，逐漸成了帝王外戚或親貴子弟常帶之榮譽（註一九）。三班官帶閤門祇候者，於差遣之等級上顯然略高一等。有關此方面，歷來更少為人所注意，值得再加分析。

三班官階改制，雖成於太宗時期，然而由於已近末年，故此真正體驗其官階與差遣之掛勾關係，始終要到宋中期，即真宗和仁宗時期。本部份之論述，嘗試以《長編》為基礎，按其年月，分別摘錄太宗末年，以至真宗、仁宗時，三班本官與差遣類目之關係，抽取其代表性者，列成簡表。再將既得資料，以官階與差遣類目歸類，總括其二者相互掛勾之形式，另成一表。

《長編》所見宋代中期三班官階與差遣類目之配搭關係簡表

<table>
<tr><th rowspan="2">人名</th><th rowspan="2">差遣</th><th colspan="8">寄祿官</th><th rowspan="2">備註</th><th rowspan="2">出處《長編》</th></tr>
<tr><th>三班借職</th><th>三班奉職</th><th>右班殿直</th><th>左班殿直</th><th>右侍禁</th><th>左侍禁</th><th>西頭供奉官</th><th>東頭供奉官</th></tr>
<tr><td>宿翰</td><td>成都監軍</td><td></td><td></td><td></td><td></td><td></td><td></td><td colspan="2">v</td><td>領麾下投劍門，合兵擊李順等賊。</td><td>卷35淳化5.2 P.772</td></tr>
<tr><td>陳廉</td><td>冀州監軍</td><td></td><td></td><td>v</td><td></td><td></td><td></td><td></td><td></td><td>防援城壘有勞。</td><td>卷37至道1.3 P.810</td></tr>
<tr><td>陳采</td><td>往西川、陝西體量公事</td><td></td><td></td><td></td><td></td><td></td><td></td><td colspan="2">*</td><td></td><td>卷45咸平2.8 P.962</td></tr>
<tr><td>焦守節</td><td>往西川、陝西體量公事</td><td></td><td></td><td></td><td></td><td>*</td><td></td><td></td><td></td><td></td><td>卷45咸平2.8 P.962</td></tr>
<tr><td>張從右</td><td>知宜州</td><td></td><td></td><td></td><td></td><td></td><td></td><td colspan="2">v</td><td>屢破溪蠻，故累遷。</td><td>卷45咸平2.9 P.964</td></tr>
<tr><td>楊懷忠</td><td>知蜀州</td><td></td><td></td><td></td><td></td><td></td><td></td><td colspan="2">*</td><td>聞成都亂，調鄉丁會巡檢兵討之。</td><td>卷46咸平3.1 P.989</td></tr>
<tr><td>孫正辭</td><td>諸州都巡檢使</td><td></td><td></td><td></td><td></td><td></td><td></td><td colspan="2">*</td><td></td><td>卷46咸平3.1 甲午 P.989</td></tr>
<tr><td>胡澄</td><td>審行饒州置場計度</td><td>v</td><td></td><td></td><td></td><td></td><td></td><td></td><td></td><td>與江南轉運使任中正計度之。</td><td>卷47咸平3.7 丙申P.1021–1022</td></tr>
<tr><td>張禧</td><td>詣諸道體量安撫</td><td></td><td></td><td></td><td></td><td></td><td></td><td colspan="2">*</td><td>京東水災，故有是命。</td><td>卷47咸平3.8 辛亥 P.1023</td></tr>
<tr><td>馬濟</td><td>知順安軍</td><td></td><td></td><td></td><td></td><td colspan="2">*</td><td></td><td></td><td>兼任屯田事務。</td><td>卷52咸平5.6 丁亥 P.1139</td></tr>
<tr><td>龔元</td><td>路司指使</td><td></td><td></td><td colspan="2">v</td><td></td><td></td><td></td><td></td><td>稍有勞績，請賜遷擢。</td><td>卷52咸平5.8 辛亥 P.1146</td></tr>
<tr><td>趙希素</td><td>保州監押</td><td></td><td></td><td></td><td></td><td colspan="2">v</td><td></td><td></td><td>上聞其不任事，察而罷之。</td><td>卷52咸平5.8 P.1147</td></tr>
<tr><td>尹能</td><td>定州路承受</td><td></td><td></td><td colspan="2">v</td><td></td><td></td><td></td><td></td><td>與王繼忠戰死，贈如京使。</td><td>卷54咸平6.5 P.1193</td></tr>
</table>

（表例：有 v 者爲官階所在。
有 * 者爲官階帶閤門祗候。
介乎中間者爲未明言左右班或東西頭者）

宋代中期三班官階與差遣類目之配搭關係簡表

<table>
<tr><th rowspan="2">人名</th><th rowspan="2">差遣</th><th colspan="8">寄祿官</th><th rowspan="2">備註</th><th rowspan="2">出處《長編》</th></tr>
<tr><th>三班借職</th><th>三班奉職</th><th>右班殿直</th><th>左班殿直</th><th>右侍禁</th><th>左侍禁</th><th>西頭供奉官</th><th>東頭供奉官</th></tr>
<tr><td>李勳</td><td>望都縣監押</td><td></td><td></td><td colspan="2">v</td><td></td><td></td><td></td><td></td><td>與王繼忠戰死，贈供備庫使。</td><td>卷54咸平6.5 P.1193</td></tr>
<tr><td>曹瑋</td><td>知渭州</td><td></td><td></td><td></td><td></td><td></td><td></td><td colspan="2">v</td><td></td><td>卷55咸平6.6 P.1203</td></tr>
<tr><td>張越</td><td>都巡檢</td><td></td><td></td><td></td><td></td><td></td><td></td><td colspan="2">v</td><td>領兵擊商州叛兵。</td><td>卷59景德2.3 P.1328</td></tr>
<tr><td>王文用</td><td>泗州巡檢</td><td></td><td></td><td colspan="2">v</td><td></td><td></td><td></td><td></td><td>爲所捕賊賂，謀爲剽劫，斬之。</td><td>卷64景德3.9 庚子 P.1424</td></tr>
<tr><td>黃慶集</td><td>監柳州鹽酒</td><td>v</td><td></td><td></td><td></td><td></td><td></td><td></td><td></td><td>至是來歸，補官差遣。</td><td>卷64景德 3.12 P.1438</td></tr>
<tr><td>來閑喜</td><td>鎭將</td><td></td><td>v</td><td></td><td></td><td></td><td></td><td></td><td></td><td>其父死，故補此官。</td><td>卷61景德2.10 丁酉P.1372</td></tr>
<tr><td>來守信</td><td>鎭將</td><td>v</td><td></td><td></td><td></td><td></td><td></td><td></td><td></td><td>其父死，故補此官。</td><td>卷61景德2.10 丁酉P.1372</td></tr>
<tr><td>袁繼遷</td><td>知廉州</td><td></td><td></td><td colspan="2">*</td><td></td><td></td><td></td><td></td><td>是州炎瘴尤亂，選殿直充之。</td><td>卷65景德4.3 癸丑P.1448</td></tr>
<tr><td>張希正</td><td>賓州監押</td><td></td><td>v</td><td></td><td></td><td></td><td></td><td></td><td></td><td>上慮南北風土異，可改任荊湖北路州軍。</td><td>卷65景德4.6 P.1463</td></tr>
<tr><td>韓明</td><td>柳州柳城縣監押</td><td></td><td></td><td colspan="2">v</td><td></td><td></td><td></td><td></td><td>率所部兵千餘禦亂，戰死。</td><td>卷66景德4.7 乙酉P.1476</td></tr>
<tr><td>許貴</td><td>桂、象等州同監押</td><td></td><td>v</td><td></td><td></td><td></td><td></td><td></td><td></td><td>率所部兵千餘禦亂，戰死。</td><td>卷66景德4.7 乙酉P.1476</td></tr>
<tr><td>張學貴</td><td>吉、融、柳州同巡檢</td><td></td><td></td><td colspan="2">*</td><td></td><td></td><td></td><td></td><td>宜州賊來攻，禦而敗之。</td><td>卷66景德4.8 P.1483</td></tr>
<tr><td>張守榮</td><td>邕州巡檢使</td><td></td><td></td><td></td><td></td><td></td><td></td><td>*</td><td></td><td>以疾卒，贈如京使。</td><td></td></tr>
</table>

宋代中期三班官階與差遣類目之配搭關係簡表

<table>
<tr><th rowspan="2">人名</th><th rowspan="2">差遣</th><th colspan="8">寄祿官</th><th rowspan="2">備註</th><th rowspan="2">出處《長編》</th></tr>
<tr><th>三班借職</th><th>三班奉職</th><th>右班殿直</th><th>左班殿直</th><th>右侍禁</th><th>左侍禁</th><th>西頭供奉官</th><th>東頭供奉官</th></tr>
<tr><td>李繼福</td><td>綏銀等州諸族巡檢</td><td></td><td></td><td></td><td></td><td></td><td></td><td colspan="2">v</td><td>以其嚮化忠順，分主蕃部，加秩。</td><td>卷68大中1.1
P.1522</td></tr>
<tr><td>任　賽</td><td>縣同巡檢</td><td></td><td></td><td colspan="2">v</td><td></td><td></td><td></td><td></td><td>爲江安縣蠻人所害。</td><td>卷68大中1.1
癸卯 P.1526</td></tr>
<tr><td>黎守忠</td><td>掌榷貨場</td><td></td><td></td><td></td><td></td><td></td><td></td><td colspan="2">*</td><td>三司言其些課增，遂賞之。</td><td>卷69大中1.6
P.1547</td></tr>
<tr><td>邊守信</td><td>監紛州靈石縣礬務</td><td>v</td><td></td><td></td><td></td><td></td><td></td><td></td><td></td><td>坐赴本縣令飲席，是爲公罪。</td><td>卷71大中2.5
P.1606</td></tr>
<tr><td>孫　詡</td><td>知施州</td><td></td><td></td><td></td><td></td><td colspan="2">v</td><td></td><td></td><td>擅賦斂入己，削藉爲民。</td><td>卷73大中3.3
P.1663</td></tr>
<tr><td>張仲民</td><td>利州路承受</td><td></td><td></td><td></td><td></td><td colspan="2">v</td><td></td><td></td><td>所報虛妄，責降之。</td><td>卷80大中6.4
庚午P.1822</td></tr>
<tr><td>張　綸</td><td>展州都巡檢使</td><td></td><td></td><td></td><td></td><td></td><td></td><td colspan="2">v</td><td>招撫沿邊蠻人。</td><td>卷81大中6.11
丙辰P.1853</td></tr>
<tr><td>伽　凌</td><td>金明巡檢使</td><td>v</td><td></td><td></td><td></td><td></td><td></td><td></td><td></td><td>從鄜延路駐泊部署曹利用之請。</td><td>卷82大中7.3壬子P.1868–1870</td></tr>
<tr><td>李崇政</td><td>河東路承受</td><td></td><td></td><td></td><td></td><td></td><td></td><td colspan="2">v</td><td>坐增減上言，張皇動衆，降職。</td><td>卷82大中7.6
P.1879</td></tr>
<tr><td>張仲文</td><td>西川路承受</td><td></td><td></td><td></td><td></td><td colspan="2">v</td><td></td><td></td><td>坐增減上言，張皇動衆，降職。</td><td>卷82大中7.6
P.1879</td></tr>
<tr><td>張仲達</td><td>瓦亭寨駐泊都監</td><td></td><td></td><td colspan="2">*</td><td></td><td></td><td></td><td></td><td>率兵屯可門，仲達戰死。</td><td>卷83大中7.7
丁亥P.1887</td></tr>
<tr><td>王襲先</td><td>釐務饒州</td><td></td><td>v</td><td></td><td></td><td></td><td></td><td></td><td></td><td>縶州民箠之，責開封散教練使。</td><td>卷83大中7.70
壬寅P.1889</td></tr>
<tr><td>魏進武</td><td>監房州稅</td><td>v</td><td></td><td></td><td></td><td></td><td></td><td></td><td></td><td>自言爲州近蠻界，乞移他所。</td><td>卷83大中7.11
戊戌P.1902</td></tr>
</table>

宋代中期三班官階與差遣類目之配搭關係簡表

人名	差遣	寄祿官								備註	出處《長編》
		三班借職	三班奉職	右班殿直	左班殿直	右侍禁	左侍禁	西頭供奉官	東頭供奉官		
張淡成	知祁州								*	因淡成之請，特準上殿奏事。	卷95天禧4.2辛未P.2182
趙榮	經原路指使	v								擊殺蕃寇，以功賞。	卷82大中4.5丙辰P.2192
乞理	蕃都巡檢	v								以鄜延鈐轄周文質言其勤效也。	卷96天禧4.10戊戌P.2220
張惟一	監材場官								*	材場火，不當宿監官，責降之。	卷97天禧5.4.丁已P.2245
唐儀	兩浙監當				v					伏遇覃慶，從其請也。	卷98乾興1.3 P.2278
曹克己	辰禮鼎州緣邊都巡檢							*		以順州蠻田彥晏擾邊寨故也。	卷99乾興1.12辛亥P.2305
王蒙正	縣駐泊都監					*				乾元節子弟入貢，故有事請。	卷100天聖1.7己巳P.2325
劉舜卿	西京陝府界巡檢				v					捕獲盜賊八百餘人。	卷101天聖1.10 P.2339
何承勛	監興平縣酒稅				v					盜官物，貸死，杖脊配廣南牢城。	卷101天聖1.11 P.2342
康文德	永興軍都監							v		朱能叛不能察，落職貶官。	卷102天聖2.2丙寅P.2350
康惟一	懷州兵馬都監						*			從其父知秦州康繼英所請。	卷102天聖2.2甲申P.2351
王懷鈞	監晉州鹽稅		v							文不死，以懷鈞繼領州事。	卷102天聖2.8 P.2365
遇埋	環慶路蕃官巡檢		v							殺牛犒蕃部，欲寇山外。	卷103天聖3.10庚戌P.2390

宋代中期三班官階與差遣類目之配搭關係簡表

<table>
<tr><th rowspan="2">人名</th><th rowspan="2">差遣</th><th colspan="8">寄祿官</th><th rowspan="2">備註</th><th rowspan="2">出處《長編》</th></tr>
<tr><th>三班借職</th><th>三班奉職</th><th>右班殿直</th><th>左班殿直</th><th>右侍禁</th><th>左侍禁</th><th>西頭供奉官</th><th>東頭供奉官</th></tr>
<tr><td>王仁嶼</td><td>歸峽岳鄂都巡檢使</td><td></td><td></td><td></td><td></td><td>v</td><td></td><td></td><td></td><td>與蠻賊力戰死，贈崇儀使。</td><td>卷103天聖3.10 壬子 P.2393</td></tr>
<tr><td>高繼榮</td><td>環州壕邊巡　檢</td><td></td><td></td><td></td><td></td><td></td><td></td><td colspan="2">*</td><td>捕擊寇邊外族，功賞之。</td><td>卷104天聖4.6 癸未P.2410</td></tr>
<tr><td>張繼思</td><td>京西路體量安　撫</td><td></td><td></td><td></td><td></td><td></td><td></td><td colspan="2">*</td><td></td><td>卷104天聖4.6 庚子P.2412</td></tr>
<tr><td>張文廣</td><td>潭州監當</td><td></td><td>v</td><td></td><td></td><td></td><td></td><td></td><td></td><td>初李允則知雄州，使之刺事，來歸補官。</td><td>卷105天聖5.9 P.2447</td></tr>
<tr><td>王　濤</td><td>陝西路體量安　撫</td><td></td><td></td><td></td><td></td><td colspan="2">*</td><td></td><td></td><td></td><td>卷105天聖5.10 丁卯P.2449</td></tr>
<tr><td>郭　立</td><td>州軍體量安　撫</td><td></td><td></td><td></td><td></td><td></td><td>*</td><td></td><td></td><td>以河北災傷故也。</td><td>卷106天聖6.4 丁卯P.2470</td></tr>
<tr><td>劉永証</td><td>江淮兩浙體量安撫</td><td></td><td></td><td></td><td></td><td></td><td></td><td>v</td><td></td><td></td><td>卷106大聖6.7 甲寅P.24477</td></tr>
<tr><td>曹利涉</td><td>趙州都監</td><td></td><td></td><td></td><td></td><td></td><td>*</td><td></td><td></td><td>強使邸店，盜官物遂決杖二十。</td><td>卷107天聖7.2 P.2496</td></tr>
<tr><td>何九齡</td><td>貝州兵馬監押</td><td></td><td></td><td>*</td><td></td><td></td><td></td><td></td><td></td><td>其父興屯田捍邊，特命輔之。</td><td>卷107天聖7.3 辛酉P.2502</td></tr>
<tr><td>劉　翰</td><td>全邵等州同巡檢使</td><td></td><td></td><td></td><td></td><td></td><td>v</td><td></td><td></td><td>與蠻賊戰死　。</td><td>卷110天聖9.7 壬申P.2564</td></tr>
<tr><td>栗守直</td><td>永州都巡檢使</td><td></td><td></td><td></td><td></td><td>v</td><td></td><td></td><td></td><td>與蠻賊戰死。</td><td>卷110天聖9.8 P.2565</td></tr>
<tr><td>高　德</td><td>宜州普義寨監押</td><td></td><td></td><td></td><td>v</td><td></td><td></td><td></td><td></td><td>與蠻賊戰死。</td><td>卷111明道1.7 庚寅P.2585</td></tr>
<tr><td>張　孚</td><td>太康縣駐泊巡檢</td><td></td><td></td><td></td><td></td><td>v</td><td></td><td></td><td></td><td>坐用箚子奏事，責降之。</td><td>卷112明道2.7 P.2621</td></tr>
</table>

宋代中期三班官階與差遣類目之配搭關係簡表

人名	差遣	寄祿官								備註	出處《長編》
		三班借職	三班奉職	右班殿直	左班殿直	右侍禁	左侍禁	西頭供奉官	東頭供奉官		
折繼宣	知府州			*						惟忠世將家，領府州事凡廿年死，子領之	卷113明道2.11 P.2643
楊　遵	慶州緣邊都巡檢使							*		治龍馬鎮、節義烽，敗兵責降。	卷115景祐1.10 丙戌P.2705–6
王　文	寧州都監						*			同上	同上
盧　訓	柔遠寨監押					v				同上	同上
桑　憚	永安縣巡檢			v						擢巡檢使，會廣、桂二州都監捕賊。	卷116景祐2.5 申午P.2731
田　丙	知桂州								*	討捕鎮寧州蠻莫陵等七百餘人。	卷116景祐2.5 丁末 P.2735
許　政	雷、化州同巡檢				v					與蠻賊戰死。	卷117景祐2.8 P.2752–2753
李至忠	瓊、崖州同巡檢			v						與蠻賊戰死。	卷117景祐2.12 P.2768
高永錫	石州定胡縣監押					v				與蕃賊戰，斬首功賞。	卷118景祐3.6 P.2790
劉允忠	知施州							*		誘溪蠻譚彥縚降，功賞之。	卷120景祐4.4 P.2829
裴永昌	本族巡檢	v								柔遠寨蕃部巡檢誘其以族內附。	卷123寶元2.2 癸酉P.2896
鄭從政	寧州都監								*	保安軍守禦有功，賞之。	卷125寶元2.12 乙丑P.2945
狄　青	都巡檢司指使			v						禦保安軍有功，超資授之。	卷125寶元2.12 乙丑P.2945

宋代中期三班官階與差遣類目之配搭關係簡表

人名	差遣	寄祿官								備註	出處《長編》
		三班借職	三班奉職	右班殿直	左班殿直	右侍禁	左侍禁	西頭供奉官	東頭供奉官		
王慶	柔遠寨監押					v				賞破後寨及討吳家等族帳。	卷126康定1.1癸酉
薛文仲	廣南監當					v				元昊入寇，輒還京師，故責之。	卷126康定1.2 P.2976
邵元吉	延州安遠寨都監						v			元昊攻安遠、塞門、永平等寨，卻之。	卷126康定1.2 P.2977
王繼元	永平寨監押					v				同上	同上
王至	經略司指使	v								元昊入寇，追戰死之。	同上
張異	延州金明縣都監							*		元昊入寇，戰沒於延州。	卷127康定1.4戊申P.33007-8
高守忠	鄜延路指使		v							同上	同上
張達	鄜延路指使		v							同上	同上
道信	陝西都部署司指使	v								本司言其習知邊事也。	卷128康定1.7 P.3029
張建候	延州都監							v		范仲淹分州兵爲六將，其爲第六將。	卷128康定1.8庚戌P.3035-6
李禹亨	鎭戎軍監押							v		贈任福等官軍戰死者。	卷131慶曆1.2丁酉 P.3102
劉鈞	三川寨監押					v				同上	同上
李絳	秦州駐泊都監					*				爲涇原路管勾招撫蕃落公事。	卷132慶曆1.7已巳P.3153

宋代中期三班官階與差遣類目之配搭關係簡表

人名	差遣	寄祿官								備註	出處《長編》
		三班借職	三班奉職	右班殿直	左班殿直	右侍禁	左侍禁	西頭供奉官	東頭供奉官		
王餘慶	知豐州						v			元昊陷豐州，皆死之。	卷133慶曆1.8 乙末P.3171
侯　秀	指使	v								同上	同上
趙　喻	鄜州、環慶都巡檢使。								*	與西賊接戰，卻賊而歸。	卷133慶曆1.9 庚申P.3175
趙兼遜	通、泰等州都巡檢								v	兼遜捕海賊，鬥死也。	卷134慶曆1.12 P.24477
秦　砥	邕州永平寨監押					v				以砥與蠻人鬥死也。	卷135慶曆2.4 P.3240
許思純	瓦亨寨都監						*			舊懷敏經原路戰死將領。	卷138慶曆2.10 癸丑P.3314
霍　達	涇原路都監司指使		v							同　上	同　上
延　正	本族巡檢	v								內屬蕃部逃潰不可遏，誘而擢之。	卷139慶曆3.2 甲子P.3355
蒙守中	監和州稅					v				自陳不願爲武吏，改大理評事。	卷140慶曆3.4 P.3365
王世卞	鄭州兵馬監押					v				既爲官職，而輒私自歸，有司劾之。	卷141慶曆3.5 P.3381
齊再昇	秦鳳都監								*	蔭其孫爲郊社齋郎。	卷141慶曆3.6 P.3388
宋　璘	沂州巡檢	v								賞捕殺王倫之功。	卷142慶曆3.8 辛亥P.3418–9
劉　滬	瓦亨寨監押					v				任福敗，開門納蕃部民。	卷144慶曆3.10 P.3486

宋代中期三班官階與差遣類目之配搭關係簡表

人名	差遣	寄祿官								備註	出處《長編》
		三班借職	三班奉職	右班殿直	左班殿直	右侍禁	左侍禁	西頭供奉官	東頭供奉官		
折保忠	延州蕃官巡檢			v						出兵拒西賊，獲首級器甲。	卷147慶曆4.3戊寅P.3565
張克明	澶州都監								v	克明死鑾事，補其子淳。	卷149慶曆4.5壬午P.3613
史克順	保州、廣信軍管界巡檢					v					卷152慶曆4.9 P.3699–3700
張濟	保州指使	v									同上
吹博迪	本族巡檢		v								卷154慶曆5.2 P.3748
實吉	環州蘇家族巡檢				v					捍賊於細腰城有功。	卷155慶曆5.4 P.3768
安忠信	淮南監當		v							嘗爲契丹刺事雄州，至是來歸。	卷157慶曆5.10戊辰P.3804
李文吉	同上		v							同上	同上
王惟德	邕、貴等州都巡檢使				*						卷168皇祐2.2辛未P.4033
高士安	邕州都巡檢				v					儂智高反，皆戰死。	卷172皇祐4.4 P.4142
吳香	欽、橫州同巡檢			v						同上	同上
王日用	橫州監押								v	智高入橫州，其棄城。	卷172皇祐4.5癸丑P.4145
馬貴	康州監押				v					智高入康州，馬貴死之。	卷172皇祐4.5壬戌P.4145

宋代中期三班官階與差遣類目之配搭關係簡表

人名	差遣	寄祿官								備註	出處《長編》
		三班借職	三班奉職	右班殿直	左班殿直	右侍禁	左侍禁	西頭供奉官	東頭供奉官		
韋貴	永都監都監					*				永通監卒殺知監，其捕斬之。	卷172皇祐4.5 癸酉P.4147
李貴	桂、宜、柳州巡檢	v								擊智高於龍岫峒，兵敗，死之。	卷173皇祐4.9 甲寅P.4171
劉莊	溪峒都巡檢								v	智高賊至，棄城逃，除名刺配。	卷174皇祐5.3 P.4202
周世昌	走馬承受							v		諸蕃部數出擾邊，令討擊之。	卷175皇祐5.7 庚辰P.4224–5
訥支蘭氈	本地分巡檢				v					月俸錢五千，候一年能彈壓蕃部。	卷175皇祐5.7 已丑P.4225
慕容允明	瓊、崖州巡檢	v								黎賊符護嘗犯邊，討而執之。	卷176至和1.5 丙子P.4261
蔣憲	東西安撫司指使		v							告獲劇賊劉唐五人，特錄之。	卷180至和2.7 P.4357
張世安	豐州緣邊同巡檢			v						富弼言其有武勇，特命之。	卷181至和2.12 P.4384
蒙全會	廣南安化州知州		v							廣南安化州蠻頻方物，知州為奉職。	卷181至和2.12 已亥P.4385
張忠	單州監押			v							卷184嘉祐1.11 已卯P.4451
馬寧	臨寨堡監押	v								待西人于境上，與討邊界田事。	卷185嘉祐2.2 P.4470
王咸孚	虔州巡檢						v			不掩捕鹽賊戴小入，除名。	卷190嘉祐4.10 癸亥P.4595
馬尤正	清井監監押						v			按所論功不實，奪官。	卷194嘉祐6.7 癸卯P.4697–8
蘇恩	五門蕃部巡檢					v				分所管蕃部為八族，各推首領主之。	卷195嘉祐6.8 乙丑P.4699

宋代中期三班官階與差遣類目之配搭關係簡表

<table>
<tr><th rowspan="2">人名</th><th rowspan="2">差遣</th><th colspan="8">寄祿官</th><th rowspan="2">備註</th><th rowspan="2">出處《長編》</th></tr>
<tr><th>三班借職</th><th>三班奉職</th><th>右班殿直</th><th>左班殿直</th><th>右侍禁</th><th>左侍禁</th><th>西頭供奉官</th><th>東頭供奉官</th></tr>
<tr><td>李文眞</td><td>延世界碩
爾族巡檢</td><td></td><td></td><td colspan="2">*</td><td></td><td></td><td></td><td></td><td>與蕃兵戰　，斬亂首級，功遷。</td><td>卷80大中9.1
壬子P.1965</td></tr>
<tr><td>馬　玉</td><td>同巡檢兼
安撫都監</td><td></td><td></td><td colspan="2">*</td><td></td><td></td><td></td><td></td><td>撫水蠻拒命侵掠，益兵戎之。</td><td>卷87大中9.5
P.1989</td></tr>
<tr><td>蒙　肚</td><td>知歸化州</td><td></td><td></td><td colspan="2">v</td><td></td><td></td><td></td><td></td><td>數遣其子及其妻，族偵軍事。</td><td>卷88大中9.9
P.2018</td></tr>
<tr><td>賈象之</td><td>紅南路體量
安　　撫</td><td></td><td></td><td></td><td></td><td></td><td></td><td colspan="2">*</td><td>以仍些蝗旱，民多流徙故也。</td><td>卷89天禧1.5
庚戌P.2060</td></tr>
<tr><td>曹　珣</td><td>淮南路體量
安　　撫</td><td></td><td></td><td></td><td></td><td></td><td></td><td colspan="2">*</td><td>以仍些蝗旱，民多流徙故也。</td><td>卷89天禧1.5
庚戌P.2060</td></tr>
<tr><td>王　冀</td><td>緣淮巡撫</td><td></td><td></td><td colspan="2">v</td><td></td><td></td><td></td><td></td><td>爲城西鎮將李文諒所殺。</td><td>卷90天禧1.9
P.2079</td></tr>
<tr><td>李繼明</td><td>瓌州巡撫</td><td></td><td>v</td><td></td><td></td><td></td><td></td><td></td><td></td><td>以擅領兵與蕃部格鬥，政傷。</td><td>卷90天禧1.9
辛亥 P.2081</td></tr>
<tr><td>劉永崇</td><td>馳往辰州
安　　撫</td><td></td><td></td><td></td><td></td><td colspan="2">*</td><td></td><td></td><td>辰卅梁變寇邊，馳往安無應策。</td><td>卷90天禧1.11
己亥P.2085</td></tr>
<tr><td>彭仕漢</td><td>監許、陳}
鄭州鹽稅</td><td>x</td><td></td><td>v</td><td></td><td></td><td></td><td></td><td></td><td>賜衣冠、婚帛。</td><td>卷91天禧2.4
戊午 P.2112</td></tr>
<tr><td>史　方</td><td>知 禮 州</td><td></td><td></td><td></td><td></td><td>*</td><td></td><td></td><td></td><td>以討捕溪蠻，功賞之。</td><td>卷92天禧2.5
甲戌P.2116</td></tr>
<tr><td>康八元</td><td>辰、禮、鼎
州都巡檢使</td><td></td><td></td><td>*</td><td></td><td></td><td></td><td></td><td></td><td>以討捕溪蠻，功賞之。</td><td>卷92天禧2.5
甲戌P.2116</td></tr>
<tr><td>薛　貽</td><td>滑州都監</td><td></td><td></td><td></td><td></td><td></td><td></td><td colspan="2">*</td><td></td><td>卷93天禧3.6
癸卯P.2153</td></tr>
<tr><td>李士彬</td><td>延州金明縣
都　監</td><td>v</td><td></td><td></td><td></td><td></td><td></td><td></td><td>*</td><td>斬宥州蕃族臘兒有功。</td><td>卷95天禧4.1辛
子P.2178–2179</td></tr>
</table>

北宋中期三班官階與差遣關係總表

差遣 官陛		體量安撫	知軍州、邊州	走馬承受	都監					監押				
					州都監	軍都監	監都監	縣都監	寨以下都監	州監押	軍監押	監監押	縣監押	寨以下監押
供奉官	東頭、帶閤門祗候	(P.2660)	(P.2735)		(P.3388)									
	東頭		(P.1864)	(P.1879)	(P.3613)					(P.4144)				
	西頭、帶閤門祗候		(P.2829)		(P.2945)						(P.3102)			
	西頭	(P.2477)		(P.2976)	(P.3035)	(P.2350)								
侍禁	左侍禁、帶閤門祗候	(P.2470)	(P.971)		(P.2705)		(P.4147)							
	左侍禁			(P.4699)								(P.4697)		
	右侍禁、帶閤門祗候	(P.2449)	(P.2116)		(P.3056)			(P.2325)						
	右侍禁				(P.2210)								(P.2790)	
殿直	左班、帶閤門祗候		(P.1448)						(P.1887)					(P.3240)
	左殿班直									(P.2502)				
	右殿班直			(P.1193)						(P.4451)		(P.1476)	(P.1193)	
奉職														
侍職														(P.4470)

（表例：
.　《長編》所見官階與差遣之位置舉隅。
.——不同差遣在官階上普遍呈示之等高線。
- - -同類差遣中，官階之上下限差距。　）

北宋中期三班官階與差遣關係總表

官階	差遣	巡檢使、巡檢：州都巡檢使	州都巡檢	州巡檢部	州巡檢	州同巡檢	縣同巡檢	族巡檢	蕃官以下緣邊巡檢	監當：路監押	州監押	縣監押	場監押	路司：指使
供奉官	東頭、帶閤門祇候	(P.3175)												
供奉官	東頭		(P.3206)											
供奉官	西頭、帶閤門祇候	(P.2305)		(P.1491)										
供奉官	西頭		(P.1328)											
侍禁	左侍禁、帶閤門祇候													
侍禁	左侍禁			(P.2564)	(P.4595)									
侍禁	右侍禁、帶閤門祇候													
侍禁	右侍禁													
殿直	左班、帶閤門祇候				(P.1493)	(P.1989)								
殿直	左班殿直					(P.2752)	(P.1526)	(P.3768)	(P.2339)	(P.2502)				
殿直	右班殿直				(P.1424)	(P.2768)			(P.3565)		(P.2112)	(P.2342)		(P.2945)
奉職									(P.2390)	(P.3804)				
侍職								(P.2896)	(P.2220)		(P.1902)	(P.1606)	(P.1021)	(P.4470)

（表例：・《長編》所見官階與差遣之位置舉隅。
・—— 不同差遣在官階上普遍呈示之等高線。
－－－ 同類差遣中，官階之上下限差距。）

簡表所見者，大體顯示了三班官各個官階內，至爲常見之差遣任務，其他較瑣碎或不具普遍性之臨時差遣，並未收入（註二〇）。除了走馬承受、體量安撫、路司指使等隨著路制而興起之新型差遣外，如都監、監押、巡檢、監當與知軍州，皆在太宗以前經已存在，而加以逐步制度化。表面上，宋代官階與差遣之分割，造成官制上很大之紊亂，多爲時人所詬病（註二一），實際而言，這種遣官形式推行之時間頗長，自有發揮其相互配合之處。三班官各官階相對之差遣類目，顯然因官階之不同而有異，但在官階與差遣之間，又多少存在著落差，容許在窄幅度不同之官階，擔任著相同種類、等級之差遣活動。

三班官至高級之差遣，是路制中之體量安撫、體量公事，擔任此等職務者，往往爲東頭或西頭供奉官，再帶上閤門祇候之官銜，例如眞宗咸平二年（九九九）八月，陳采、韓紹輝即分別以此官出任西川、峽西體量公事與荊湖路體量公事（註二二）。仁宗天聖四年（一〇二六）六月，張繼恩亦以此官任京西路體量安撫（註二三）。至於出任此差遣之至低級官階，亦至少在西頭供奉官，天聖六年（一〇二八）七月，劉永證任爲江、淮、兩浙體量安撫，即爲一例（註二四）。路制以下，亦時於州軍間遣體量安撫。擔任此職之官階又要比路制者爲低，如天聖六年（一〇二八）四月，郭立乃以左侍禁於河北某些災傷州軍中體量安撫（註二五）。

其次，較高級之差遣爲知邊州。知州者，本視爲親民之官，多爲文職官員擔任，然於邊區處，軍事防守之意義甚濃，特以武官轄之，可謂軍區中之政令官。如眞宗天禧四年（一〇二〇）二月，張淡成知祁州，其官階爲供奉官，帶閤門祇候（註二六）。仁宗景祐二年（一〇三五）五月，田丙亦以東頭供奉官閤門祇候，知桂州（註二七）。在擔任同類知州之職責，往往用侍禁階或以上者爲之。如眞宗大中祥符三年（一〇一〇）三月，孫詡以侍禁知施州（註二八），仁宗慶曆元年（一〇四一）八月，王餘慶則以侍禁知豐州（註二九）。然而，越近極邊之地方，開發之程度越低，僅屬羈縻之州，乃常以本族人授以較低之三班官階，方便治理。例如眞宗大中祥符九年（一〇一六）九月，授蒙肚殿直，知歸化州（註三〇）。仁宗至和二年（一〇六五）十二月，授蒙全會三班奉職，知廣南安化州（註三一），亦爲一例。其性質顯然比前面之知州，有所不同。

在知州親民官以下，要算以都監爲較高級之差遣。都監之職，大抵可分爲州都監、軍都監、監都監、縣都監及寨以下之都監。其中，州、軍監，雖被分劃於同一級之地方制度內，然而就資料顯示，出任州之監督，官階至高，軍都監次之、監都監又次之。任州都監，至常見之三班官階爲供奉官帶閤門祇候，例如眞宗天禧三年（一〇一九）六月，薛貽任滑州都監，即爲一例（註三二）。仁宗寶元二年（一〇三九）十二月，鄭從政任寧州都監，亦以西頭供奉官帶閤門祇候（註三三）。供奉官不帶閤門祇候，而爲州都監者，亦多所見。如仁宗慶曆年間潭州都監，以東頭供奉官克明任之（註三四）。康定年間，張建侯亦曾以西頭供奉官爲延州都監（註三五）。任職州都監至低之官階要求，常在侍禁或以上，如仁宗康定元年（一〇四〇）十一月，狄青即以右侍禁帶閤門祇候任涇州都監（註三六）。州之都監既以供奉官帶閤門祇候爲普遍，則出任軍之都監，多只以供奉官任之。如仁宗天聖年間之康文德，嘗以西頭供奉官爲永興軍都監（註三七）。任監之都監，又較低等地以侍禁帶職以領之。如仁宗皇祐四年（一〇五九）五月，以右侍禁、閤門祇候韋貴爲永通監都監（註三八）。反觀縣之都監，理論上應在州、軍、監以下，但往往因軍事上之特殊位置，出任此職者，官階不低，其作用與州、軍者差不多。如仁宗時期之金明縣，地處延州，爲邊區緊要之地，康定元年（一〇四〇）四月，張異任金明縣都監，亦具西頭供奉官帶閤職官階（註三九）。而天聖年間，李士彬同樣任金明縣都監，其官階亦在東頭供奉官（註四〇）。然而，相信在一般情況下，縣之都監較州、軍、監之都監爲低（註四一）。

任職寨或以下之都監，官階顯然較低。如眞宗大中祥符七年（一〇一四）七月，張仲達任瓦亭寨之都監時只爲殿直，帶閤門祇候（註四二）。較重要之軍事寨門，至多以侍禁官階爲之，如仁宗康定年間，任延州安遠寨都監之邵元吉，其官爲左侍禁（註四三）。

這種由上而下，官階與差遣各按級序之排列、配搭方式，不僅見於都監，就是監押之情況也是大致相同。爲州之監押，一般在供奉官階內，如仁宗皇祐年間，王日用即以東頭供奉官，任職橫州監押（註四四）。較低的有以侍禁官階充任。例如眞宗咸平年間趙希素以侍禁爲保州監押（註四五）。在些相對落後之邊區，州的都監是不設的。州之監押由官階較低者充任，亦間有出現殿直官階（註四六），但是並不常見。至於軍之監押，至高之官階略遜於州監押之至高者，爲西頭供奉官帶閤門祇候，如仁宗慶曆元年（一〇四一）間之鎭戎軍監押李禹亨（註四七）。監監押又似乎低於軍監押，例如仁宗嘉祐年間，馬允正即以左侍禁曾任淯井監監押（註四八）。而縣的監押，又往往較諸監監押爲低，例如仁宗景祐三年（一〇五一）六月，高永錫以右侍禁嘗任石州之定胡縣監押（註四九）。至於寨之監押，普遍之官階在右侍禁或以下，例如仁宗景祐年間之盧訓，乃以右侍禁爲柔遠寨監押（註五〇），康定年間，邵元吉也曾以右侍禁爲永平寨押（註五一）。慶曆年間之劉鈞，亦同以此官爲三州寨監押（註五二）。明道年間，高德任普義寨監押時，爲左班殿直（註五三）。在殿直官階以下，又往往以三班奉職、借職，任爲寨之下如堡監押等職能（註五四）。

監押以下，又有不同種類之巡檢差遣。大抵可分爲州、縣、番族緣邊疆界等巡檢職責。州都巡檢使與州巡檢使，代表著較上層之巡檢長官，其官階普遍佔據在供奉官及供奉官帶閤門祇候之間。例如眞宗咸平年間，孫正辭以供奉官帶閤門祇候任益州、川峽諸州都巡檢使（註五五）。眞宗景德年間之張守榮，亦以西頭供奉官帶職任邕州巡檢使（註五六）。至於州巡檢以下至蕃族緣邊巡檢，則屬較低之官階出任。州巡檢之職，多爲遠地差遣工作，常以殿直以內官階爲之（註五七）。如眞宗景德年時之王文用，亦以殿直出任泗州巡檢（註五八）。而縣之巡檢與州之巡檢，出任之官階略同。有時在巡檢以外加上駐泊之名，即加重其職，類於都監、監押，官階上自然稍爲提高。如仁宗明道時期之張孚，即以右侍禁爲太康縣之駐泊巡檢（註五九）。蕃官以下各類緣邊巡檢，固有以殿直出任，如仁宗慶曆間，折保忠以右班殿直任爲延州蕃官巡檢（註六〇），但是也不乏以奉職、借職出任之例子。其間多爲羈縻蕃族首長所設的。例如寶元年間，以白豹寨都指揮使裴永昌，爲本族巡檢（註六一），官三班借職。又例如慶曆年間，以慶州星葉族蕃官吹博迪，爲本族巡檢，官三班奉職（註六二）。從上可知巡檢、監押、都監，其間均存在著相當級序，這三種之差遣類目，可謂三班差遣活動中之中心支柱。

在巡檢以下之各路司指使，地位更低微。官階多不出奉職與借職之間。如仁宗康定年間，張達、高守忠以三班奉職出任鄜延路指使（註六三）。慶曆年間，霍達任爲涇原路都監司指使，亦爲三班奉職（註六四）。以三班借職出任者，如眞宗天禧年間，涇原路指使趙榮（註六五）、仁宗康定年間，陝西都部署司指使道信（註六六），可資爲例。

三班官之差遣內容，十居其九包括在地方監軍及維持治安之工作性質上。對於地方理財，或監臨物務方面，用人相當謹愼。嚴格而言是選任武官監當，多以官階低微者充任，以防弄權。無論是屬於路、州、縣、場之監當，計其官階之分別實不大，皆常用殿直及以下之官員充當。在這種情況下，按州、縣等劃分方法，未必能夠如都監、監押、巡檢等，看出其官階之差別。例如眞宗乾興元年（一〇二二）三月，唐儀出任兩浙路之監當，官階在殿直（註六七），而眞宗天禧二年（一〇一八）四月，彭仕漢監許、陳、鄭州鹽稅，亦以殿直官階出任（註六八）。至如仁宗天聖時之何承勛，監興平縣酒稅時，亦爲殿直（註六九）。甚至有時，監當某路之工作，由三班奉職以執行（註七〇）。相反而言，監當某些場，本來指著範圍較小之經濟作業，鑒於監當之對象價值，又往往以殿直以上之供奉官階爲之（註七一）。觀其整體之趨勢，以殿直及以下爲之，乃至爲普遍。

最後，三班官差遣之類目當中，不能不提新興之走馬承受職事。與上列所述之差遣工作很不同，走馬承受至能反映五代三班官原有之職責面目。大抵都監、監押等監軍之工作，是興於五代末期，那時使臣之功能因軍隊之專業化而逐漸與帝王關係疏遠，退居於長期監軍之局面。三班官原有之親從性，表現在隨時為帝王走馬探報，監察地方動靜以作為帝王耳目。故此，擔任地方監軍，本來只是臨時性，用以執行上述目的之其中一種途徑而已。到了宋代，監軍反成為差遣之主流，與五代設立三班官之動機，顯然是本末倒置了。走馬承受之出現，可以說是完全補足了三班官原有之面目。關於走馬承受與三班官關係，後文將作詳細交代。

正因為走馬承受，具有強烈之親信意味，其官階未必至高，但地位超然，非都監、監押等一般差遣所能相提並論，甚至一路之帥師，對走馬承受也頗為恭敬（註七二）。擔任走馬承受者，官階通常在供奉官與侍禁間。例如眞宗大中祥符之李崇政，供奉官任河東路走馬承受（註七三）。仁宗皇祐年間之周世昌，亦以供奉官為秦鳳路之走馬承受（註七四）。以侍禁出任走馬承受者，如眞宗大中祥符時之利州路承受張仲文（註七五）。除此以外，在較少見之情況下，亦有以殿直為之。如眞宗咸平年間之尹能，乃以殿直為定州路承受（註七六）。

總括上述三班官各項差遣與官階掛勾之關係分析，二者頗有條理。大致而言，以三班官較高級之官階，擔任著較重要之差遣活動，對於相同種類而級別有異之差遣，其官階之分別亦不難發現。諸如都監、監押、巡檢、監當、路司指使，其官階由上而下之趨勢是相當配合；就是州都監與軍都監，軍監押與寨監押，在三班官階之要求上顯然不同。而各官階，在這種嚴密之差遣制度下，具有很獨立、鮮明之職責，避免了五代宋初，三班官制中一官多職之情況。但是反過來說，從差遣類目來顯示既有之官階，往往在官階與官階之間，出現了窄幅度之落差。諸如帶閤門祇候與否，東頭與西頭供奉官、侍禁與殿直等，形成了千絲萬絮之連帶關係。

叁　三班官制改革下賤職觀念之強化

五代以還，三班官職雖低，然而素未稱爲賤職。踏入宋代，終太祖之世，三班官賤職觀念亦未產生。首先提到三班官爲賤職者，要到太宗太平興國年間，以牙校補殿前承旨，被視爲賤職羈縻，爲太宗日後之官制改革留下伏線（註七七）。雍熙以還，三班官漸次被視爲卑亢，宋琪以太宗多選擇三班，讚譽其不遺竹頭木屑，無形中顯示了三班官趨於卑賤。

《長編》卷二十五、太宗雍熙元年（九八四）十二月條：

> 宋琪曰：近見陛下，自供奉官、殿直、承旨……咸加選擇，褒獎功勤，振拔淹滯，內外無不知勤。上曰：此輩久歷艱難……朕非但振舉湮沈，亦欲激厲使爲好事耳。琪曰：陛下不以卑亢，躬自搜訪，量材任職，無有棄人，所謂竹頭木屑亦不遺棄者也。

五代帝王選用三班官任使，是甚爲平常之事，太宗時三班官之任用，則被視爲極不尋常之擢任。三班官於當日官員心目中，整體地位是無疑降低了。然而若再細考三班官之內部，必發現三班之上級與下級，亦有貴賤之分。淳化二年（九九一）正月之三班官制改革下，三班官階正式在武官之至底層，其間似乎以奉職特別卑賤。太宗至道年間王禹偁即明言：「三班奉職，卑賤可知」（註七八）。由於三班官階脫離了從前親信任使之實職，因此舊日作爲帝王耳目之高貴地位，便徹底失去。以後三班偶爾因遣使機會，得以上殿對答，亦被視爲「惑亂天聽」（註七九），情況與五代時期顯然很不同。官階俸祿既成爲衡量貴賤之唯一標準，則三班奉職更形卑賤。

江少虞《宋朝事實類苑》卷六十三、談諧戲謔、詩嘲即謂：

舊制（太宗時），三班奉職曰俸錢，月七百，驛券肉半斤。祥符中，有人爲詩題所在驛舍間曰：三班奉職實堪悲，卑賤孤寒即可知。七百料錢何日富？半斤羊肉幾時肥？朝廷聞之，曰：如此，何以責廉隅……。

其間戲謔之事雖屬眞宗之時，然三班奉職官階之俸祿制度，實定於太宗後期。足以反映三班官階寄祿後，確強化了三班賤職之觀念。就是三班中之殿直，亦難與清望官相比。

《長編》卷三十五、太宗淳化五年（九八四）二月條：

以大理評事陳舜封爲殿直。舜封父善奏聲，隸教坊爲伶官，坐事黥面流海島。舜封舉進士及第，任望江主簿，轉運使言其通法律，宰相以補廷尉屬。因奏事，言辭頗捷給，舉止類倡優，上問誰之子，舜封自言其父。上曰：……此眞雜類，豈得任清望官……遂命改秩。

舜封因伶官之子而以殿直處之，實可想像殿直階之地位並不高。殿直與三班奉職尚且如是，三班借職之情況自然更爲人所不屑。沈括《夢溪筆談》即載宋中期石曼卿之絕句曰：「無才且作三班借，請俸爭如錄事參。從此罷稱鄉貢進，直須走馬東西南。」（註八〇）可知三班借職甚爲卑下，而在另一方面，代替三班官功能而崛起之走馬承受使臣卻爲一般人所羨慕，凡此莫不說明帝王親信對象之轉移。

事實上，當日之三班官階，清濁之間已頗爲鮮明。殿直以下之三班奉職、三班借職被確認爲賤職；殿直以上之供奉官、侍禁官階，還能夠脫離賤職之嫌。至於殿直處於其間，一時亦難分清濁，然越發展至後期，與上級官階之聯繫越密切。供奉官與三班借職階雖同謂三班，但是二者顯然差別大很大。《長編》卷五十六、眞宗景德元年（一〇〇四）正月條即載：

環州馬步軍都指揮使王延順任職歲久，頗蓄欺罔，戎人情僞，或失其實，邊臣屬有論薦，乞授供奉官……上不許，召其子補三班借職以羈縻之。於是，延順願解軍政，因徙爲永興軍馬步都校……。

上述說明了作爲對蕃屬部將一種羈縻優遇之方式，賜其三班借職尚可，供奉官則不能輕授。二者自有其分別。又至如侍禁與三班奉職間，顯然亦具差異。某些衝要差遣，往往以奉職秩輕難以節制，而改以侍禁以上官階爲之。《長編》卷六十七、眞宗景德四年（一〇〇七）十二月條：

己亥，詔川峽節度州及衝要兵多處監押，用侍禁以上爲之。時興元府言，有小校對護軍無禮，其人乃三班奉職，以秩輕故也。

可知時人多卑視三班奉職，以其秩輕，對之無禮。以侍禁出掌，則可避免上述現狀。由於戰爭之驅使，政府多從三班官階較下層以探求人才，殿直逐漸成爲與供奉官、侍禁並稱之官階擢用對象。

《長編》卷六十五、眞宗景德四年（一〇〇七）六月條：

詔三班使臣，頗有負才能者，朝廷雖加旌權，恐未周悉。宜令吏部尚書張齊賢以下三十人，各保舉供奉官、侍禁、殿直有謀略武勇知邊事者二人，當議優加進用。

自此以後，每舉三班使臣充邊任，必以殿直以上爲之，成爲不貳之法。

《長編》卷八八、眞宗大中祥符九年（一〇一六）十月任午條：

詔户部尚書馮拯等五十人各舉殿直以上有武幹者一人，俄又詔須兩任巡檢，監押各二年半者乃得施行。

按差遣與官階關係，能歷巡檢、監押兩任者，其官階大概在殿直和侍禁官階之間。殿直以下之官階，是很難得到提拔擢升的。三班奉職往往被視爲職卑，於邊事上難以彈壓。

《長編》卷一〇二、仁宗天聖三年（一〇二五）八月條：

河北沿邊安撫司言：近以奉職張可久充廣順軍兵馬監押。竊緣本軍最處窮邊，屯余不少，張可久新自舉人得班行，不惟未諳邊事，兼恐職卑，難爲彈壓管勾。欲望於殿直以上，別選曾歷邊任監押者充。詔可。

三班官階中，供奉官、侍禁與殿直所以不入卑賤，與宋初發展出來之高官蔭補制度很有關係。宋初之官制無論是如何改變，始終要顧及中央高級官員之既得利益。尤其當官階脫離實職而完全寄祿之際，對高級官僚子弟之大規模蔭補可說是高官失去實權之彌補、撫慰之方法。宋代第一次大型而全面之蔭補方案，誠然要算是眞宗大中祥符八年（一〇一五）頒佈之聖節、郊祀恩蔭之法（註八一），其間蔭補之主要對象爲子，旁及弟、姪、孫等親屬，自正一品之宰臣兼樞密、節度使帶平章事至從一品之樞密使、副、參政、宣徽、節度使皆可任子東頭供奉官至西頭供奉官。自正二品之左右僕射、御史大夫至從二品之資政殿學士、六部尙書皆可任子左侍禁。自正三品之三司使、翰林學士、侍講侍讀至從三品之尙書侍郎、節度使留後、觀察使可蔭子右侍禁。至於正四品之給事中、諫議大夫、中書舍人至從四品之三司副使、防禦使以下閤門使、樞密都承旨亦至少可蔭子右班殿直。換言之，自正從一品至從四品以內之中央高官，其子弟均包括在東頭供奉官至右班殿直之官階內。這種蔭補之趨勢，顯示了在彌補高官失去實職之過程中，子弟之官階自供奉官、侍禁、殿直仍具有相當之可觀性，代表著高官子弟之入官身份。故此，容易避免與三班奉職、三班借職同走向卑賤之路。由此亦可知，高官子弟同屬三班，然而其升遷之途甚速，非借職、奉職可比擬，所謂「三班」已失去其整體意義，形成二種截然不同之道路。其蔭補情況如附表所示。

《長編》卷八四、真宗大中祥符八年正月聖節、南郊恩蔭簡表(P.1911)

		受蔭對象、官階			
中央官員	官品	子	品位	弟、姪、孫	品位
宰臣、樞密，節度使（帶平章事）	正從 一品官	東頭供奉官	從八品	左侍禁	正九品
樞密使、參知政事、樞密副使 宣徽使、節度使		西頭供奉官	從八品	右侍禁	正九品
左右僕射、御史大夫 文明、資政殿學士 六部尚書	正從 二品官	左侍禁	正九品	左班殿直	正九品
三司使、翰林學士、侍讀侍講 龍圖、樞密直學士、上將軍、太常、宗正卿 御史中丞、尙書侍郎、留後、觀察使	正從 三品官	右侍禁	正九品	右班殿直	正九品
給事中、諫議大夫 中書舍人、知制誥、待制 三司副使、防禦以下閤門使、樞密都承旨	正從 四品官	右班殿直	正九品	三班奉職	從九品
大卿監、少卿監（帶職）、刺史	從五品	三班奉職	從九品	三班借職	從九品
諸衛大將軍、少卿監 六部郎中、員外郎（帶職） 內諸司使	正從 六品官	三班奉職	從九品	三班借職	從九品
諸衛將軍、諸司副使	從七品	三班借職	從九品		

就是到了慶曆二年（一〇四二），重新修改之武臣恩蔭條例（註八二），對於一品至四品之高級官員的蔭子方去，整體上並沒有任何特別之變動。其間蔭補之子弟依然保有東頭供奉官至右班殿直之官階。有的只是特別針對期親外，餘親之濫蔭情況而言（註八三）。以後在皇祐四年（一〇五二）（註八四），嘉祐元年（一〇五六）改動之蔭補新法，亦旨在裁減奏補血緣疏者及乾元節恩蔭之舊例上（註八五）。

若追溯眞宗以還對高官子弟蔭補之精神，不難發覺在太祖、太宗時，對四、五品以上官員之優禮。《長編》卷十八、太宗太平興國二年（九七七）三月條即謂：

太祖受禪，文武五品以上，皆蔭子弟。

至太宗至道年間，又在此種已有之蔭補基礎上加以擴充，保留了對原來四、五品以上官員之優惠。《長編》卷四十、太宗至道二年（九九六）九月甲午條載：

詔壽寧節，賜翰林學士、兩省五品、尚書省四品以上一子出身。先是，近臣因誕節，或以疏屬求蔭補，至是，始爲限制，非其子孫及親兄弟，多寢而不報。

對於國初這種恩澤之方式，司馬光指出主要源於太祖即位之初，承五代姑息藩鎭之弊，故此官員每每進奉賀登極時，即一例推恩親屬所致（註八六）。李燾《長編》卷一八二，亦表達了頗爲婉轉之意謂：「蓋國初天下新定，人未樂仕，至有敦遣富人，使爲官者，故于兄弟叔姪之制，未遑議也。」（註八七）其實二者共同指出了宋代之蔭補制度淵源自太祖太宗期間，對官員之安撫方法。高級官員之利益由始至終皆未見忽略，此所以在蔭補之官階範圍內，主要自東頭供奉官至右班殿直。

至於三班奉職、三班借職之設立，多作爲吸納各種小官之用。諸如邊區豪酋及其子弟出任地方鎮將（註八八）或巡檢（註八九），多補奉職、借職等官。此外，若細加觀察宋初以還流外官出官之法，當明白三班之奉職、借職實在是一批地位低微之吏員唯一上進之孔道，只有很少數之個別部門吏員能出職於三班中較上級之位置。在《宋史》卷一六九、職官九、流外出官法條下所舉之三十七個中央所屬部門下，就只有三司、開封府、殿前司、馬步軍司、閤門、太常禮院、軍頭引見司、御書院之至高級吏員能出職高於三班奉職之官。一般來說，在孔目官、勾押官、開拆官和行首以下之吏員，只能以三班奉職與借職爲出職對象。其流外出官法之詳細情況，如附表所示。

由此觀之作爲吸納中央與地方較低級之吏員來看，三班借職與三班奉職是包括著賤職羈縻之意義，而這種構想，早在太宗淳化官階改革以前經已萌芽。三班官內部之供奉官、殿直與承旨間之差距越大。復由於前者作爲保障高官子弟入官時之身份象徵，故此多少避免了賤職羈縻之命運。然而，賤職觀念畢竟在三班官內部產生了，要三班官重返舊日親信之道路似乎是不可能。眞宗時期，三班官員給人之整體印象是品流複雜的。

《長編》卷八十、大中祥符六年（一〇一三）五月條即謂：

詔三班員自今引見差遣使臣，內有疾患者，並附腳色開說進呈。先是，選使臣任使，引對日，乃有盲跛者，故降是詔。

《宋史》卷一六九、職官九、流外出官法（Ｐ·４０４３－４０４６）

所屬部門	職名	出職年數 三	五	六	七	八	十	十五	三十	出官人數
學士院	錄事	奉職								不限
御史台	充主推		奉職							不限
御史台	書史		借職							不限
非御史台諸處	充主推					借職				不限
非御史台諸處	書史					三班差使				不限
三司	三部都孔目官	西頭供奉官								不限
三司	前行								奉職	2
三司	後行								借職	2
三司	子司勾覆、開折官		左、右殿直							不限
三司	同三部衙都司押衙	奉職								不限
三司	衙佐	借職								不限
三司	通引官行首		奉職							不限
開封府	孔目官		右班殿直							不限
開封府	左知客押衙			奉職						不限
開封府	通引官左番行首				奉職					不限
開封府	支計官、勾覆官				奉職					不限
開封府	開班官、接押官				奉職					不限
開封府	諸司行首前行				借職					不限
殿前司	孔目官		右侍禁							不限
殿前司	通行官行首	奉職								不限
馬步軍司	孔目官		右班殿直							不限
馬步軍司	通行官行首	借職								不限
入內、內侍二省	前、後行	奉職								不限

《宋史》卷一六九、職官九、流外出官法（P・4043—4046） 續

所屬部門	職名	出職年數								出官人數
		三	五	六	七	八	十	十五	三十	
諸監	都水監勾押官	奉職								不限
群牧司	都勾押官	奉職								不限
客省	行首	奉職								不限
客省	勾押官		奉職							不限
閤門	行首	右侍禁								不限
太常禮院	副禮直官			西頭供奉官						不限
崇文院	孔目官	奉職								不限
軍頭引見司	勾押官		右班殿直							不限
皇城司	勾押官	奉職								不限
內東門司	押司官	借職								不限
管勾往來國信所	勾押官	奉職								不限
翰林司	專知官	奉職								不限
翰林司	大將	借職								不限
內藏庫	專知官	借職								不限
御藥院	押司官	借職								不限
御書院	待詔		左班殿直							不限
御書院	書藝						右班殿直			不限
御書院	御書祗候							借職		不限
進奏院	進奏官							出職		5
進奏院	進奏官（有過犯）							借職		不限
御廚	勾押官	出職								不限

可見步入太宗，眞宗期間，三班官無論在制度上或精神上，皆失去了宋初以還之親信意味。但是，在宋世君主權力之膨脹下，監察之耳目尤不可缺少，爲了解決三班在制度上純綷寄祿而沒有實職之問題，以及三班官因賤職觀念而整體下沉之現象。故此，產生了帝王新興之監察名目。

肆　三班親信功能沒落下新興監察機構之出現

三班親信功能之沒落，是一個頗爲複雜的過程，而標誌著其衰落之跡象，可以說是新興監察機構之出現了。三班官爲了要逐步實踐工作，代之而起的，就是按既有之官階以執行相應低下之常務性差遣工作。然而，隨著帝王專制政權之確立，伸展其監察耳目一項是不可少。故此，在三班官職能以外，先後興起之監察機構，以達至對京城與地方情報之迅速掌握。誠如佐伯富指出，越到近世時期，君立權力越高漲，再沒有像中世之貴族與之抗衡，故此極欲建立多元化之監察耳目，作爲其權力可直接控制地方基層之表徵，有皇城司與走馬承受之設立（註九〇）。皇城司之監察對象，主要爲京師之吏治與民事；走馬承受則爲京城以外之監察耳目，成爲兩個遠近皆達諸聖聽之監察機構。前者成立於太宗太平興國年間，後者則設於太宗至道年間，皆在三班官職能、地位日漸衰落之同時產生之新興耳目。其間之興衰轉變，或反映了三班官之親信功能，漸被內廷之宦官所取代。今先述皇城司方面。

諸監察耳目當中，以太宗太平興國六年（九八一）所設立之皇城司至具代表。關於皇城司設置之原因，《長編》太宗太平興國六年（九八一）十一月甲辰條之記載，頗見微妙：

改武德司爲皇城司。上嘗遣武德卒潛察遠方事，有至汀州者，知州王嗣宗執而杖之，縛送闕下，因奏曰：陛下不委任天下賢俊，而猥信此輩爲耳目，竊爲陛下不取。上大怒，遣使械嗣宗下吏，削秩……。

可知皇城司之前身爲武德司。武德司爲太祖時期監察宮廷防衛的機構，規模並不大。到了太宗即位以後，武德司之監視範圍即迅速擴散，由京師而達至地方，後改頭換面爲皇城司。地方官員偶有干涉，亦遭貶責。這種帝王親信之表現，從仁宗時期大臣對前朝之憶述可略知一二。

《長編》卷八一六二、仁宗慶曆八年（一〇四八）正月：

是月，臣僚上言：皇城司在內中最爲繁劇，祖宗任爲耳目之司，勾當官四員，多差親信有心力人……。

關於皇城司之管領，據《宋會要輯稿》第七十七冊、職官三四之一五所載，太宗太平興國六年以諸司使副使、內侍都知押班三人勾當，掌宮城開啓守衛及親從官之名籍等等。雖然表面上由宦官與武臣對掌（註九一），但顯然後者乃佔主導地位（註九二）。所謂內侍省之都知、押班，與五代三班官之長官制度具頗多共通點，或爲取代三班親從官職之重要指標。同書職官三六之一、內侍省載：

兩朝國史志，內侍省有左右班都知、左班都知副都知、右班都知副都知、押班、內東頭供奉官、西頭供奉官……侍禁、殿直、奉職小底，日奉內朝，以備乘傳急詔，凡天子巡幸，則執乘輿服御。

可見宦官之制，實承三班舊制而來。蓋三班官既陸續失卻親從意味，不得不另覓親從對象。觀宦官都知、押班、供奉官、殿直、奉職等完整之級序，必在太宗時期，三班官制逐漸改變之同時重新編成。據柴德賡〈宋宦官參與軍事考〉（《史學叢考》、中華書局、一九八二年）一文中，已經指出早在太祖、太宗朝，帝王實多方任命宦官從事領兵大璫，頗見親信，其勢力是不容忽略。其中，皇城司可謂第一個宦官取得之權力機關。究皇城司之權力，與機構內掌握之親兵有密切關係。

《文獻通考》卷五十八、職官考、幹辦皇城司條謂：

> 皇城司親從官數千人，乃命武臣二員，同兩都知主之，而殿前復不預。此祖宗處軍政深意也。

親從官即親從兵，有時亦稱爲皇城卒、或親事卒（註九三）。據《群書考索》別集、卷二十一、皇城以武臣宦官之條所載，則宦官掌親從兵權，似佔主導地位：

> 皇城司有親兵數千人，今八廂貌士之屬是也。以武臣二員并內侍都知二員管之。宋朝只此一項，令宦官掌兵，而以武臣參之，此又以制殿前都指揮之兵也。

從上述兩處資料顯示，皇城司所掌之親從兵，宋初本來是屬於殿前司所管轄。本文之前半部份，已經指出構成殿前親軍之骨幹者，原本就是供奉在帝王殿前之親從官，夾雜著類似殿直、供奉官等官員在內，成爲一支親從之軍隊。故此「親從官」與「親從兵」之概念，可以互相套用。無論殿前司下之殿前親軍如何地發展擴大，圍繞著帝王四周，始終還是保持著相當之親從官數目。舊日負責主理殿前之親從官事宜的長官，如供奉官都知、殿直都知或都承旨之類的官職，因殿前親軍之編制，已脫離了親從官之角色。取而代之的，是依然圍繞著押班、都知官銜之宦官來執掌親從官。五代以來，宦官任命之職責與三班官頗爲相似，然而始終未及三班官親從（註九四）。隨著三班制度之外廷化，宦官親從之地位，似漸從第二階梯而晉昇爲第一階梯。若按這種趨勢發展下去，情況或許類似五代，形成另一系列之軍事制度。然而帝王卻另置皇城司管轄，使軍政分家，即所謂「祖宗處軍政深意」。以後我們看皇城司親從官之性格，亦多集中於履行政事方面了，此亦用宦官爲親從而防宦官至得宜之策。其用宦官之例甚多（註九五）。

至於走馬承受之設立，顯然與三班官甚具淵源，但到了宋太宗時，亦漸被宦官之親信地位所蓋過。走馬承受職名之來源，一般皆認爲是太宗至道三年（九九七）所置（註九六）。但所謂「走馬」與「承受」，皆可追溯更早之時間。例如《舊五代史》卷五、後梁開平三年（九〇九）九月庚子條：

殿直王唐福自襄城走馬，以天軍勝捷逆將李洪歸降事上聞。賜唐福絹銀有加。

又《冊府元龜》卷四三五、將帥部、獻捷二：

（後唐開平三年）七月，殿前聶榮受自軍前走馬，奏收復丹州，生擒賊將王行思，致於行在。

可見所謂走馬，雖然未成一種官職，但是實包括了快使奏報之意，在三班使臣之職責具體表現出來。又《宋會要》、職官四十一即記載太宗至道元年（九九七）九月，已派供奉官宋元度等五人，分往鎮、定、並等州及高陽關，「承受公事，當言上者，馳傳以聞」。可見太宗至道元年臨時委派三班官到地方承受公事，本來就是負有走馬奏報之形態，頗接近後來走馬承受之職責。隨著地方路制之設立（註九七），遂因利成便，於河北、河東、陝西、川峽設立同類職官，後來更擴展至京西、京東、東南及西南地區。爲了更有效監察諸路，循名責實，遂給予各地方承受公事之使臣專職化之稱呼，命名爲走馬承受，以後或稱爲走馬承受公事等等。

若觀察至道期間成立走馬承受官職，也不難覺察擔任此職者，除三班官以外，宦官亦佔重要席位。王禹偁《小畜集》卷二十二、賀勝捷表謂：

夏州路馬步軍都部署王超，延州路馬步軍都步署范延召等，各差入內殿頭高品岑保正，入內高品賈繼隆等走馬賚狀到闕，奏兩路大軍入賊界，到秋入池會合，前後二十六度掩殺蕃賊。

其時爲太宗至道二年（九九六），已有宦官爲走馬承受。據柴德賡認爲，可能早在太祖之世，已有宦官任走馬侍臣，與三班使臣競相報捷爭賞。其舉《宋史》卷二五七〈李繼隆傳〉爲例：

會征江南，太祖謂曰：升州平，可持捷書來，爲厚賞汝。時內侍使軍中者十數輩，皆伺城陷獻捷，會有機事當入奏，皆不願行，而（供奉官）繼隆獨請赴闕。

對於太祖極初已有宦官出任走馬承受之事實，雖然是言之尚早，但是其與三班使臣爭相領功卻顯而易見。其後，以宦官出任走馬承受之數目，應不比三班武官爲低。《職官分紀》卷三十五即載：

走馬承受公事，國朝河北、河東、陝西、川峽皆有之或內侍二人或三人充。

至於同爲走馬承受，以宦官身份出任者，其權力似反而比三班官出任者爲高。這可以從較後的仁宗期間，走馬承受廖浩然逐走馬承受馮靖一事看出。

《長編》卷一七四、皇祐五年（一〇五三）正月戊條：

……走馬承受廖浩然……宦者，怙勢，嘗誣奏（李）昭亮（前爲判并州），昭亮所以徙，浩然力也……侍禁馮靖同承受，浩然忌其廉洁，無名奏納，亦移請他路……。

親信地位之轉移，造成宦官地位在三班官之上，這種情況，其實早在三班官制改革以前，已頗爲顯露。

《長編》卷二十五、太宗雍熙元手（九八四）三月：

先是，塞房村缺河……既塞而復決……供奉官劉吉自贊請行……內侍石全振者，領護河堤，性苛急，號爲石爆裂，數侵侮吉，吉默不校。一日，吉與乘小船至中流，語之曰：君持貴近，見凌已甚，我不畏死，當與君同見河伯耳。將蕩舟覆之，全振號哭，搏頰求哀，吉乃止，自是不敢侵侮吉矣……。

三班劉吉覆舟之法，自是抵禦宦官浸凌的消極之途。究三班官與宦官眞正矛盾所在，爲二者成爲帝王監察耳目之任務頗爲相近。其間在角逐親信地位之事上，必然產生相互競爭而互相消長之現實。尤其當三班官逐步實現武階寄祿之過程，作爲帝王親信之意味便越來越薄弱，其外廷化之發展，使得宦官作爲內廷之親信具長足之發展。故此，近世君主所興起之新型監察機關，如皇城司與走馬承受公事，主要就是逐步取代舊日三班官之親信功能，將監察權力重新分配，宦官從中便獲得較大之比重了。

【註釋】

註一 《宋史》卷二四九、范質傳，頁八七九四：「……及太祖北征，爲六師推戴，自陳橋還府署。時質方就食閤中，太祖入，率王溥、魏仁浦就府謁見。太祖對之嗚咽流涕，具言擁逼之狀。質等未及對，軍校羅彥瓌舉刃擬質曰：我輩無主，今日須昝戈天子。太祖叱彥瓌不退，質不知所措，乃與溥等降階受命。」其間頗見被逼屈服之狀，以後范質、王溥即於數年間離開相位，迅速以趙普代之，亦有被逼引退之嫌。

註二 王稱《東都事略》卷二二、李筠傳，頁三八二～三八四。

註三 《東都事略》卷二二、李重進傳，頁三八四～三八六。

註四 《宋史》卷二五一、慕容延釗傳，頁八八三四～八八三五。

註五 同書頁。

註六 《宋史》卷二五五、王全斌傳，頁八九二〇～八九二一。

註七 《宋史》卷二五八、潘美傳，頁八九九一。

註八 《宋史》卷二五八、曹彬傳，頁八九七九～八九八〇。

註九 《長編》卷十九、太宗太平興國三年五月乙酉朔條，頁四二七。

註一〇 詳見《宋史》卷四八二，北漢劉氏。

註一一 同書頁。

註一二 同書頁。

註一三　例如《長編》卷七、乾德四年正月丙子條即謂：「遣供奉官都知曹守琪等分詣江陵、鳳翔，賜僞蜀群臣家屬錢帛，疾病者以醫藥。」（頁一六五）。又同書卷一、建隆元年正月癸卯條亦謂：「都押衙上黨李處耘，具以事（立點檢爲天子）白太祖弟匡義。匡義時爲內殿祇候供奉官都知。」（頁二）。所謂內殿祇候就是侍候於內殿之意，供奉官都知亦即三班官制中較高級之官稱，在當時來說代表著左右之侍衛扈從。又如慕容延釗之弟延忠在宋初太祖時亦曾任供奉西頭官都知（詳見《宋史》卷二五一、慕容延釗傳，頁八八三五）。而王審琦之子承衍，亦在開寶初任職內殿供奉官都知（參閱《宋史》卷二五〇、王審琦傳附王承衍傳，頁八八一七）。其間供供奉官都知冠以「內殿」或「內殿祇候」之名，無非表示在帝王至親近處供奉之意思。由此觀之，宋初確多了保留了五代三班官之面貌。

註一四　眞宗時，在太宗三班官制改革新添名目外，又增設了內殿承制，孫逢吉《職官分紀》卷四四、橫行東西班太小使臣條、頁十六：「國朝大中祥符二年，詔置內殿承制班，在內殿崇班上，秩比殿中丞。」至於三班借職之下出現之三班差殿侍，《職官分紀》未將之列「小使臣」之範圍，以其秩輕故也。其實亦在眞宗朝已有，詳見《長編》卷七九、眞宗大中祥符五年十一月，頁一〇八六。反之，到了後期，內殿承制以下至三班差使、三班借差，被視爲「小使臣」之十二階。《資治通鑑長編紀事本末》卷一二五、徽宗政和二年九月癸未詔謂：「內殿承制以下小使臣，新官敦武郎舊官內殿承制、修武郎舊官內殿崇班……承信郎舊官三班借職、進武校尉舊官三班差使、進義校尉舊官三班借差，右十二階。」

註一五　同上。

註一六　眞宗景德時期，武臣之磨勘以七年爲限，《長編》卷六三、眞宗景德三年六月，頁一四〇六：「詔三班院考較使臣以七年爲限，嘗有徒以下罪者，自赦後理年考課。」到了大中祥符時，又轉爲五年磨勘，《長編》卷七十、大中祥符元年十月癸丑條，頁一五七三：「三班使臣經五年者與考課。」至天禧年間又以七年磨勘爲準，《長編》卷九二、天禧二年六月，頁二一一七：「壬辰朔，詔三班使臣經紛、陰改官後七年者，並許考課遷秩。」以七年磨勘之法至仁宗景祐年間仍一改，《長編》卷一一九、仁宗景祐三年十二月，頁二八一二：「初，三班使臣七年乃磨勘，李迪初入相，奏減二年。諸請自詔下經七年磨勘後，乃用新制。」其間略見跡象向五年磨勘發展。到了慶曆年間，早於范仲淹新法，武臣每五年磨勘使成爲定制了。詳見《長編》卷一四三、仁宗慶曆三年九月，頁三四三一～三四三二。

註一七　《宋史》卷一六九、職官九、武臣三班借職至節度使敘遷之制，頁四〇二二～九四〇三一。對於殿承制以下之三班官，只得逐資升轉。至於使副則能轉五資成七資。如禮賓副使，轉崇儀副使，即遷五資（西染院使副、東染院使副、西京作坊使副、西京左藏庫使副，而至崇儀使副）。遇戰功，可再歷如京使副、洛苑使副，即共七資。至於諸司正使，舉例如洛苑使，可轉西作坊使，亦共遷五資（內園使、文思使、六宅使、莊宅使、西作坊使）。遇戰功，再加兩資，由東作坊使至左藏庫使，其他正使，副使轉遷之法亦同。三班轉遷之緩慢，造成三班官員層，爲武官中人數至多者。

註一八　詳閱友永植〈唐・五代三班使臣考——宋朝武班官僚研究その（一）——〉一文，頁三五～四六。

註一九　《宋史》卷一六六、職官六、東、西上閤門條謂東西上閤門使副、宣贊舍人以下，有閤門祇候。閤門之職，祖宗所重，多以處外戚勳貴（頁三九三六～三九三七）。又《長編》卷九十、天禧元年九月謂太祖、太宗朝，閤門祇候不過三、五員，至天禧踰數百（頁二〇七八）。是則權門之家，比援恩例，而授此職者漸多。（《長編》卷一〇六、天聖六年正月庚辰條，頁二四六二～二四六三。）

註二〇　例如眞宗以後，每年充任契丹之賀使。依例，每逢契丹國主、國母生辰，或遇正旦，必各以文武官任使。武官中又以三班使臣充任爲多。諸如契丹國主正旦副吏，生辰副使，以三班出任副使記載，不可勝記。與其他內差遣性質不同，只屬例行之公事，茲未收錄。有些職員，只爲臨時性而趨於細碎的，例如按視修城、擴京土木、乘傳疏理繫囚等類，亦不收入。

註二一　《長編》卷一一〇、仁宗天聖九年七月甲戌條：「權度支判官、右正言陳執中罷度支判官，諫院官職。」其下即謂：「國朝承五代之弊，官失其守，故官、職、差遣，離而爲三。今之官，裁用以定俸入爾，而不親職事。諫議大夫、司諫、正言，皆須別降敕，許赴諫院供職者，乃曰諫官。」（頁二五六四）

註二二　《長編》卷四五、眞宗咸平二年八月戊寅條及丁亥條，頁九六二。

註二三　《長編》卷一〇四、仁宗天聖四年六月庚子條，頁二四一二。

註二四　《長編》卷一〇六、仁宗天聖六年七月甲寅條，頁二四七七。

註二五　《長編》卷一〇六、仁宗天聖六年四月丁丑條，頁二四七〇。

註二六　《長編》卷九五、眞宗天禧四年二月，頁二一八二。

註二七　《長編》卷一一六、仁宗景祐二年五月丁未條，頁二七三五。

註二八　《長編》卷七三、眞宗大中祥符三年三月，頁一六七六。

註二九　《長編》卷一三三、仁宗慶曆元年八月乙未條，頁三一六八。

註三〇　《長編》卷八八、眞宗大中祥符九年九月，頁二〇一八。

註三一　《長編》卷一八一、仁宗至和二年十二月己亥條，頁四三八五。

註三二　《長編》卷九三、眞宗天禧三年六月癸卯條，頁二一五三。

註三三　《長編》卷一二五、仁宗寶元二年十二月乙丑條，頁二九四五。

註三四　《長編》卷一四九、仁宗慶曆四年五月壬午條，頁三六一三。

註三五　《長編》卷一二八、仁宗康定元年八月庚戌條，頁三〇三五～三〇三六。

註三六　《長編》卷一二九、仁宗康定元年十一月，頁三〇五六～三〇五七。

註三七　《長編》卷一〇三、仁宗天聖三年二月丙寅條，頁二三五〇。

註三八　《長編》卷一七二、仁宗皇祐四年五月癸酉條，頁四一四七。

註三九　《長編》卷一二七、仁宗康定元年四月戊申條，頁三〇〇七～三〇〇八。

註四〇　《長編》卷一〇五、仁宗天聖五年五月壬寅條，頁二四四〇。

註四一　《長編》卷一〇〇、仁宗天聖元年七月己巳條，頁二三三五，即載以蒙正爲縣之駐泊都監，其時只爲右侍禁帶閤門祗候，實較州、軍等都監之官階爲低。

註四二　《長編》卷八三、眞宗大中祥符七年七月丁亥條，頁一八八七。

註四三　《長編》卷一二六、仁宗康定元年二月，頁二九七七。

註四四　《長編》卷一七二、仁宗皇祐四年五月癸酉條，頁四一四七。

註四五　《長編》卷五二、眞宗咸平五年八月，頁一一四七。

註四六　《長編》卷三七、太宗至道元年三月，頁八一〇，即載陳廉以右班殿直爲冀州監押。又《長編》卷六五、眞宗景德四年六月，頁一四六三，亦載張希正以殿直以下官階任賓州監押。至於《長編》卷一八四、仁宗皇祐元年十一月己卯條，頁四四五一，則載張忠以右班殿直帶職出任單州監押。以殿直爲監押，可能反映了其出身並非依正途，而所轄之州屬偏遠矣。

註四七　《長編》卷一三一、仁宗慶曆元年二月丁酉條，頁三一〇二。

註四八　《長編》卷一九四、仁宗嘉祐六年七月癸卯條，頁四六九七～四六九八。

註四九　《長編》卷一一八、仁宗景祐三年六月，頁二七〇九。

註五〇　《長編》卷一一五、仁宗景祐元年十月丙戌條，頁二七〇五～二七〇六。

註五一　《長編》卷一二六、仁宗康定元年二月，頁二九七七。

註五二　《長編》卷一三一、仁宗慶曆元年二月丁酉條，頁三一〇二。

註五三　《長編》卷一一一、仁宗明道元年七月庚寅條，頁二五八五。

註五四　《長編》卷一八五、仁宗嘉祐二年二月，頁四四七〇，即載馬寧以三班借職出任臨寨堡監押。

註五五　《長編》卷四六、眞宗咸平三年正月甲午條，頁九八九。

註五六　《長編》卷六六、眞宗景德四年九月乙丑條，頁一四九一。

註五七　《長編》卷九五、眞宗天禧四年六月，頁二一九六，即謂：「自今內地駐泊捉賊使臣，請以合任遠地監押、巡檢殿直以下替戎事充……代還日復任遠地。」可知遠地巡檢，多以殿直較低官員充任。

註五八　《長編》卷六四、眞宗景德三年九月庚子條，頁一四二四。

註五九　《長編》卷一一二、仁宗明道二年七月，頁二六二一。

註六〇　《長編》卷一四七、仁宗慶曆四年三月戊寅條，頁三五六五。

註六一　《長編》卷一二三、仁宗寶元二年二月癸酉條，頁二八九六。

註六二　《長編》卷一五四、仁宗慶曆五年二月，頁三七四八。

註六三　《長編》卷一二七、仁宗康定元年四月戊申條，頁三〇〇七～三〇〇八。

註六四　《長編》卷一三八、仁宗慶曆二年十月癸丑條，頁三三一四。

註六五　《長編》卷九五、眞宗天禧四年五月丙辰條，頁二一九二。

註六六　《長編》卷一二八、仁宗康定元年七月，頁三〇二九。

註六七　《長編》卷九八、眞宗乾興元年三月，頁二二七八。

註六八　《長編》卷九一、眞宗天禧二年四月戊午條，頁二一一二。

註六九　《長編》卷一〇一、仁宗天聖元年十一月，頁二三四二。

註七〇　《長編》卷一五七、仁宗慶曆五年十月丁未條，頁三八〇九，即載以三班奉職安忠信、李文吉任淮南監當。

註七一　《長編》卷六九、眞宗大中祥符元年六月，頁一五四七，即載供奉官帶閤門祗候黎守忠掌榷貨場。

註七二　《長編》卷二〇三、英宗治平元年十一月丙午條，即謂：「我朝因循前弊尚多，久未更革，奈何又增此員（監軍）。如走馬承受，官品至卑，一路已不勝其害……其實已均安撫使之權矣。」頁四九二五。

註七三　《長編》卷八二、眞宗大中祥符七年六月，頁一八七九。

註七四　《長編》卷一七五、仁宗皇祐五年七月庚辰條，頁四二二四。

註七五　《長編》卷八十、眞宗大中祥符六年四月庚午條，頁一八二一。

註七六　《長編》卷五四、眞宗咸平六年五月，頁一一九三。

註七七　《長編》卷十八、太宗太平興國二年三月，頁四〇一。

註七八　《長編》卷四二、太宗至道三年十二月，頁九〇〇。

註七九　同書頁。

註八〇　《夢溪筆談》卷二三、譏謔，頁二三〇，載科場落第者，授三班借職，石曼卿譏而賦詩。

註八一　詳見《長編》卷八四、眞宗大中祥符八年正月，頁一九一一：「己丑，樞密院準詔定承天節、南郊奏蔭子弟恩例，宰臣、樞密、節度使帶平章事，子授東頭供奉官，弟姪孫左侍禁。樞密使、參知政事、樞密副使、宣徽、節度使，子授西頭供奉官、弟姪孫右侍禁。左右僕射、太子三少、御史大夫、文明殿學士、資政殿大學士、諸行尚書，子授左侍禁、弟姪孫左班殿直。三司使、翰林、資政殿、翰林侍讀、侍講、龍圖閣樞密直學士、左右常侍、上將軍、統軍、太常、宗正卿、御史中丞、左右丞、諸行侍郎、兩使留後、觀察使、內侍省使，子授右侍禁、弟姪孫右班殿直。給事、諫議、中書舍人、知制誥、龍圖閣直學士、待制、三司副使、防禦、團練、客省、引進、四方館、閤門使、樞密都旨，子授右班殿直，弟姪孫三班奉職……。」

註八二 《長編》卷一四五、仁宗慶曆三年十一月丁亥條，頁三五〇四～三五〇五：「其武臣：使相，子爲東頭供奉官，期親左侍禁，今子及期親如舊，餘屬自左班殿直第官之。樞密使副、宣徽、節度使，子爲西頭供奉官，期親右侍禁，今子孫及期親、尊屬如舊，餘屬自右班殿直以下第官之。統軍上將軍、節度觀察留後、觀察使、內客省使，子爲右侍禁，期親右班殿直，今子孫及期親、尊屬如舊，餘屬先三班奉職以下第官之。客省使、引進使、防禦使、團練使、四方館使、樞密都承旨、閤門使，子爲右班殿直，期親三班奉職，今子孫及期親如舊，餘屬三班借職以下第官之……。」以上大致爲武臣正從一品至從四品之蔭補情況。

註八三 按眞宗大中祥符八年正月推恩之法，所指期親，大抵爲子以外之弟、姪、孫，至仁宗時期，每逢郊祀、聖節，又在期親以外增添餘親之蔭補。所指爲弟、姪、孫以外較疏血緣之姻戚。若比較上述慶曆三年推恩之法，當知二者在蔭子及期親方面沒有差別，其實是增設了餘親之恩蔭類目而已。

註八四 《長編》卷一七三、仁宗皇祐四年九月甲辰條，頁四一七〇：「今後文武臣僚每遇乾元節合奏得親屬者，除期親依舊外，大功親候遇郊禋許奏一名，小功已下再遇郊禋許奏一名。其每遇郊禋合奏得親屬者，除子孫依舊外，其餘期親候再遇郊禋許奏一名，其大功已下三遇郊禋許奏一名。」顯然蔭補之法，重點已放於郊禋。蓋郊禋可補蔭子孫，聖節只能蔭及期親。至於期親以外餘親，即所謂大功親及小功親，是蔭補中主要欲限制之對象。通過每年郊禋之恩蔭次序，由子孫而期親，再由期親而餘親，至少延遲了餘親二至三年蔭補之機會。

註八五　《長編》卷一八二、仁宗嘉祐元年四月，頁四四〇一～四四〇二：「見任二府、使相、宣徽、節度使、御使知雜悉罷乾元節恩蔭……其武臣閤門使以下，至節度觀察留後、統軍上將軍、樞密都承旨及管軍節度觀察留後……遇郊蔭大功親，再遇郊蔭小功親。諸位大將軍、諸司使、樞密副都承旨、諸房副都承旨已上，再遇郊乃聽蔭子若孫及期親……自是每歲減入流者無慮三百員。」可知乾元節之罷，旨在裁減蔭補入官。至於逐年以郊禋進行蔭補次序，其精神不外依皇祐時期之辦法，也就是子孫而期親、大功親、小功親。對於餘親等較疏血緣關係者，很有延遲入官之作用。

註八六　司馬光《溫國文正司馬公集》（台北、台灣商務印書館、一九六七年）卷二六、論進賀表恩澤薊子條：「竊見諸路轉運使、提點刑獄、知州軍等、各遣親屬，進奉賀登極表，至京師，朝廷不問官職高下，親屬遠近，一例推恩，乃至班行……此蓋國初承五代姑息藩鎮之弊，故有此例……。」

註八七　《長編》卷一八二、仁宗嘉祐元年四月，頁四四〇四～四四〇五，新頒蔭補詔令條下，李燾註所云。

註八八　《長編》卷六一、眞宗景德二年十月丁酉條，頁一三七二，即載地方族首來懷順本爲唐龍鎭將，及其死，即由其子來閏喜接替其職，官三班奉職。

註八九　《長編》卷一三九、仁宗慶曆三年二月甲子條，頁三三五五，即載廷正本爲渭州屬戶格隆族都虞候，後任職本族巡檢，官三班借職。

註九〇　詳閱佐伯富〈宋代の皇城司について〉和〈宋代走馬受の研究〉一六，收入《中國史研究》一。

註九一　《宋會要》職官卷三四、關於皇城司職責，有如下記載：「提舉官一員、提點官二員、幹辦官五員，以諸司使副、內侍都知、押班充。」

註九二　《長編》卷三三四、元豐六年四月壬戌條即謂：「上批，勾當皇城司數多，可除兩省都知押班外，取年深者減罷止留十員，自今毋得員外增置。」所謂兩省，乃指以宦官主理之內侍省及入內侍省，而兩省中還保留了類似過往三班官制之都知、押班等職級。

註九三　多方顯示，所謂「親從官」、「親從兵」、「皇城卒」、「親事卒」實同樣指著皇城司軍卒而言。例如《長編》卷七四、眞宗大中祥府三年八月，頁一六八七：「先是，皇城司遣親事卒四十人於京城伺察……。」又《長編》卷一一四、仁宗景祐元年四月癸亥條，頁二六七五：「……故事，奉使契丹者，遣皇城卒二人與偕，察其舉措……。」《長編》卷一六三、仁宗慶曆八年二月，頁二九二七：「……國初循周制，置諸班直備爪牙士，屬殿前司，又置親從官，屬皇城司……。」又《群書考索》、《別集》卷二一、兵門，頁一五二四；「皇城司有親兵數千人……。」與《長編》卷二三九、神宗熙寧五年正月條：「命皇城司卒七千餘人，巡察京城……。」頗見相類。此外，又有所謂「探事人」（《長編》卷五五、眞宗咸平六年八月癸亥條，頁一二〇八～一二〇九）、「皇城司邏卒」（《長編》卷一九七、仁宗嘉祐七年十二月，頁四七八四）及「皇城邏者」（《長編》卷一九〇、仁宗嘉祐四年七月，頁四五七八），實同指皇城司之兵卒。

註九四　五代以還鑒於唐代宦禍，對宦官之任用頗爲謹慎，後梁時期，即刻意以親信武官取代舊日宦官出任之使職。宦官除了在後唐一代有過迴光返照之主導地位外，其他大部份時期，未見明載。相反在十國之藩鎮體系下，宦官仍多從事任使、監當、監軍等工作。

註九五　以宦官勾當皇城司之例很普遍，如王繼恩、李神福、劉承規、周懷政、韓守英、藍繼宗、張惟吉、李憲、石得一、馮益、闞禮等，詳見於《宋史》之宦官傳。

註九六　《宋會要》、職官四一即謂：「（至道）三年二月，詔知滄州、西上閤門使何承矩，覺察諸路走馬受並體量公事朝臣使臣踰違公事。」又《長編》太宗至道三年四月條謂：「（李）應機至州，未幾，有走馬入奏事，前一日，知州置酒餞之，應機故稱不會，走馬心已不平。及暮，應機使人謂走馬曰：應機有密疏欲附走馬入奏，明日未可行也。走馬不知其受上旨，愈怒……走馬雖怨甚，意欲積其驕橫之狀具奏於上……。」可見太宗至道三年，走馬承受之職已趨固定。

註九七　《長編》卷四三、太宗至道三年十二月條載：「國初罷節鎮統支郡，以轉運使領諸路事，其分合未有定制。京西分兩路；河北既分南路，又分東、西路；荊湖兩路或通置一使；兩浙或爲東北路，其西南路兼福建；劍南初曰西川，後分峽路，西川又分東、西路，尋並之。是歲，始定爲十五路：一曰京東路、二曰京西路、三曰河北路、四曰河東路、五曰陝西路……十五曰廣南西路。」（頁九〇一）觀路制之逐步完成在太宗至道三年，則此年以還之走馬承受，亦以路爲分派之基礎。

第六章　宋中期武臣升轉之異例

——狄表之研究

由宋初發展至宋中期，武階與差遣制度越趨嚴密。武臣欲由低位向高位昇遷，必須倚靠多重之磨勘轉資始能達成。在這種宋代之基本國策下，形成大量之下層武官。然而，自仁宗期，內外之戰爭繼起，對善戰之武將開始破格升用，一反宋初以來之武將政策。本文以狄青爲研究個案，以探討宋中期因戰亂下對武臣之起用態度，以及與傳統國策之間產生之衝突。

壹　仁宗初年呈現之缺將情況與狄青之崛起

狄青，北宋仁宗時期之名將，曾在慶曆年間對抗西夏，又在皇祐年間大敗廣源蠻儂智高，奮戰十餘年而擢爲樞密使，成爲當代甚爲觸目之人物。但另一方面，却又在任樞三年左右而被逼下野。對於這個宦途生涯短暫但又極其輝煌之傳奇人物，後世小說甚或將之渲染爲受兵機仙術於黃禪老祖，應命於天以除邊患之「武曲星」（註一），與當世「文曲星」之包拯，共視爲挽宋室於安危之一代名臣，其智勇形象之深入民心可知。史書與筆記又載其每戰必帶銅面具（註二），又有「狄天使」之稱號（註三），凡此更加重其傳奇色彩。考其崛起之背景，與宋中期之戰亂具密切關係。

仁宗時期宋室對外之邊事主要有二：一爲寶元、慶曆以還西夏元昊之叛宋、其次乃皇祐年間南蠻儂智高之入侵，對北宋構成莫大之軍事威脅。大凡戰爭必用武，用武則講求調兵遣將之效率幾何，作戰經驗之多寡，凡此皆與將領之質素有密切關係。仁宗時對外戰爭，其問題之嚴重性主要還是普遍缺乏對外之抵禦能力，其中尤以將領質素低劣所致。寶元初，西夏元昊興兵犯宋，觀乎元昊爲人不但雄毅有大志（註四），且每次進侵均先後有序（註五）。尤其自延州役、好水川之役作戰失利後，更加深了宋室對西北軍事力量之重估。至於定川之役，葛懷敏敗死後，更是「天地正愁慘，關輔將迸奔，腹心苟不守」之動盪時刻（註六）。范仲淹自康定元年經略陝西，對邊事屢敗有深入體會。除了指出「國家太平日久，將不知兵，兵不習戰而致不利」之原則問題外（註七），主要還認爲「昔之戰者，耄然已者，今之壯者，囂而未戰，聞名之將，往往衰落，豈無晚輩，未聞邊切」之事實（註八）。

蓋太宗、眞宗時有戰略武力之名將或則作古，或則老不能戰，而通過蔭補方式而保持將門之子弟又不能繼前代之威武；仁宗時之將帥如李昭亮（註九）、郭承祐（註一〇）、夏守贇（註一一）、葛懷敏（註一二）之輩，其家世顯赫，父祖之世均爲先朝名將。由於皆以恩蔭出身，故此往往未經戰陣，或者作戰之實際經驗不多。每當眞正面臨戰事，常敗多於勝。范仲淹亦云：「國家邊上將帥中，未有曾立大功，可以威衆者」（註一三）。此問題蓋非仲淹之主觀看法，朝臣如賈昌朝亦曾就此而上疏仁宗，有詳細之分析：

> 太祖所命將帥，率多攀附舊臣親姻貴胄，賞重於罰……出師禦寇，所向有功。自此已來，兵不復振。近歲恩倖子弟，飾廚傳，沽名譽，不由勳效，坐取武爵者多矣！其志不過利轉遷之速，俸賜之厚爾，禦侮平患，何望於茲……將未得人……故戰必致敗……親舊恩倖，已任軍職者，使當爲將，兵謀戰法素不知曉，一旦付千萬士卒之命，使庸因倖之弊也……恩倖之人，尚在邊任，宜速別選人代之。」（註一四）

由此觀之，仁宗時期實有「缺將」危機，此意思乃指缺少有經驗、有作戰實力及謀略之將領。范仲淹以儒士出身，尤注重個人之辦事才能。其爲文職官時興學校、辦教育，目的在於栽培賢才（註一五）。及至經略陝西，亦著意於選育將才。曾經主張「委樞密院於閤門祗候使臣以上選人，三班院於使臣中選人，殿前馬步軍司於軍旅中選人，或有智略，或材武，堪邊上試用者，逐旋進呈……從而差授」（註一六），凡此皆見其求將之切。

但是以各部門分別提選，其法仍過於轉接，既非一定有合適人選，而且非短期能夠收效。最直接方法，莫過於親擢能將以勝邊任。例如舉薦段少連（註一七）、張問（註一八）、劉貽孫（註一九）、張挺（註二〇）、譚嘉震（註二一）、滕家瓊（註二二）、郭京（註二三）、周美（註二四）等人，參雜文武，以爲輔佐將帥。而通過此途徑而知名的，莫過如狄青和種世衡（註二五）。由此觀之，狄青之出身無疑與范仲淹之提拔將才有關，而求將風氣之切，亦無疑是動盪時代下因著「缺將」而產生之實際需要。

狄青，字漢臣，汾州西河人，家世為農。寶元初，趙元昊反應詔入伍從邊。一般宋代史書及筆記均述狄青出自行伍而面有黥文，大抵乃從軍後始刺面（註二六）。其初隸騎御馬直，選為散直，進而為三班差使、殿侍、延州指使。最初以指使身份經尹洙而薦於韓瑜、范仲淹。《宋史》卷二七〇、狄青傳謂他們「二人一見奇之，待遇甚厚。仲淹以《左氏春秋》授之曰：將不知古今，匹夫勇爾。青折節讀書，悉通秦漢以來將帥兵法，由是益知名」。說明其「益知名」實有賴范氏等「待遇甚厚」的事實。仲淹提拔之方式亦不只在授其兵書方略，更見諸任命狄青出戰，如攻破西界蘆子平（註二七），又以狄青守延州西路，駐於保安軍以待元昊之鋒（註二八）。自從軍以還之四、五年間，狄青之聲名已為朝廷所注意；在慶曆二年，朝臣張方平甚或將狄青之能與當時徒有勳名之敗將作相關之評價：

> 故將者，人之司命，國家安危之主……楊崇勳在鎮定，夏守贇在瀛州，劉渙在滄州，張耆在河陽，陛下得高枕乎？雖愚夫童子亦知其必敗事……西鄙用兵已來于茲，立功將士如狄青等未嘗一到京輦仰望天顏，若以此為名召之赴闕，量其材器稍遷用之……議者或謂西北事均。」（註二九）

由此觀之，狄青之能崛起實與當時一般庸將不能勝任邊事有關。歐陽修亦認為「國家兵興以來五、六年，所得邊將惟狄青、種世衡二人而已……況如青者無三、兩人」（註三〇）。王拱辰也強調「今陝西兵官惟種世衡、狄青、王信材勇，可戰可守，自餘闒懦險貪者，大臣不可謂不知」（註三一）。君洙亦謂青「有古良將才」，甚或「古之名將無以過之」（註三二）。一方面既反映狄青武才之不謬，但同時亦顯示出仁宗時期嚴重「缺將」之眞實情況。從這兩方面之關係交織，便不難理解狄青累遷之速，歷秦州刺史、涇原副都部署，以至獨當涇原一路，屢升而拜樞。

此種「缺將」情況，從未因著遼、夏彼此戰爭，西夏請降或元昊死亡而解決。自慶曆而踏入皇祐年間，宋室面對著廣源蠻儂智高之威脅，迅速由睡夢中驚醒，又暴露出原有之問題。就戰爭之兵數與武器而言，南蠻本不能與宋比擬，但數年間卻先後陷邕州、松江九郡如象州、梧州、康州、端州等，遂攻廣州。影響所及，幾達湖南、廣西及廣東一帶。北宋所派大將非戰歿則戰敗；張忠、蔣偕戰死，楊略、孫鈣、余靖皆招撫無功，嚴重打擊北宋之軍事信心。朝廷在無良將可用之情況下，再用狄青。李燾《續資治通鑑長編》卷一七三、皇祐四年九月癸亥條即載：「楊畋、曹修經制蠻事既無功，故命孫鈣及余靖等，上猶以爲憂……上問宰相龐籍誰可將者，籍薦樞密副使狄青」，可見青之征蠻，乃在無將可用而猶以爲憂之情形下應運而生。

有關狄青與儂智高戰於歸仁舖之事，史書或筆記均載之甚豐，戰情精采。尤值得注意者乃筆記著墨於狄青用智方面甚濃。例如暗以兩字錢當衆擲地，盡得錢面，使軍士以爲必有神助而信心大增（註三三）；又如三夜大設饗宴，使軍士夜樂，自己則藉醉爲名，退席而暗奪崑崙關（註三四）。其事雖不可信，然亦至少表示時人對狄青之具謀略有相當認同。大抵在仁宗時期，能具武力之將領已經不多，故此對於較爲特出之狄青，不得不加上幾分修飾誇讚。

綜以上所述，我們得到初步結論，慶曆、皇祐時期，北宋正面臨重重外患。在普遍缺乏有質素之邊將情況下，如狄青這樣智勇兼備之將才，朝廷不得不加以重用，甚至權宜地將傳統以還用將之方式稍加改變，起而專委眞材實料之將帥，減少對那些因恩蔭而徒有將名之子弟之專任。狄青也就在此種時代之趨勢中得到優遇，迅速升遷。有關這種個人施才和時代求才之關係，在王稱《東部事略》卷六十二、論贊狄青部份中顯示出來：

爲將之道有三：曰「智」、曰「威」、曰「權」……有智矣必俟乎權……觀狄青之對智高也，可謂能施其智而奮其威，取勝於當世矣。然青之所以能若是者，由仁宗專任而責成之也。是得君之權者也。使不得君主權以便其事，則何以有功。

狄青最後以戰功由樞密副使而升爲樞密使之職，也就是慶曆、皇祐時期，仁宗專任出色武將之最明顯例了。

貳　低級使臣之優遇與迅速升遷現象

狄青之崛起固然與邊事動盪有密切關係，至於其宦途如何受優遇，這裡還得說清楚。下文嘗試從其宦途所遭遇之兩三個特殊現象，以說明宋室因著時局動亂所帶給武臣狄青之政治優待。其一見諸水洛城之爭；其二見諸狄青獨當涇原；最後尤以狄青拜樞一事至爲特別。

水洛城事件肇始於仁宗慶曆四年正月，當時狄青爲涇原副都部署，與尹洙主罷修水洛城，而劉滬受鄭戩之命往督修，結果造成衝突。至是年之三月，朝廷還是週旋在激烈之辯論中，發言的先後有歐陽修、孫甫、余靖、韓琦和范仲淹等人。尤值得注意者，爲朝廷討論之重點非放諸應如何處罰武將，而是狄青與劉滬之間糾紛所帶來邊事上之影響。蓋朝廷認爲「狄青材勇者不可多得」（註三五），「劉滬是治邊有名將佐」（註三六），故「狄青、劉滬等皆是可惜之人」（註三七）。「今若沮狄青而釋劉滬，則不惟於青之意，不足兼緣邊諸將，皆挫其威。諸蕃族畏滬之威信，今忽見滬先得罪帶枷入獄，則新降生戶豈不驚疑，若使翻然復叛，則自今邊將欲以威信招諸施，誰肯聽從」（註三八）。朝廷所以如此顧慮週詳，主要還是因爲「自西事以來，擢用邊將固多，能立功效者殊少……今若曲加輕沮，則武臣不復爲朝廷作事」（註三九）。充份表明北宋政府基於邊事而求將若渴，普遍地表現對有功武臣之一種優遇方式；歐陽修所提之兩全之計（註四〇），也就是對武將懷柔之具體表現。

水洛城事件中，爲避免爭執，政府徒尹洙知晉州，而以「渭州闕守，詔委狄青」（註四一）。換言之，以狄青獨當涇原。此種對有功武臣專任之政策實非尋常，蓋「陝西四路（鄜延、環慶、涇原、秦鳳），惟涇原山川寬平，易爲衝突，若戎馬之勢不遏，則爲關中之憂，關中震驚則天下之憂也，故國家自陝西以來，長以涇原爲統帥之府，前此葛懷敏喪敗之後，朝廷欲差范仲淹往……仲淹不敢獨當此任，乞韓琦同往，朝廷委韓琦、范仲淹同其經略，又差張亢知渭州」（註四二），足見朝廷對涇原之關注。現在狄青以武人出身而一兼數職，既爲鬥將，又爲勾管，不得不算是宋國以還一種新創之政治作風。正由於此風前所未見，故此如大臣余靖者亦再三提出強烈反對（註四三）。但是，朝廷依然按決定施行。

至爲特別者，莫過於狄青拜樞使一事。在皇祐四年六月，即狄青征儂智高之前，其已任爲樞密副使。從宰相龐籍謂「青起於行伍，驟爲樞密副使，中外咸以爲國朝未有此」之說話（註四四），顯然是宋國以還鮮有之政治設施。及至狄青征南凱旋而歸，仁宗更欲加遷青爲樞使，又引致朝臣一番爭論。宰臣龐籍援引了祖宗先例，表明太祖重名器而給曹彬金帛，未予樞使職事，以喻仁宗不過此法（註四五）。但仁宗居然在無例可援，加上宰臣極力反對之情況下，仍然將未見大罪之樞使高若納罷免，改以狄青補樞使之闕。狄青驟升至樞副尚且如此烘動，更何況現在爲樞使？所烘動者大抵有二，一爲轉遷之速，一爲以士卒身份擢爲樞使。此二者均非宋制之常法。茲不避冗贅，稍加申論。

自宋開國以衰，能以武臣身份而一踐樞府者不外曹彬、李崇矩、曹利用、曹瑋、郭逵、王德用等人。以曹彬而言，早在周太祖時，因其從母乃貴妃之故，得以補供奉官，擢爲河中都監（註四六），故其出身已非自行伍。至太祖即位之初，已經爲左神武將軍，再到開寶六年二月爲樞密使，在武職升遷之過程中，在太祖開國前後達二十年始爲樞使。至於其子曹瑋，在曹彬爲武寧、天平軍節度使時，已經爲牙內都虞候，也是藉蔭補方式補西頭供奉官、閤門祗候開始（註四七），亦非最低之士卒起家。到曹瑋爲簽樞院事，其間所歷宦途達三十五年之久，但始終只爲簽書院事，即相當或低於副樞之職而已（註四八）。至於李崇矩，在周祖顯德初年亦補供奉官（註四九），也藉蔭補之途而出。到宋太祖乾德二年代趙普拜樞使時，歷任武職十二年。乃升遷速度較快者。而在眞宗時期之曹利用，其父本爲明經科及第，仕至右補闕，後由文官之途而走自武官，改爲崇儀使，曹利用也就得補殿前承旨而漸次擢升（註五〇）。及至眞宗天禧三年擢爲樞密使時，歷時約二十年。至於眞宗期內之另一武將王德用，亦因其父懷州防禦使而得補衙內指揮使（註五一）。整整經歷了眞宗初中晚期，至仁宗景祐三年始得拜知樞密院事，即相當於樞使之職，歷時至少四十年。與狄青差不多時期之郭逵，乃武臣爲樞密職掌中，唯一與狄青背景相類似的，乃起身於較低微者。其兄郭遵康定年間死於敵軍下，故此郭逵得以爲三班奉職（註五二）。其後論功升遷，一直至英宗治平二年，爲同簽書樞密院，歷時約二十六年，但所得職亦只是相當於樞密副使而已。

反觀狄青，初隸騎御馬直，選爲散直。在寶元初，詔擇衛士從邊，漸由三班差使、殿侍而延州指使（註五三），其出身乃地道士卒。至仁宗是祐四年，即擢爲樞密使，其間只十五年。對於這個身份較衆人低而升遷又較衆人速之狄青，乃相當受時人所注意。故此《宋史》卷二九〇、狄青傳亦謂「青奮行伍，十餘年而貴」。

自宋太祖、太宗以至眞、仁時期，武臣出掌樞職之數目已經不多，至於仁宗以後則更少之又少，形成以文臣拜樞之一面倒之態。故此，替《宋宰輔編年錄》寫序言的呂邦耀才謂仁宗而後「實皆儒臣專任（樞使），間有武勳授者，百之一二而已」（註五四）。至南宋時雖有以武人出掌樞使之例子，如紹興十一年，韓世忠自太保淮東路宣撫使除樞使、張俊自少師淮西宣撫使除樞使，以及岳飛自少保湖北京西路宣撫使除樞副。但此種除授只可視爲變相方式；其三人得拜樞使或樞副，亦有名而無實，旨在收回此三帥之兵權而已。兵權眞正所在，乃秦檜以宰相兼樞使之手上。故以文人任樞，儼然成爲北宋以至南宋任樞之主要形態。

由此觀之，終宋一代，能以武臣身份職掌樞密，已屬罕見之事。但狄青以外，雖還有小部份人以武職掌樞密，例如曹彬、曹瑋、李崇矩、曹利用、郭逵及王德用等人，但始終未有如狄青者。期間有能夠爲樞使者但畢竟出身於蔭補；有爲三班衛士出身者但始終不及樞副地位。而細考其間擢升至掌樞職所需時間，長則三、四十年，如王德用、曹瑋者，短則二、三十年，如曹彬、曹利用、郭逵者。鮮有如狄青者能十餘年間，由士卒而擢樞使。可見狄青爲樞使，實武臣任樞使以還至特別者。而仁宗時期以武臣狄青任樞使一事，便顯得具有其時代意義了。它顯示了宋室在此時期曾改變了開國以還任樞之習慣，打破了專以蔭補高官爲樞使之優惠性壟斷，將有潛能之新血加以提升擢用。我們固然很難設身處地想像邊事對北宋仁宗期影響之深，但是從狄青宦途之速遷及樞使之掌職，當發現統治者曾因應時局動盪，對開國以還之政治作風作出調較。從這方面來了解外力壓逼之程度，似乎又有較新之揭示了。

叁　狄青作爲武臣所受之政治限制——低級使臣任樞密使之短暫

歷史所呈之現象，往往顯得錯綜而複雜；既非從單線發展，而且甚至背道而馳。觀乎狄青之宦途，其得以拜樞固然是政治優遇之至典型例子。但是站在宋開國以還對武臣所採之保守政治而言，又似乎是歷史洪流中具反動性之異例。狄青任樞之短暫，正是武臣所受政治限制之悲劇。

狄青之功績相當顯赫，其西抗元昊，南征儂智高，在短短十數年內由地位低微之士卒擢升爲武臣極位之樞相。但這種武臣不尋常之升遷觀象，既未被朝中大臣所接納，也惹起普遍對狄青舉止之矚目。在魏泰《東軒筆錄》卷十六便有如下一則記載：

京師火禁甚嚴，將夜分即滅燭，故士庶家凡有醮祭者，必先關廂吏，以其焚楮幣在中夕之後故也。至和、嘉祐間，公（狄青）爲樞使，一夕夜醮而勾當人偶失告報，中夕驟有火光，探吏馳白廂主，又報開封知府到宅，則火滅久矣。翌日，都下盛傳狄相公家，有光怪燭天者。

原來只是夜醮，但因疏於報告而引致廣泛謠傳，狄青在京師備受注意之程度可知。除此以外，各種有關狄青之傳聞亦相繼而起，有謂其「身應圖讖」（註五五）；有謂其「家犬生角」（註五六）。此種現象，除了因爲至和、嘉祐年間術卦之盛行外（註五七），主要還是基於政治上之不安。蓋一般大臣所擔憂者爲武臣狄青攫奪政權之可能性。事實上，有關狄青之謠聞，以政治疑云居多，如王銍《默記》卷上，便有如此記述：

青位樞密使，避水搬家於相國寺殿。一日，裙衣衣淺黃襖子坐殿上指揮士卒，盛傳都下。及其家遺火，魏公謂救火人曰：爾見狄樞密出來救火時著黃襖子否？

筆記中的韓琦何以會有此問？蓋意識狄青之舉止過於矚目。一個穿黃袍在殿上指揮士卒之人，除皇帝外，不能有其他人。武臣有如此舉動，自然驚訝。

宋立國以來，鑑唐末五代軍人擁兵跋扈之局面，已嚴行將發兵權與領兵權分開。樞密只掌軍藉、虎符之遺兵事務，至於領兵出師則由三衙職掌（註五八）。故此鮮有樞密使能夠當面指揮士卒。唯一機會，亦只在樞相外領邊事之情況下。事實上，大臣所擔憂者在於狄青身為樞使而得士卒之心。蓋狄青以士卒出身，曾謂留面上黥文以勵士卒（註五九），可知與軍卒關係尤深。而當時「士卒每得衣糧，皆曰：此狄家爺爺所賜」（註六〇）。狄青與士卒之間關係，尤為歐陽修所特別注意。其以為「蓋由軍士本是小人，面有黥文，貌其同類，見其進用，自言我輩內出得此人，既以為榮，遂相悅慕……便謂是我同類中人，乃能知我軍情而以恩信撫我」（註六一）。故此，為了「消患於未萌，轉禍而福」（註六二），不得不罷青樞使。

除歐陽修以外，當時朝中言事者如御史呂景初、知制誥劉敞均要求朝廷對狄青有所行動。呂景初「數詣中書自執政出青」（註六三）。劉敞則「獻救日論之篇，備言所以防姦禦變之術」，實則針對狄青而言（註六四）。但這些朝廷上之輿論，以個人之揣測為主，對於狄青試圖不軌之事，並無具體佐證。故此，歐陽修才謂「伏藏之禍，未發之機」（註六五）。文彥博甚至「以青忠謹有素，外言皆小人為之，不足置意」（註六六）。劉原父亦站在狄青方面，替其解說（註六七）。可見構成狄青解職外出之理由殊不充份；或許唯一之原由，蓋在於狄青受士卒擁戴而職掌樞密使而已。

站在宋之統治者而言，素來對讖卜謠言相當敏感。自唐末以至五代，改朝換代之際多有身中讖言者，或起光怪之兆象。如唐末朱全忠「居午溝，夜光怪出屋，鄰里謂失火，往救則無之」（註六八），情況多少類似狄青醮祭之謠言。就是宋之得國亦與周世宗遇見「火輪小兒」之傳聞有關（註六九）。其性質雖屬無稽，然而作爲搖動國基之精神象徵，卻產生莫大之影響。而細考至和、嘉祐年間，「仁宗寢疾」（註七〇），蓋「暴感風眩，左右復下簾」（註七一），甚至「昏不知人者三日」（註七二）。統治者之健康狀態既如此惡化，而「皇嗣尙未建，中外大恐」（註七三）。在這種中央陷於隱憂之情況下，任何對於中央不利之外間傳聞，皆爲朝臣所特別注意，何況有先例可援之武臣嫌疑？故此，狄青爲樞密使，雖然可說是踐武臣之極位，但是同樣因其武臣身份而帶來極大衝突。故歐陽修批評狄青任樞使時，以爲「武臣掌機密而爲軍士所喜，自於事體不便」（註七四）。而與狄青共事之樞副王堯臣亦早與青言「古將帥起微賤而富貴，不能保首領者，可以爲鑒」（註七五）；已認識到朝廷與武人之間之矛盾成份，以提醒其爲樞使時份外小心。然而如王堯臣所言中，狄青終離不開武臣身份之限制，爲朝廷輿論所不容，結果在嘉祐元年八月，罷樞密使，外出知陳州。並且在翌年之二月病死陳州，享年只五十歲。

由下文所附之宋代任樞簡表來看（註七六），我們將發現一件頗爲諷刺之事實。按宋代傳統以還任用樞密之法，文臣在樞職之升遷上只爲一過渡階段。其升遷之途徑通常乃入樞院樞密使，再由樞使而轉遷宰相。故其間爲樞使時間多不過四年，除了在戰爭之情況下，宰相兼樞使時有所例外。但是，對於武臣任樞密使來說，非有大罪，其留職之時間相當長。如曹彬、自開寶六年至太平興國八年，已歷任樞使十年，再加上至道三年至咸平二年之間的兩年，共歷十二年；至於李崇矩，在乾道二年至開寶五年之間，亦任樞職八年；再如曹利用者，自天禧二年至天聖七年，歷樞使十一年；又如王德用，在明道二年至嘉祐元年之間，任樞使達二十年。反觀狄青，自皇祐五年五月為樞密使，至嘉祐元年八月罷職，任樞使期間大概只有三年，為武臣任樞使時期特別短暫之一個。倘若，我們以狄青出身行伍而迅速擢用為樞使，具有特別之時代意義與個別性的話，則狄青之迅速離開樞使職位，同樣具另一種反面意義。此兩種矛盾意義之間，正反映著統治者之矛盾性格。仁宗因著邊事緊張加上國內「缺將」情況嚴重，不惜專委有才能之將領，甚或改變開國以還任樞習慣，以士卒出身之狄青為樞使。然而基於傳統防制武人觀念之根深蒂固，又不得不對具影響力之武人作出壓制。這正是國策與時代局勢變遷下之基本衝突。

宋代任樞簡表

姓名	任職年份	樞職	去職年份	任樞大概歷時	為樞使約歷時
魏仁浦	建隆元年二月	樞密使（宰相兼）	乾德二年正月	四年	四年
趙　普	建隆二年八月	樞密副使			
	建隆三年十月	樞密使	乾德二年正月	三年	二年
李崇矩	乾德二年正月	樞密使	開寶五年九月	八年	八年
曹　彬	開寶六年二月	樞密使	太興國八年正月	十年	十年
	至道三年八月	樞密使	咸平二年六月	二年	二年
石熙載	太平興國四年正月	簽書樞密院事			
	太平興國四年四月	樞密副使			
	太平興國六年九月	樞密使	太平興國八年八月	四年	二年
柴禹錫	太平興國七年四月	簽書樞密院事	雍熙二年十二月	三年	
	淳化四年六月	知樞密院事	至道元年九月	二年	二年
王　顯	太平興國八年六月	樞密使	淳化二年九月	八年	八年
	咸平二年七月	樞密使	咸平三年二月	半年	半年

楊守一	端拱元年二月	簽書樞密院事	端拱元年九月	半年	
張　遜	端拱二年七月	簽書樞密院事	淳化二年四月	二年	
	淳化二年九月	知樞密院事	淳化四年六月	二年	二年
王　沔	太平興國八年十一月	簽書樞密院事			
	雍熙三年八月	知樞密院事	端拱元年二月	四年	二年
趙　鎔	淳化四年十月	同知樞密院事	至道元年四月	二年	
	至道元年四月	知樞密院事	至道三年八月	二年	二年
向敏中	淳化四年十月	同知樞密院事	至道元年四月	二年	
	至道三年八月	知樞密院事	咸平元年十月	一年	一年
馮　拯	咸平四年三月	同知樞密院事			
	景德元年八月	簽書樞密院事	景德二年四月	四年	
陳堯叟	咸平四年三月	同知樞密院事			
	景德元年八月	知樞密院事			
	景德三年二月	知樞密院事			
	大中祥符五年九月	樞密使	大中祥符七年六月	十三年	十二年
	大中祥符八年四月	樞密使（宰相兼）	大中祥符九年八月	一年	一年

王繼英	景德元年八月	樞密使	景德三年二月	二年	二年
王欽若	景德三年二月	知樞密院事			
	大中祥符五年九月	樞密使	大中祥符七年六月	八年	八年
	大中祥符八年四月	樞密使（宰相兼）	天禧元年八月	二年	二月
馬知節	景德三年二月	簽書樞密院事			
	大中祥符五年九月	樞密副使	大中祥符七年六月	八年	
	天禧元年九月	知樞密院	天禧二年四月	半年	半年
寇準	大中祥符七年六月	樞密使	大中祥符八年四月	一年	一年
曹利用	天禧二年六月	知樞密院事			
	天禧三年十二月	樞密使			
	乾興元年七月	樞密使（宰相銜）	天聖七年正月	十一年	十一年
曹瑋	天禧元年九月	同知樞密院事			
	天禧四年正月	簽書樞密院事	天禧五年九月	四年	
錢惟演	天禧四年八月	樞密副使			
	乾興元年七月	樞密使	乾興元年十一月	四月	
晏殊	天聖三年十月	樞密副使	天聖五年正月	一年	

	明道二年八月	樞密副使			
	康定元年三月	知樞密院使			
	康定元年九月	樞密院使			
	慶曆二年七月	樞密使（宰相兼）	慶曆三年三月	十年	三年
陳堯佐	天聖七年二月	樞密副使	天聖七年八月	半年	
張　耆	天聖三年十二月	樞密使	明道二年四月	八年	八年
王德用	明道二年四月	簽書樞密院事			
	明道二年十月	樞密副使			
	景祐二年二月	同知樞密院事	嘉祐元年十一月	廿三年	廿年
	景祐三年十二月	知樞密院事			
章得象	景祐三年十二月	同知樞密院事	寶元元年三月	二年	
	慶曆二年七月	樞密使（宰相兼）	慶曆五年四月	三年	三年
夏守贇	寶元二年十一月	同知樞密院事	康定元年二月	三月	
	康定元年六月	同知樞密院事	康定元年八月	二月	
呂夷簡	慶曆二年七月	樞密院事（宰相兼）	慶曆三年三月	一年	一年
富　弼	慶曆二年三月	樞密副使	慶曆五年正月	二年	

	嘉祐八年五月	樞密使（宰相兼）	治平二年七月	二年	二年
范仲淹	慶曆三年四月	樞密副使	慶曆三年八月	四月	
韓　琦	慶曆三年四月	樞密副使	嘉祐三年六月	十五年	二年
賈昌朝	慶曆四年九月	樞密使	慶曆五年正月	四月	四月
	嘉祐元年十一月	樞密使	嘉祐三年六月	二年	二年
龐　籍	慶曆五年正月	樞密副使	慶曆八年五月	三年	
	皇祐元年八月	樞密使	皇祐三年十月	二年	二年
文彥博	慶曆七年三月	樞密副使	慶曆八年正月	一年	
	治平二年七月	樞密使	熙寧六年四月	八年	八年
	元祐元年正月	平章軍國事	元祐五年二月	四年	
高若訥	慶曆七年三月	樞密副使	皇祐元年八月	二年	
	皇祐三年十月	樞密使	皇祐五年五月	二年	二年
王堯臣	皇祐四年六月	樞密副使	嘉祐元年三月	四年	
狄　青	皇祐四年六月	樞密副使			
	皇祐五年五月	樞密使	嘉祐元年八月	四年	三年
歐陽修	嘉祐五年十一月	樞密副使	嘉祐六年四月	半年	

胡宿	嘉祐六年八月	樞密副使	治平三年四月	五年	
呂公弼	治平二年七月	樞密副使			
	治平四年九月	樞密使	熙寧三年七月	五年	五年
郭逵	治平三年四月	同簽書樞密院事	治平四年九月	一年	
陳升之	熙寧元年七月	知樞密院事			
	熙寧五年十二月	樞相	熙寧八年四月	七年	七年
司馬光	熙寧三年二月	樞密副使	元祐元年二月	十六年	
王韶	熙寧七年十二月	樞密副使	熙寧十年二月	三年	三年
呂公著	元豐元年九月	知樞密院事			
	元豐三年九月	樞密副使	元豐五年四月	四年	
	元祐元年四月	加平章軍國事	元祐四年四月	三年	
安燾	元豐六年七月	同知樞密院事			
	元祐元年二月	知樞密院事	元祐四年七月	六年	三年
章惇	元豐八年五月	知樞密院事	元祐元年二月	一年	一年
蔡卞	崇寧元年十月	知樞密院事	崇寧四年正月	三年	三年
鄭居中	大觀三年四月	知樞密院事			

	宣和三年五年	領樞密院事	政和六年五月	七年	七年
童貫	政和六年二月	簽書樞密院事			
	政和六年十二月	領樞密院事	宣和五年七月	七年	七年
蔡攸	宣和五年二月	領樞密院事	宣和七年十二月	二年	二年
种師道	靖康元年正月	同知樞密院事	靖康元年二月	二月	
李綱	靖康元年三月	知樞密院事	靖康元年九月	半年	半年
南宋					
范宗尹	建炎四年五月	樞密使（右僕射兼）	紹興元年七月	一年	一年
呂頤浩	紹興元年九月	知樞密院事（左僕射兼）	紹興三年九月	二年	二年
秦檜	紹興元年八月	知樞密院事（右僕射兼）	紹興二年八月	二年	二年
	紹興七年五月	樞密使			
	紹興八年三月	樞密使（右僕射兼）			
	紹興十一年六月	樞密使（左僕射兼）			
	（紹興十二年八月）	（加太師）	紹興二十五年	十八年	十八年
朱勝非	紹興二年九月	知樞密院事（右僕射兼）	紹興三年四月	一年	一年

趙　鼎	建炎四年五月	簽書樞密院事	建炎四年十一月	半年	
	紹興四年九月	樞密院事（右僕射兼）	紹興六年十二月	二年	二年
張　浚	建炎三年四月	知樞密院	紹興四年三月	五年	五年
	紹興四年十一月	知樞密院事			
	紹興五年二月	知樞密院事（右僕射兼）	紹興七年九月	三年	三年
岳　飛	紹興十一年四月	樞密副使	紹興十一年八月	四月	
張　俊	紹興十一年四月	樞密使	紹興十二年十一月	一年	一年
韓世忠	紹興十一年四月	樞密使	紹興十一年十月	半年	半年
湯思退	紹興二十五年六月	簽書樞密院事			
	紹興二十六年五月	知樞密院事			
	隆興元年七月	樞密使（右僕射兼）	隆興二年十一月	九年	八年
虞允文	隆興二年十一月	簽書樞密院事			
	隆興二年十二月	同知樞密院事（參政兼）			
	隆興三年三月	同知樞密院事	乾道元年八月	一年	
	乾道三年二月	知樞密院事			
	乾道五年八月	樞密使（右僕射兼）			

	乾道八年二月	樞密使（左丞相兼）	乾道八年九月	五年	五年
魏　杞	乾道二年五月	知樞密院（參政兼）			
	乾道二年十二月	樞密使（右僕射兼）	乾道三年十一月	一年	一年
葉　顒	乾道元年八月	簽書樞密院			
	乾道二年十月	同知樞密院事（參政兼）	乾道二年五月	一年	
	乾道二年十二月	樞密使（左僕射兼）	乾道三年十一月	一年	一年
陳自強	慶元六年七月	簽書樞密院事			
	嘉泰元年七月	同知樞密院事（參政兼）			
	嘉泰二年十一月	知樞密院事（參政兼）			
	嘉泰三年五月	知樞密院事（右丞兼）			
	開禧二年正月	樞密使（右丞相兼）	開禧三年十一月	七年	五年
韓侂冑	開禧元年七月	（平章軍國事）	開禧三年十一月	二年	

表例：

㈠ 簡表之年月資料，乃根據宋、徐自明《宋宰輔編年錄》（台灣文海出版社，一九六七年版，輯入宋史資料萃編第二輯）。

㈡ 樞職之升遷乃由右而左，若曾罷某樞職，則在該樞職下別載其去職年月，至某年某月若再任樞職者，則又另於「任樞年份」一欄與「樞職」一欄由右而左續載。

(三) 有「樞密使」或「知樞密院」之樞職者，地位與樞使同，至於「簽書」或「副使」則爲副貳。大抵據《宋史》職志之樞密制度（頁三八〇〇）。

(四) 計算歷任樞職或樞使之二欄時距，以半年或整一年爲單位，若歷任少於一年，則詳列該年之任職月數。若一年以上者，即以年粗略計。

【註釋】

註一　《萬花樓》（江西豫章書社、一九八二年）第十三卷〈脫圈套英雄避難，逢世誼吏部扶危〉，頁七五～七八。

註二　余靖《武溪集》（輯入欽定四庫全書，台灣商務印書館、一九七六年）卷十九、宋故狄令公墓銘並序：「其爲偏裨時，每被髮面銅」，頁五。與《宋史》卷二九〇、狄青傳：「臨敵被髮，帶銅面具」所載略同。

註三　沈括《夢溪筆談》（參閱胡道靜校註《新校正夢溪筆談》，北京中華書局、一九七五年）卷十三、權智，頁一四四。

註四　《宋史》卷四八五、夏國傳上，謂元昊「性雄毅，多大略」。又其父德明「輒戒之曰：吾久用兵疲矣！吾族三十年衣錦綺，此宋恩也，不可負。元昊曰：衣皮毛，畜性所便，英雄之生，當王霸耳！」

註五　王云五編《宋名臣奏議》（商務印書館、四庫全書珍本二集）卷六十五，余靖云：「臣觀賊昊雖曰小羌，其實黠虜，其所舉動，咸有次序，必先剪我枝附，壞我藩籬，先攻易取之處，以成常勝之勢。」

註六　范仲淹《范文正公集》（王云五編、台灣商務印書館、一九三七年三月）卷二、古詩、送河東提刑張太博，頁二六。

註七　李燾《續資治通鑑長編》（以下簡稱《長編》）（）台灣世界書局、一九六四年）卷一三九、慶曆三年二月乙卯條。

註八　《范文正公集》卷八、書、上執政書，頁一一二。

註九　《宋史》卷四六四、外戚中、李昭亮傳。李昭亮之祖父爲李處耘（《宋史》卷二五七），父親爲李繼隆（《宋史》卷同上）均是宋初大將，而且與帝室結姻親關係：「李昭亮字晦之，明德太后見繼隆子也」，得以「四遷，補東頭供奉官」。然而除本傳載其平定保州之亂，未記其他戰績，可見其作戰經驗不多。

註一〇　《宋史》卷二五二、郭從義傳：「漢祖在鎮，表爲馬步軍都虞侯，屢率師破契丹代北……子守忠、守信。守忠至閑廄副使，守信……至東上閤門使知鄭州。子世隆……世隆子昭祐、承祐……（承祐）娶舒王元偁女，援西頭供奉官。」然而《長編》慶曆三年十月戊寅條，載歐陽修謂：「今日任承祐亦猶當時用懷敏也，況如承祐者乃庸奴。」皆見其才略不高。

註一一　《宋史》卷二九〇、夏守恩傳：「父遇，爲武騎軍校，與契丹戰歿。時守恩六遷，補下班殿侍……王問其兄弟，守恩言贇……（守贇）授右侍禁。然而《永樂大典》卷一二三九九（引自《長編》）謂：「夏守贇在瀛州……亦知其必敗事。」

註一二　《宋史》卷二八九、葛霸傳：「（葛霸）始事太宗藩邸……（懷敏）爲王德用妹婿……起爲涇原路馬步軍副總管。」然而「范仲淹言其猾懦不知兵」（卷同上），歐陽修亦以承祐之庸才與其相提並論（《長編》引《永樂大典》卷一二四〇〇）。

註一三　《范文正公集》奏議、卷下、薦舉、再奏辯滕宗諒張亢，頁三六九。

註一四　《長編》引《永樂大典》卷一二四〇〇。

註一五　《范文正公集》卷九、書、上時相議制舉書：「夫善國者莫先育材，育材之方莫先勸學」，頁一一一。故請「國小監又諸道郡學，聚天下之士……長養賢俊，爲國器用」（同書奏議卷上，頁三三一）。

註一六　《長編》卷一四九、慶曆四年五月壬戌條。

註一七　《長編》卷一二八、康定元年八月乙酉條：「范仲淹經略西邊，薦少連，才堪將帥，惜命未至而段少連卒於廣州。」

註一八　《范文正公集》卷十八，舉張問孫復狀：「臣竊見試作監主薄張問……有名於時……乞除一陝西蕃鎮職事官。」頁二四一。

註一九　《范文正公集》《年譜補遺》：「慶曆五年六月二十七日舉劉貽孫知鎮戎軍」，頁四六一。

註二〇　《長編》卷一五一、慶曆四年八月丁酉條：「陝西、河東宣撫使范仲淹：言知延州日，見進士張挺，有武力膽略，乞補三班差使殿侍爲隨行指使，從之。」

註二一　《范文正公集》《年譜補遺》：「慶曆五年六月二十九日，舉譚嘉震知德順軍。」頁四六一。

註二二　《范文正公集》卷十八，舉滕宗諒狀：「臣（仲淹）竊見知涇州刑部員外郎直集賢院滕宗諒……周於致用……今涇原已有帥……欲乞朝廷改除於繁重處任使」，頁二四〇。

註二三　《長編》卷一三一、慶曆元年四月丙午條：「（郭京）平居好言兵，范仲淹、滕宗諒數薦之，上召見特命以官。」

註二四　《宋史》周美傳：「美獨以兵西出芙容谷，大破敵……籍、仲淹交薦之，除鄜延路兵馬總監，遷賀州刺史。」

註二五　《長編》牘一二九：「（范）公累薦種世衡知環州，未用……後朝廷竟從公請，果得世衡之用。」

註二六　考史書並無提及狄青因犯罪而刺充軍。但王稱《東都事略》卷六十二則有載青之兄素與「鐵羅漢」者鬥於水濱，險殺之，得青代爲認罪，出鐵羅漢體內水數斗而救活之。是否因此獲罪不得而知。至於宋人張舜民《畫墁錄》卷三則指青逋罪入京，竄笞赤籍，以三班差使殿侍出爲青澗城，然依正史所載，青未嘗出青澗城，似與種世衡之事相混淆，不可信也。吳曾《能改齋漫錄》卷十二載青堅留面上兩行黥文，要使之勵士卒。亦見諸《宋史》狄青傳，足見士卒黥面具普遍性，不然，何由勵之？據馬端臨《文獻通考》所載，宋代刺面之法乃承晉天福而來，爲戢奸重典。按狄青能升遷樞相，想非罪徒可以爲之。大抵乃當軍從邊，士卒黥面以爲記認而已。且王珪《華陽集》卷三十九亦指青好將帥之第，故才補拱聖軍籍。可見狄青入軍之後始刺面之可能性較大。

註二七　《長編》卷一二八、康定元年九月庚申條。

註二八　《長編》卷一三〇、慶曆元年正月：「今延州東路合隄防之處已令朱吉與東路巡檢駐軍延安寨，其西路亦委王信、張建侯、狄青、黃世寧在保安軍，每日訓練……候賊奔衝，設令入界即會合掩擊，若數路並入，且併衆力禦敵。」

註二九　《永樂大典》卷一二三九九（引自《長編》），頁一四。

註三〇　《長編》卷一四四、慶曆三年十月甲子條。

註三一　《長編》卷一四五、慶曆四年冬末庚戌條。

註三二　王稱《東都事略》卷六十二，頁九四一。又余靖《武溪集》卷十九，頁六，有關尹珠對狄青之讚譽。

註三三　蔡條《鐵圍山叢談》（北京中華書局、一九八三年九月）二，頁三四～三五。

註三四　《夢溪筆談》卷十三、權智，頁一四四。

註三五　《長編》卷一四八、慶曆四年四月丙申條，諫官孫甫論列狄青及修水洛城事。

註三六　《長編》卷一四七、慶曆四年三月甲戌條，參知政事范仲淹論水各城事及劉滬之才。

註三七　《長編》卷一四八、慶曆四年四月丙申條，歐陽修言狄青與劉滬之執，實兩難全。

註三八　同上。

註三九　同上。

註四〇　蓋兩全之計，對狄青則「令周詣密諭狄青曰：（劉）滬城水洛，非擅殺，衆蓋初有所稟，且築城不比行師之際，滬見利堅執意，在成功不可，以違節制加罪，今不欲直釋滬以挫卿之威，宜自釋，之後，若出師臨陣而違節者，且當以軍法從事。」又對劉滬則「諭滬曰：汝違大將命，自合有罪，今以汝城水洛有功，使青赦爾，責爾卒事以自贖。俟城成則又戒青不可幸其失城，以遂偏見。」乃從歐陽修之意以決事。（《長編》卷一四八、慶曆四年四月丙申條。）

註四一　《長編》卷一五〇、慶曆四年六月癸卯條。

註四二　《長編》卷一五〇、慶曆四年六月癸卯條，余靖第三次奏狄青升遷事，論述涇原之要。

註四三　《長編》卷一五〇：「諫官余靖言涇原在陝西最重地，自范仲淹不敢獨當，豈青麤暴所能專任，章凡四上（引李燾之序言）。

註四四　《長編》卷一七四、皇祐五年五月乙巳條。

註四五　同上。

註四六　《宋史》卷二五八、曹彬傳，頁八九七七：「周太祖貴妃張氏，彬之從母也……隸世宗帳下，從鎮澶淵，補供奉官擢河中都監。」

註四七　《宋史》卷二五八、曹彬傳附曹瑋傳：「父彬，歷武寧、天平軍節度使，皆以瑋爲牙內部虞候，補西頭供奉官，閤門祗侯」，頁八九八四。

註四八　馬端臨《文獻通考》卷五十八、職官十二、簽書樞密院、考五二五：「簽書大抵以處資淺之人，若簽書一經親祠，方進同知及樞副。」

註四九　《宋史》卷二五七、李崇矩傳：「周祖嘉之，以崇矩隸世宗帳下。顯德初，補供奉官。」頁八九五四。

註五〇　《宋史》卷二九〇、曹利用傳：「父諫，擢明經第，仕至古補闕，以武略改崇儀使……諫卒，補殿前承旨，改右班殿直，選爲鄜延路走馬承受公事。」頁九七〇五。

註五一　《宋史》卷二七八、王超傳附王德用傳：「父超爲懷州防禦使，補衙內都指揮使。」頁九四六六。

註五二　《宋史》卷二九〇、郭逵傳：「康定中，兄遵死於敵，錄逵爲三班奉職。」頁九七二二。

註五三　《宋史》卷二九〇、狄青傳，頁九七一八。

註五四　徐自明《宋宰輔編年錄》（文海出版社、趙鐵寒主編）第一冊、呂邦耀序言，頁十五。

註五五　歐陽修《歐陽文忠公全集》（台灣商務印書館、一九六七年）奏議、卷十三，頁八三九～八四〇。

註五六　楊仲良《資治通鑑長編紀事本末》（趙鐵寒主編、台灣文海出版社）卷四十，頁一二九七。

註五七　魏泰《東軒筆錄》（台灣商務印書館、一九三九年十二月）卷十一，頁八五：「自至和、嘉祐已來……士大夫無不作卦影。」

註五八　《宋史》卷一六二、職官二，頁三七九九。

註五九　《宋史》卷二九〇、狄青傳、頁九七一八。

註六〇　王楙《野客叢書》附《野老紀聞》（王云五主編、台灣商務印書館、一九三九年十二月），頁二。

註六一　《歐陽文忠公全集》卷一〇九，頁八三九～八四〇。

註六二　同上，頁八三九。

註六三　《長編紀事本末》卷四十，頁一二九七。

註六四　同書卷，頁一二九八。

註六五　同（六二）。

註六六　同（六三）。

註六七　朱弁《曲洧舊聞》（王云五主編、台灣商務印書館、一九三五年十二月）卷二，頁十五：「祖宗時，執政大臣多選聲華望實……劉原父乞保狄青。」

註六八　《東軒筆錄》卷十，頁七七，王素引朱全忠怪事。

註六九　王銍《默記》（北京中華書局、一九八一年九月）卷上，頁三：「（周）世宗隨亦見之，一燈熒熒然，迤邐甚近則漸大，至隔岸大如車輪矣，其間一小兒如三、四歲引手相指……火輪小兒，蓋聖朝火德之盛兆。」

註七〇　司馬光《涑水記聞》（台灣世界書局、一九七九年）卷十，頁一〇八。

註七一　《長編》卷一八二、嘉祐元年正月甲寅條。

註七二　邵伯溫《邵氏聞見錄》（北京中華書局、一九八三年）卷二，頁十四。

註七三　《鐵圍山叢談》卷三，頁四八。

註七四　《歐陽文忠公全集》卷一〇九，頁八四〇。

註七五　《宋宰輔編年錄》第一冊、卷五，頁五二。

註七六　此簡表乃為方便了解宋代一般任樞情況而設，參考了《文獻通考》職官考十二所載樞密院、《宋史》本傳以及《宋宰輔編年錄》所載資料。抽取具代表性之樞密使、副人物入表。限於篇幅，不能盡列宋代曾任樞職者。總以不阻礙本文欲探討之問題為主。

註七七　范鎮《東齋記事》（王云五主編、台灣商務印書館、一九三六年十二月）卷三，頁二一。

註七八　《東軒筆錄》卷十，頁七七。

註七九　周輝《清波雜志》（王云五主編、台灣商務印書館、一九三九年十二月初版）卷二，頁十三。

註八〇　同（六〇）。

註八一　《宋史》卷二九〇、曹利用傳，頁九七〇八。

註八二　同上。

註八三　《宋史》卷二七八、王超傳附王德用傳，頁九四六七。

結論

觀上述六章之分析，唐．五代．宋雖代表著三個不同時代，各時代下有其獨特之制度及發展面貌。然而，由唐五代之亂局發展至宋代國家一統之階段，無論君主之權力、官僚層之形成，皆按著一致之步伐展開。故所謂唐宋變革期，實有其統一之內容可尋。就使臣與帝王關係而言，唐代以宦官為內諸司使，形成內廷龐大之政治勢力，壟斷南衙原有之職能。故君主之任用宦官，其目的在建立內廷一種「私」性質之小朝廷。內諸司使無疑是帝王之家臣，負責履行各種使命，將帝王之意志由中央下達至全國，可以說是君主逐步走向獨裁政治之表徵。五代雖然改以武將為內諸司使，但是由於五代政權均建立在藩閥之舊體制下，故藩鎮帝王與元從武將之間，始終維繫在私人之親信關係上。內諸司使在戰亂之情況下，其派遣之任務便更具軍事色彩。到了宋初，為了徹底將權力收歸中央，使臣之職名雖利用作官僚敘階，但是在近世君主權力日漸強化之情況下，新興之使臣名目仍紛紛出現。諸如以三班官出任走馬承受之職能，說明帝王與使臣之間，存在著不滅之關係。亦即是說，在唐宋變革期君主之獨裁形式按部就班發展之同時，帝王要表現個人之權力，必定要通過固定之渠道以傳播。故此，就內諸司使之出任者而言，固可分爲宦官與非宦官，但是就帝王權力與使臣之任命精神來說，仍然有共通之關係。

再以唐宋內諸司使之官位品級而言，其上下高低之位置形成，若不以唐五代迄宋之朝代承繼關係述之，難有完整之解釋。使職成立之當初，本來只屬於臨時之職責，但在時代之推移下，已逐漸形成固定之使職。內諸司使本無官品，但在執行任務中爲顯示其使職高下，故此與散官階、職事階形成了一種對等關係。通過記錄使職與階官二者關係，唐代內諸司使仍可見一定程度之等級分野。這種等級高低，到了戰爭頻繁之五代尤顯得特別重要。內諸司使在戰亂中以功績升遷之時候，便按不同之使職順序遷轉。隨著戰事之延續，使臣由上而下遂建立了一種更理性之規則。觀宋代之東班、西班、橫班之構成內客，莫不在唐五代找到其源淵與昇遷痕跡。可知宋代官階制度之改革，是在前代已有之基礎上加以制度化。由唐代以使職爲實，以官職爲號之情況，發展至宋代以差遣爲實，以使職爲號之國策，顯示內諸司使職，自唐發展至五代，又自五代發展至宋，必經過使職虛職化之過程。此種虛職化之現象，使內諸司使大大脫離了原有之本職而只見職級上之差異。宋代武階之形成，可說是順應著這種潮流演變而成。

本文在敘述唐宋內諸司使之變革過程，尤重視使職軍政權力之形成。蓋變革期使職制度之確立，並非單純爲官制上之演變問題，其間實牽涉上層權力結構之重組與再分配。使臣之權力性質，表現在宮廷中，既含有濃厚之政治性，亦具有軍事之防衛色彩。故此，可謂兼備了軍政之多重性格。觀宮廷之設計、內諸司使之職掌構造、使職與軍職關係等各章之論述，皆能補歷來研究者對使臣軍事性格之忽略。首先，唐代內諸司使之軍事權力來源，不能不說與三宮之飛龍廄置具密切關連。換言之，在各種宮廷之權力中，宮廷禁馬權力之掌握為宦官之內諸司使得勢力因由。這種三宮之防衛系統，無疑在唐中期之政變當中產生重大之效應。飛龍廄以外為宮苑範圍，飛龍廄以內則有夾城為輔助，使人主一旦有警，能選擇自夾城走入飛龍廄，尋求臨時之保護。故內諸司使中之飛龍廄使，是發展得最早之軍事內容。飛龍禁馬掌握以後，其他內廷機構也像雨後春筍般發育旺盛起來，組成名目不同之內諸司機構。就內諸司之權力內容而言，可分為幾大系統。其中軍事防衛有關之內諸司，例如飛龍、軍器、弓箭、小馬坊等，與執掌政策制定、頒佈之內諸司，例如樞密、宣徽、翰林等形成內諸司使之軍政權力中核。其外圍再包括其他起居、娛樂，雜作等機構職能，可說是性質極為龐大而複雜之體制。從五代諸司使之職名觀之，上述機構之軍政權力大致得以承襲下來。尤值得注意者，在五代戰爭之形態下，武將主掌內諸司使，令使職在軍事、政治之活動方面顯得更為活躍。觀樞密使既主軍事決策，又往往親自領兵於外，造成權力之失控現象可知。此外，在藩鎮統治之形態下，五代帝王重視在藩時期之元從關係，將廳直之親從官加以組合，成立衙門保安之力量。故小使臣在構成後期之軍政權力基礎上，具有重大意義。諸如供奉官、殿直、承旨一方面作為內諸司使下較低之職級，但基於軍事之編整，諸如供奉官、殿直之押班都知等內容，又成為殿前親軍組成之骨幹。這種將軍事、政治混為一體之權力分配，令五代使臣在政治以外，能夠更多參與軍事。宋代要將武人之權力收回，不能不將上下使臣之性質加以規限。內諸司使與三班官之職名，只用作記錄武臣官階之工具，使臣之實權，被種種差遣類目所取代。從各種跡象顯示，唐五代使臣之軍政權力，到了宋初便逐漸宣告瓦解。

徵引書籍及論文

一、原始資料

（後晉）劉昫等《舊唐書》、北京、中華書局、全十六冊、一九七五年五月初版。
（宋）歐陽修、宋祁等《新唐書》、北京、中華書局、全二十冊、一九七五年二月初版。
（宋）薛居正《舊五代史》、北京、中華書局、全六冊、一九七五年五月初版。
（宋）歐陽修《新五代史》、北京、中華書局、全三冊、一九七四年十二月初版。
（元）脫脫《宋史》、北京、中華書局、全四十冊、一九七七年十一月初版。
（宋）王欽若等《冊府元龜》、北京、中華書局、全十二冊、一九八二年十一月版。
（清）董誥等《全唐文》、台南、經緯書局、全二十冊、一九六五年版。
（宋）王溥《唐會要》、北京、中華書局、全三冊、一九五五年六月初版。
（宋）王溥《五代會要》、上海、古籍出版社、一九七八年一月初版。
（宋）司馬光《資治通鑑》、北京、中華書局、全二十冊、一九八六年四月初版。

（宋）李燾《續資治通鑑長編》、北京、中華書局、第二～二十冊、一九七九年八月初版。
（宋）楊仲良《資治通鑑長編紀事本末》、收入趙鐵寒主編《宋史資料萃編》第二輯、台北、文海出版社、全六冊、一九六七年版。
（清）畢沅《續資治通鑑》、北京、中華書局、全十二冊、一九六四年十月三版。
（清）徐松輯《宋會要輯稿》、北京、中華書局、全八冊、一九五七年十一月初版。
（宋）馬端臨《文獻通考》、台北、新興書局、一九六四年十一月初版。
（宋）孫逢吉《職官分紀》、四庫全書珍本初集、上海、商務印書館、一九三四年版。
（宋）章如愚《群書考索》、京都、中文出版社、全二冊、一九八二年六月初版。
（宋）高承《事物紀原》、台北、台灣商務印書館、全三冊、一九七一年版。
（宋）李昉等《太平廣記》、北京、中華書局、全十冊、一九六八年
（宋）王稱《東都事略》、收入趙鐵寒主編《宋史資料萃編》第一輯、台北、文海出版社、全四冊、一九六七年版。
（宋）曾鞏《隆平集》、收入趙鐵寒主編《宋史資料萃編》第一輯、台北、文海出版社、全三冊、一九六七年版。
（宋）彭百川《太平治蹟統類》、台北、成文出版社、全二冊、一九六六年版。
（宋）江少虞《宋朝事實類苑》、上海、古籍出版社、全二冊、一九八一年七月版。

（清）趙翼《廿二史箚記》、台北、台灣商務印書館、一九三八年版。
（宋）王讜《唐語林》、收入增訂中國學術名著第一輯、增補筆記小說名著第一集、第五冊、台北、世界書局、一九六二年版。
（宋）司馬光《涑水記聞》、趙彥衛、《雲麓漫鈔》、收入楊家駱主編增訂中國學術名著第一輯、增補中國筆記小說名著第一集、全六冊、台北、世界書局、一九六九年四月版。
（宋）洪邁《容齋隨筆》、上海、古籍出版社、全二冊、一九八七年七月初版。
（宋）沈括撰、胡道靜校注《新校正夢溪筆談》、香港、中華書局、一九七八年二月二版。
（宋）葉夢得《石林燕語》、台北、中華書局、一九八四年五月版。
（宋）司馬光《溫文正司馬公集》、台北、台灣商務印書館、一九六七年版。
（宋）曾鞏《曾鞏集》、北京、中華書局、全二冊、一九八四年十一月初版。
（宋）王禹偁《小畜集》、在《叢書集成初編》、商務印書館、一九三八年版。
（宋）歐陽修《集古錄跋尾》、台北、藝文印書館、一九六七年版。
（清）王昶《金石萃編》、北京、中國書店、全五冊、一九八五年三月版。
（清）陸增祥《八瓊室金石補正》、石刻史料新編、第一輯、第六～八冊。
（清）胡聘之《山右石刻叢編》、收入嚴耕望編《石刻史料叢書》甲編、一九六七年版。
余靖《武溪集》、輯入欽定四庫全書、台灣商務印書館、一九七六年版。

王云五編《宋名臣奏議》、商務印書館、四庫全書珍本二集。
范仲淹《范文正公集》、台灣商務印書館、一九三七年三月。
徐自明《宋宰輔編年錄》、北京、中華書局、一九八六年。
魏泰《東軒筆錄》、台北、台灣商務印書館、一九三九年。
朱弁《曲洧舊聞》、台北、台灣商務印書館、一九三五年。
王銍《默記》、北京、中華書局、一九八一年。
邵伯溫《名氏聞見錄》、北京、中華書局、一九八三年。
范鎮《東齋記事》、台灣商務印書館、一九三六年。
周輝《清波雜志》、台灣商務印書館、一九三九年。

二、近人著論

內藤湖南《內藤河南全集》、築摩書房、一九六九年。
宮崎市定《アジア史論考》、朝日新聞社、一九七六年。
加藤繁《支那經濟史概說》、弘文堂、一九四四年。
平岡武夫《唐代の長安と洛陽》資料篇・地圖篇、京都大學人文科學研究所、一九五六年。
何汝泉《唐代轉運使初探》、西南師範大學出版社、一九八七年。

中國科學院考古研究所編著《唐長安大明宮》、科學出版社、一九五九年。
張永祿《唐都長安》、西北大學出版社、一九八七年。
愛宕元《中國の城郭都市》、中央公論社、一九九一年。
竺沙雅章《宋の太祖と太宗》、清水書院、一九八四年。
礪波護《唐代政治社會史研究》、同朋舍、一九八六年。
王壽南《唐代宦官權勢之研究》、台北、正中書局、一九七一年。
柴德賡《史學叢考》、北京、中華書局、一九八二年六月。
王曾瑜《宋朝兵制初探》、北京、中華書局、一九八三年。
梅原郁《宋代官僚制度之研究》、同朋舍刊、一九八五年。
周藤吉之《宋代經濟史研究》、東京大學出版社、一九六二年三月。
嚴耕望《唐代行政制度論略》、《新亞書院學術年刊》第十一期、一九六九年九月。
佐伯富〈五代における樞密使〉について〉、《史窗》四八、一九八八年。
佐伯富〈宋代走馬承受の研究〉、《東方學報》、京都十四、一九四四年。
佐伯富〈宋代の皇城司について〉、《東方學報》、京都九、一九三八年。
大澤正昭〈唐末・五代政史研究への一視點〉、《東洋史研究》第三一卷四號、一九七三年。
大澤正昭〈唐代變革期の歷史的意義〉、《歷史評論》三五七、一九八〇年。

唐長孺〈唐代的內諸司使及其演變〉、收入《山居存稿》、中華書局、一九八九年。
横山裕男〈唐の官僚制と宦官〉、收入《中國中世史研究》、東海大學出版社、一九七〇年。
賈麥明〈唐長安大明宮及出土文物〉、《故宮文物》月刊、第十卷二期、一九九二年。
袁剛〈唐代的翰林學士〉、《文史》第三三輯、一九九〇年。
王士平《跋郄昂〈岐邠涇寧四州八馬坊碑頌〉》、《魏晉南北朝隋唐史資料》第四期。
飛永久〈五代樞密使の側近性について〉、《長大史學》卷一、一九五八年。
矢野主稅〈樞密使設置時期について〉、《人文社會科學研究報告》卷三、一九五三年。
宮崎市定〈宋代官制序說——宋代職官志を如何に讀をべきか——〉、收入佐伯富《宋史職志官志索引》、同朋舍、一九七四年。
董恩林〈五代樞密院考述〉、《中國歷史文獻研究》（二）、一九八八年。
蘇基朗〈五代的樞密院〉、《食貨》卷十、一九八〇年。
松島才次朗《唐代に於ける「使」の本官について》、《信州大學教育學部紀要》第十九。
黃正建〈唐代散官初論〉、《中華文史論叢》、一九八九年二期。
張國剛〈唐代階官與職事官的階官化論述〉、《中華文史論叢》、一九八九年二期。
友永植《唐、五代三班使臣考》、《宋代の社會と文化》、宋代史研研究報告第一集、宋史研究會、東京、汲古書院、一九八三年六月。

菊池英夫《後周世宗の禁軍改革と宋初三衙の成立》、《東洋史學》卷二三、一九六〇年。
小岩井弘光《北宋の使臣について》、《集刊東洋學》卷四八、一九八二年。
陝西考古所唐墓工作組〈西安東郊唐蘇思勗墓清理簡報〉、《考古》、一九六〇年一期。
中國科學院考古研究所西安唐城發掘隊〈唐代長安城考古記略〉、《考古》、一九六三年二期。
辛德勇〈大明宮西夾城與翰林院學士院諸問題〉、《陝西師大學報》、一九八七年四期。
傅熹年〈唐長安大明宮玄武門及重玄門復原研究〉、《考古學報》、一九七七年二期。
陶仲雲、白心瑩〈陝西蒲城縣發現高力士殘碑〉、《考古與文物》、一九八三年二期。
李域錚〈西安東郊出土唐許遂忠墓志〉、《考古與文物》、一九八五年六期。
關雙喜〈西安東郊出土唐李敬實墓志〉、《考古與文物》、一九八五年六期。
保全〈西安東郊山土唐代金銀器〉、《考古與文物》、一九八四年四期。
保全〈唐重修內侍省碑山土記〉、《考古與文物》、一九八三年四期。
朱捷元、李國珍、劉向群〈西安西郊出土唐宣徽酒坊銀酒注〉、《考古與文物》、一九八二年一期。
陳全方〈兩塊唐墓志與唐末農民起義〉、《考古與文物》、一九八三年二期。
樊維岳〈陝西藍田發現一批唐代金銀器〉、《考古與文物》、一九八二年一期。
礪波護〈唐代社會における金銀〉、京都《東方學報》第六二冊、一九九〇年。
土肥義和〈敦煌發見唐・回鶻間交易關係漢文文書斷簡考〉、《中國古代の法と社會》、汲古書院、一九八八年。
氣賀澤保規《扶風法門寺の歷史と現狀》、《佛教藝術》一七九、一九八八年。
法明寺考古隊〈扶風法明寺塔唐代地宮發掘簡報〉、《文物》、一九八八年十期。
石興邦編《法門寺地宮珍寶》、陝西人民美術出版社、一九八八年（增補版一九八九年）。
中國科學院考古研究所《唐長安大明宮》、科學出版社、一九五九年。
馬得志〈唐長安大明宮發掘簡報〉、《考古》、一九五九年六期。
馬得志〈唐長安安與洛陽〉、《考古》、一九八二年六期。
馬得志〈唐長安城發掘新收獲〉、《考古》、一九八七年四期。